教育部人文社会科学重点研究基地重大项目

上海文化发展基金会资助项目

"十二五"国家重点图书出版规划项目

中国会计准则的国际趋同效果研究

曲晓辉 等／著

图书在版编目(CIP)数据

中国会计准则的国际趋同效果研究 / 曲晓辉等著.
—上海：立信会计出版社，2011.11
ISBN 978-7-5429-3179-5

Ⅰ.①中… Ⅱ.①曲… Ⅲ.①会计制度-研究-中国
Ⅳ.①F233.2

中国版本图书馆 CIP 数据核字(2011)第 253480 号

策划编辑	窦瀚修			
责任编辑	黄成艮			
封面设计	周崇文			

中国会计准则的国际趋同效果研究

出版发行	立信会计出版社			
地　　址	上海市中山西路 2230 号	邮政编码	200235
电　　话	(021)64411389	传　真	(021)64411325
网　　址	www.lixinaph.com	电子邮箱	lxaph@sh163.net
网上书店	www.shlx.net	电　话	(021)64411071
经　　销	各地新华书店		
印　　刷	上海中华印刷有限公司		
开　　本	787 毫米×1092 毫米　1/16		
印　　张	18	插　页	4
字　　数	269 千字		
版　　次	2011 年 11 月第 1 版		
印　　次	2011 年 11 月第 1 次		
书　　号	ISBN 978-7-5429-3179-5/F		
定　　价	48.00 元		

如有印订差错，请与本社联系调换

前　　言

跨国上市和发行证券的迅速发展，迫切需要财务信息高质量、透明和可比，以助于世界各种资本市场的参与者和其他信息使用者进行经济决策。会计准则作为会计实务的规范，其国际协调和全球趋同在程度上不断加深并在范围上不断扩展。会计准则在全球范围内的持续趋同，乃至一些主权国家直接采用国际财务报告准则（IFRS）作为本国准则，是当前会计职业标准国际发展的基本状态，各国的会计与财务报告实务因此正在发生着深刻的变化。

中国作为世界上迅速崛起的经济体，参与国际经济和资本市场的程度正在逐步加深，吸收外国资本和对外投资所形成的资本双向运动，使我国会计准则国际协调与趋同面临更大的动力和压力。同时，随着国际会计准则理事会（IASB）发展战略的实施，IFRS正在经历体系上的重构。因此，导致会计准则国际协调和趋同效果的评价基础的变化，客观上迫切要求研究者对协调/趋同效果基于新的数据进行检验。鉴于提高国际市场谈判能力的需要以及我国企业和资本市场科学管理和有效决策的内在要求，我国在会计准则国际协调和趋同的过程中采取了积极的态度和持续趋同的策略。与IFRS实质上趋同的《企业会计准则2006》的发布和实施，为相关实证检验提供了数据基础。

本研究对中国会计准则国际协调/趋同效果研究领域的多

种研究方法及其实际作用进行综合测试,分别从总体和具体项目两个层面检验我国会计准则国际协调/趋同的效果并尝试检验方法的创新,同时基于经验证据对我国会计准则体系的国际协调/趋同程度进行评价。具体到本研究,我们对会计准则国际协调与全球趋同进行了一般性的讨论,在此基础上对会计准则国际协调/趋同的国内外文献进行了系统的回顾,进而针对会计准则国际协调/趋同及其效果,对会计基本理论、盈余稳健性、具体准则项目的国际协调/趋同程度和中国会计准则(CAS)与IFRS总体协调/趋同程度进行了理论分析和实证检验。限于时间和篇幅,本研究在对具体准则协调/趋同度的实证检验方面侧重于对财务报告易于产生重大影响的资产计价准则、研发投资举债、关联方关系准则和公允价值准则的研究;在准则协调/趋同范围上,主要涉及CAS与IFRS趋同、欧洲向IFRS趋同的效果检验。本研究还对IFRS应用情况的调查进行了回顾和评价。针对国际评估准则委员会(IVSC)工作的最新进展,本研究讨论了资产评估准则因应IFRS的发展而在国际发展方面所作出的重大改进。此外,本研究还对会计国际协调和趋同的量化研究进行了梳理。

  本书是在教育部人文社会科学重点研究基地重大项目《我国会计准则的国际协调效果研究》(项目批准号05JJD630030)研究报告的基础上进行整理、完善的成果。本书包括13章,具体分工情况如下:第1章、第4章、第11章、第12章、第13章由曲晓辉撰写;第2章由曲晓辉和高利芳撰写;第3章由曲晓辉和高芳撰写;第5章由曲晓辉和邱月华撰写;第6章由杨钰和曲晓辉撰写;第7章由张国华和曲晓辉撰写;第8章由罗胜强撰写;第9章和第10章由高利芳撰写。张国华在全书出版前的校订方面做了大量工作。

  为了使我们的实证检验更加可靠,我们在样本区间上进行了一定扩展,由此导致研究项目结项的时滞。鉴于后续项目研究另有累积且正在外审中并将很快问世,我们对本研究的样本区间未进行持续后延。由于受时间、数据和水平的限制,我们所采用的方法和取得的证据难免还有这样或那样的局限,这些局限有待于在后续研究中弥补。我们的后续研究,主要是针对与IFRS趋同的会计准则执行情况从不同方面和层次进行检验,并且已经取得一些成果。在今后的研究中,我们力求进行更深入的理论阐释并取得进一步的经验证据,以客观评价会计准则国际协调和趋同的成效,为我国会计准则持续国际趋同的战略决策提供证据支持,为我国企业跨国上市和发行证券以及资本市场对外来资本主体资质的评价提供政策借鉴和经验依据。

曲晓辉

2011 年 7 月于厦门大学

目 录

第1章　绪论 ··· 1
  1　研究背景与动机 ··· 1
  2　研究思路与方法 ··· 2
  3　研究内容与结构安排 ·· 3
  4　主要贡献与局限和后续研究方向 ··· 4

第2章　会计准则国际协调/趋同国外文献综述 ································· 7
  1　会计准则区域性/国家间协调/趋同研究 ··································· 7
  2　会计准则及其协调/趋同后果研究 ··· 12
  3　会计准则遵循度研究 ·· 18
  4　会计准则协调/趋同的影响因素研究 ····································· 21
  参考文献 ·· 24

第3章　会计准则国际协调/趋同国内文献综述 ······························· 33
  1　我国会计准则国际协调/趋同策略与对策研究 ······················· 34
  2　CAS与IAS具体条款和总体协调/趋同程度研究 ···················· 35
  3　CAS与IAS下会计报表数据差异的研究 ································ 38
  4　CAS与IAS下会计信息含量差异的研究 ································ 44
  5　CAS与IAS下会计盈余质量差异的研究 ································ 48
  6　CAS趋同效果研究 ··· 50
  7　评论与展望：会计准则国际协调/趋同效果的研究框架 ······· 51
  参考文献 ·· 55

第 4 章　会计准则国际协调/趋同——会计基本理论视角 ········· 62

1　会计改革的目标和成就 ··· 62
2　财务会计结构模式的转变 ·· 65
3　财务会计的目标定位 ·· 66
4　财务会计的确认问题 ·· 68
5　财务会计的计量问题 ·· 69
6　会计的监管问题 ·· 70
7　结语 ··· 70
参考文献 ··· 71

第 5 章　会计准则强制性变迁检验——盈余稳健性研究 ········· 72

1　稳健性概述 ·· 72
2　文献综述 ··· 80
3　研究设计 ··· 82
4　实证检验结果与分析 ·· 86
5　研究结论及启示 ·· 92
参考文献 ··· 93

第 6 章　CAS 与 IFRS 资产计价准则协调/趋同检验——协调/趋同度研究 ········· 95

1　会计准则国际协调/趋同度测量研究文献回顾 ·················· 95
2　CAS 与 IFRS 资产计价准则协调/趋同度检验研究设计 ······ 97
3　CAS 与 IFRS 协调/趋同度测量结果和分析 ···················· 102
4　主要研究结论与展望 ·· 109
参考文献 ··· 110

第 7 章　CAS 与 IFRS 总体协调/趋同检验——协调/趋同度研究 ······ 112

1　已有研究评述 ·· 113
2　度量方法的选择与创新 ··· 117

  3 总体协调/趋同度的检验 …………………………………… 122
  4 结论 ……………………………………………………………… 131
  参考文献 …………………………………………………………… 133

第8章 公允价值准则理论分析与检验 ……………………………… 138
  1 公允价值会计的发展历程及其经验证据 …………………… 138
  2 公允价值会计在我国的发展及其现状 ……………………… 159
  3 公允价值与会计信息质量 …………………………………… 170
  4 公允价值会计准则颁布的市场反应 ………………………… 182
  5 研究启示与建议 ……………………………………………… 201
  参考文献 …………………………………………………………… 206

第9章 欧洲向 IFRS 趋同的效果检验——稳健性视角 ………… 211
  1 研究动机与文献回顾 ………………………………………… 211
  2 研究设计 ……………………………………………………… 213
  3 检验结果 ……………………………………………………… 218
  4 结论与启示 …………………………………………………… 225
  参考文献 …………………………………………………………… 226

第10章 IFRS 应用情况调查回顾及启示 ……………………………… 230
  1 有关 IFRS 应用的调查 ……………………………………… 230
  2 IFRS 应用过程调查 …………………………………………… 235
  3 IFRS 应用效果调查 …………………………………………… 239
  4 IFRS 应用影响因素分析 ……………………………………… 243
  5 IFRS 应用调查的启示 ………………………………………… 248
  参考文献 …………………………………………………………… 256

第11章 IFRS 与资产评估准则的国际发展 …………………………… 258
  1 资产评估及其范围 …………………………………………… 258

  2 资产评估的发展概况 ·· 259
  3 资产评估准则的发展 ·· 260
  4 资产评估准则的国际协调/趋同 ······································ 263
  参考文献 ·· 266

第12章 IFRS 的关联方范围 ·· 267
  1 研究背景与动因 ··· 267
  2 仅受国家控制的主体之间的关系 ··································· 268
  3 仅受国家控制的主体之间关系的披露 ····························· 269
  4 结论和评论 ·· 273
  参考文献 ·· 273

第13章 结论和评论 ··· 275
  1 结论 ·· 275
  2 评论 ·· 277

第1章 绪　论

本章概述本研究的背景与动机、思路与方法、内容与结构安排、主要贡献与局限和后续研究方向。

1　研究背景与动机

2001年4月,国际会计准则委员会(IASC)完成了始于1997年的战略改组,取而代之的国际会计准则理事会(IASB)开始正式运作,会计准则的国际协调明显提升到全球趋同阶段。IASC的战略改组,体现了会计准则[①]全球趋同的客观要求。IASB目标的确立,清楚勾勒出全球趋同的会计准则的建设思路。欧盟等经济体以及澳大利亚等国家宣告采用国际财务报告准则[②](IFRS[③]),翻开了会计准则全球趋同的历史篇章。凡此种种,体现了跨国上市和发行证券的迅速发展,这就迫切需要财务信息高质量、透明和可比,以助于世界各种资本市场的参与者和其他信息使用者进行经济决策。与此同时,也反映出全球趋同的会计准则制定权的利益之争。会计准则作为会计实务的规范,其国际协调和全球趋同在程度上不断加深并在范围上不断扩展。会计准则在全球范围内的持续趋同,甚至一些主权国家直接采用IFRS作为本国准则,是当前会计职业标准国际发展的基本状态。会计准则全球趋同,致使各国的会计与财务报告实务正在发生着深刻的变化。这种变化必将对企业的财务呈报和资本市场基于财务信息的判断和决策产生深刻

---

① 除非特别说明,本书中所指的"会计准则"是对"会计规范"的统称,包含准则、制度等。

② 为行文方便,除非特别说明,本书中的"国际财务报告准则"代表国际会计准则委员会(IASC)改组前发布的国际会计准则(IAS)及其解释公告和改组后国际会计准则理事会(IASB)发布的国际财务报告准则(IFRS)及其解释公告。

③ 本书中涉及IASB取代IASC之前的研究成果中关于国际会计标准的仍表述为"国际会计准则"(IAS),此外均称"国际财务报告准则"(IFRS)。

的影响。

我国作为世界上迅速崛起的经济体,随着加入 WTO 过渡期的结束,参与国际经济和资本市场的程度正在进一步加深。2008 年全球金融危机以来,我国企业吸收外国资本和对外投资所形成的资本双向运动,使我国会计准则国际协调与趋同面临更大的动力和压力。同时,IASB 发展战略得以顺利实施,IFRS 正在经历体系上的重构。从国际会计准则委员会基金会(IASCF)章程的修订到概念框架,由美国财务会计准则委员会(FASB)与 IASB 的联合开发,再到财务报表列报框架的联合开发和推广以及具体准则的陆续修订,几近全新的财务会计概念基础、原则指引、列报原则和框架正在逐步展现。这种颠覆性的变革,必将导致会计准则国际协调和全球趋同效果的评价基础的变化,客观上迫切要求研究者对会计准则协调和趋同效果基于新的数据进行检验。鉴于提高国际市场谈判能力的需要和对我国企业以及对资本市场的科学管理和有效决策的内在要求,我国在会计准则国际协调和趋同的过程中,采取了积极的立场和持续趋同的策略。与 IFRS 实质上趋同的《企业会计准则 2006》的发布和实施,为相关实证检验提供了数据基础。

2 研究思路与方法

本研究对会计准则国际协调/趋同[①]效果研究领域的多种研究方法及其实际作用进行综合测试,分别从总体和具体项目两个层面检验我国会计准则国际协调/趋同的效果并尝试检验方法的创新。同时,基于经验证据,对我国会计准则体系的国际协调/趋同程度进行评价。具体到本研究,我们对会计准则国际协调与全球趋同进行了一般性的讨论,在此基础上对会计准则国际协调/趋同国内外文献进行了系统的回顾,进而针对会计准则国际协调/趋同及其效果,对会计基本理论、盈余稳健性、具体准则项目的国际协调/趋同程度和中国会计准则与 IFRS 总体协调/趋同程度进行了理论分析和实证检验。限于时间和篇幅,本

---

① 会计国际协调与趋同是一个渐进过程的不同发展阶段,迄今为止还没有发现将两者明确加以区分的数量标准,不过一般将 IASC 的重大改组和 IASB 运作理解为会计准则国际发展进入趋同阶段,本研究不对两者加以严格区分,但在特指的情况下则遵从援引文献的提法。

研究在对具体准则协调/趋同度的实证检验上侧重于对财务报告易于产生重大影响的资产计价准则、研发准则、关联方关系准则和公允价值准则；在准则协调/趋同范围上，主要涉及中国准则与IFRS趋同、欧洲向IFRS趋同的效果检验。本研究还回顾和评价了IFRS应用情况的调查。针对国际评估准则委员会(IVSC)工作的最新进展，本研究讨论了资产评估准则因应IFRS的发展而在国际发展方面所作出的重大改进。

本研究综合运用规范研究和实证研究的方法并以实证研究方法为主。具体来说，改进了Jaccard系数并采用改进的该系数、匹配率和平均距离三种方法定量衡量1998年以来我国会计改革的不同发展阶段上CAS与IAS之间的协调/趋同程度及其变化趋势；从稳健性角度通过多种非参数统计方法直接检验了会计的准则协调/趋同与实务协调/趋同之间的关系；等等。

3 研究内容与结构安排

本书共13章，主要内容如下：

第1章，绪论。本章概述本研究的背景与动机、本研究结构安排、研究方法、主要贡献与局限和后续研究方向。

第2章，会计准则国际协调/趋同国外文献综述和第3章会计准则国际协调/趋同国内文献综述，分别对会计准则国际协调/趋同效果的国内外文献进行了回顾，为研究问题的提出和方向的确立提供了理论准备和文献基础。

第4章，会计准则国际协调/趋同——会计基本理论视角。本章概括地探讨了我国财务会计改革在会计基本理论方面取得的若干重大进展，并提出作者的观点。

第5章，会计准则强制性变迁检验——盈余稳健性研究。本章以深沪两市A股上市公司为研究样本，实证检验会计准则的强制性变迁是否显著提高我国上市公司会计盈余的稳健性。

第6章，CAS与IFRS资产计价准则协调/趋同检验——协调/趋同度研究。本章采用修订准则协调/趋同度指标的方法和具体准则条款精准对比的方式，实证检验资产计价相关准则的协调/趋同度。

第7章，CAS与IFRS总体协调/趋同检验——协调/趋同度研究。

本章针对现有会计准则协调/趋同程度度量方法的不足和会计准则本身的特性,提出并尝试使用会计形式协调/趋同度量的新方法——模糊聚类分析法,对我国会计准则的总体协调/趋同度进行了检验。

第 8 章,公允价值准则理论分析与检验。本章重点考察了公允价值在《债务重组》准则的运用所引起的市场反应,以及公允价值的运用是否会影响上市公司会计信息的质量,从资本市场投资者的角度对我国公允价值信息披露的价值相关性进行实证检验,还分析了公允价值会计对我国银行业乃至整个金融体系的影响与冲击,并在此基础上采用事件研究法检验我国金融业上市公司对我国 4 项金融工具会计准则的反应。

第 9 章,欧洲向 IFRS 趋同的效果检验——稳健性视角。本章使用基于会计数据的多种方法计量欧洲国家的会计稳健性,并对我国以稳健性作为信息质量特征的检验进行了预测。

第 10 章,IFRS 应用情况调查回顾及启示。本章回顾和分析了普华永道、安永、毕马威等大型会计师事务所 2004—2007 年发布的有关国际财务报告准则(IFRS)实施情况的 10 份调查,并据此对 IFRS 准则的完善、应用改进和未来研究提出看法。

第 11 章,IFRS 与资产评估准则的国际发展。本章评介了资产评估及其准则的国际发展,特别是国际评估准则因应国际财务报告准则所进行的重大修订和整合。

第 12 章,IFRS 的关联方范围。本章针对仅受国家控制的主体之间是否具有关联方性质及其之间的交易是否属于关联方交易问题,从 IFRS 制定和实施的经济背景、会计准则的成本—效益原则、IASB 的目标、会计准则体系的一致性和内在逻辑出发进行分析。

第 13 章,结论和评论。本章概括本研究取得的主要经验证据及形成的基本观点,并对后续研究背景进行分析,对后续研究方向进行展望。

4　主要贡献与局限和后续研究方向

本研究可能实现以下贡献:从新的角度尝试采用新的方法对我国会计准则国际协调/趋同效果进行了实证检验并给出了相应的经验证据。本研究最终成果体现了会计准则研究的国际前沿最新进展,在研究思路和方法上实现了创新。具体包括：单独对盈利公司进行进一步检验考察盈余稳健性，以评价会计准则强制性变迁的影响，从而揭示了2001—2004年期间会计盈余显示的稳健性特征；创新性地修订了Jaccard系数以使其适于全面衡量准则协调/趋同程度，首次在国内区别准则"缺失"和"分歧"两种情况并借助该两种趋同度指标进一步揭示了准则差异的不同成因，进而发现它们与修订的Jaccard系数三者之间的逻辑关系；首次使用详细的准则精准对比点，主要以资产计价相关准则为检验对象，分阶段定量考察了1998年以来CAS与IFRS的协调/趋同程度及其变化趋势；针对现有度量方法的不足和会计准则本身的特性，提出了会计形式协调/趋同度量的新方法——模糊聚类分析法，并以我国会计准则为例，在对比点、度量方法的选择、度量的内容等方面对该领域方法论和方法创新进行了初步尝试；根据现有文献研究视角的不同，从CAS与IAS具体条款的协调/趋同程度、基于CAS和IAS的会计报表数据差异、会计信息含量差异和会计盈余质量差异四个方面对前期研究进行回顾和评价，并推导出会计国际协调/趋同研究领域的未来研究重点；本研究还对公允价值准则涉及的若干项目进行了尝试性的实证检验。本研究最终成果在总体技术路线、子课题定位、研究思路、研究方法和研究证据方面进行了一系列创新性尝试，希望能够丰富会计准则理论，对国家会计准则的制定与发展、资本市场涉及会计信息方面的监管以及对企业的会计准则执行和财务报告的编制提供理论和实证方面的借鉴。

由于会计国际协调和趋同领域的研究方法还在发展之中，研究方法之间的取舍和冲突以及研究方法运用过程中不可避免的主观偏好和详略选择，可能会影响检验结果的客观性。

由于我国与IFRS趋同的《企业会计准则》在应用期间遭遇中国股市的暴涨以及国际金融危机所带来的股市暴跌，此间很多上市公司发生财务和经营上的困难，无论是上市公司的财务数据本身还是股价的走势不可避免地发生剧烈变动，主流研究方法目前面临严峻挑战，需要从新的角度尝试有关现象的实证检验。为了使我们的实证检验更加可靠，我们在样本区间上进行了一定扩展，由此导致研究结项的时滞。由于受时间、数据和水平的限制，我们所采用的方法和取得的证据难免还有这样或那样的局限，这些局限有待于在后续研究中弥补。我们的后续研究,将针对与 IFRS 趋同的会计准则执行情况从不同方面和层次进行检验,力求进行更深入的理论阐释并取得进一步的经验证据,客观评价会计准则国际协调和趋同的成效,为我国会计准则持续国际趋同的战略决策提供证据支持,为我国企业跨国上市和发行证券以及资本市场对外来资本主体资质的评价提供政策借鉴和经验依据。

第 2 章 会计准则国际协调/趋同国外文献综述

会计的国际协调包括会计准则的国际协调和会计实务的国际协调。其中,会计准则的国际协调旨在消除会计准则之间的差异,其进一步发展是会计准则的全球趋同;而会计实务的国际协调则主要表现为财务报表可比性的提高。会计准则的协调可以促进会计实务的协调。

最近30年是国际会计领域研究取得重要进展的时期,会计国际协调的国外研究著述甚丰。本章将这些研究成果分类归纳为以下四个方面:(1)会计准则区域性/国家间协调/趋同研究。(2)会计准则及其协调/趋同后果研究。(3)会计准则遵循度研究。(4)会计准则协调/趋同的影响因素研究。

1 会计准则区域性/国家间协调/趋同研究

会计准则国际协调的最大挑战来自欧盟与美国。欧盟为了实现其经济目标,通过颁发统一的指令协调会计实务。以往研究关注的是这种基于指令的协调是否有效;对于美国而言,人们关心的是美国一般公认会计原则(GAAP)与其他国家准则和国际准则下的会计信息或实务是否有差异,以证实协调的必要性。

1.1 欧盟会计协调研究

作为经济一体化的区域性组织,欧盟一直将建立欧洲共同的经济市场作为其基本目标。而要实现这个目标就需要协调各成员国的市场和各项基础制度,会计准则正是这些基础制度的一部分。因此,欧盟早在20世纪60年代就开始了其内部的会计协调,主要手段是颁发指令和制定规则。具体来说,主要是通过要求各成员国把指令纳入本国公司法以促进欧盟内部的会计协调。在欧盟陆续制定和颁布的13项指令中,对欧盟会计协调产生重大影响的是1978年7月通过的第4号指令和1983年6月通过的第7号指令。

发布于1978年的欧盟第4号指令是欧盟范围内最宽泛、最综合的会计规则。该指令解决了单个企业的报表问题,包括了有关信息披露以及估价方法的详细要求,强调了"真实与公允"原则。许多研究关注了第4号指令对欧盟会计协调的作用。例如:(1) Emenyonu和Gray(1992)以法国、德国和英国26家大公司1989年年报为样本,考察了欧盟发布第4号指令这一会计协调的努力是否增进了法国、德国和英国会计实务的协调。结果显示,这3个国家样本公司的存货计价、折旧、商誉、研发、固定资产计价和特殊项目均存在显著差异,并且用来衡量会计实务国际协调程度的I指数也偏低,表明这些公司会计实务协调的总体水平不高。(2) Van der Tas(1992)以实施欧盟第4号指令的欧盟9个成员国的154个上市公司为样本,采用C指数检验了欧盟1978—1988年在所得税会计方面的会计协调程度,发现欧盟第4号指令对提高欧盟内部的协调程度起到了积极的作用。(3)欧洲会计师联合会(Fédération des Experts Comptables Européens,FEE)也开展了大量的调查研究。其1989年的调查研究试图确定在欧盟关于年度报告的第4号指令实施以后,成员国之间的会计实务是否取得了协调,其问卷调查数据来自9个成员国的191家公司的1987年年度报告。调查结果表明,在第4号指令完全涉及的领域,会计实务取得了较高的协调程度,但在第4号指令只是部分涉及的领域,会计实务明显缺乏协调。FEE于1991年发布了新的调查报告,该调查报告涉及15个成员国的441家公司,其数据来源于1989年年度报告。该报告发现,除了欧盟第4号指令以外,还有其他因素也会影响一国的会计实务。但是,需要指出的是,这两份研究报告并没有运用统计方法对各成员国的会计实务差异和当前的协调程度进行量化分析。

此外,Archer等(1995)以商誉和递延税款会计政策选择为例,采用分解的C指数研究了欧盟8个国家跨境上市公司的会计实务在1986—1987年与1990—1991年的协调程度。结果发现,虽然欧盟各国会计实务的国际协调程度有所增加,但各国会计实务国内协调程度的下降却导致了会计实务的整体协调程度不升反降。他们进一步指出,欧盟指令虽然对各成员国的会计准则产生了重大影响,但在商誉和递延税款的会计处理上,欧盟指令给成员国留下了相当大的自由判断空间。而且，由于成员国之间的会计实务差异较大，各国会计准则的弹性也很大，协调难度加大，各国会计实务的协调程度并不十分理想。Hermann 和 Thomas(1995)以 217 家大型跨国公司 1992—1993 年年报为样本，检验了比利时、丹麦、法国、德国、爱尔兰、荷兰、葡萄牙和英国在会计计量上的协调程度，发现欧盟总体上在资产和负债的外币折算会计处理、折算差额的处理和存货计价上取得了协调，但在固定资产计价、折旧、商誉、研究与开发成本、存货成本以及收入和费用的外币折算上并没有达到协调。此外，作者还发现，以真实公允为导向的国家（丹麦、爱尔兰、荷兰和英国）之间的协调程度比以合法性为导向的国家（法国、德国、葡萄牙和比利时）之间的协调程度要高。

上述研究表明，通过指令来推动欧盟内部的会计实务协调，作用是有限的。欧盟也认识到，零碎的、不完善的指令阻碍了欧洲内部资本市场的发展。因此，2002 年欧盟决定，其成员国范围内的所有上市公司自 2005 年起采用 IFRS 编制合并会计报表。

1.2 美国 GAAP 与其他国家准则及 IAS/IFRS 的协调研究

美国公认会计原则(GAAP)的国际协调一直是会计学者十分关注的问题。许多研究试图找出美国 GAAP 与其他国家准则及 IAS/IFRS 的差异，并试图评价这些会计差异的显著性和重要性，特别是这些会计差异对净利润的影响。如果这些会计差异是显著的或是重要的，那么美国证券交易委员会(SEC)要求那些按 IAS 编制报表的境外上市公司按美国 GAAP 进行调整的做法是有证据支持的；反之，SEC 的政策则是不恰当的。

Amir 等(1993)以来自 20 个国家的 101 家在美跨国上市公司的 1981—1991 年的盈余差异调整数为样本，分别采用事件研究法、盈余回报相关分析法和市净率分析法研究了盈余差异调整数的价值相关性。其中，事件研究法的研究结果表明，盈余差异调整数并没有产生增量的信息含量，其原因可能是确定信息公告日与披露调整公告中的未预期部分有一定难度。而盈余回报相关分析法和市净率分析法的研究结果表明，净盈余和股东权益的差异调整合计数是具有信息含量的，这个证据支持了有关美国 GAAP 盈余比其他非美国 GAAP 盈余更具有价值相关性的假设。作者进一步分析了造成美国 GAAP 净盈余和股东权益与非美国 GAAP 净盈余和股东权益之间差异的主要组成部分，结果发现，商誉资本化、资产重估和税收调整数是价值相关的。

Bandyopadhyay 等(1994)以同时在美国和加拿大资本市场上市的 96 家加拿大公司 1983—1989 年的 299 个盈余差异调整额作为样本，检验了其信息含量。结果发现，尽管盈余差异调整额相对于企业的净盈余或权益市场价值的比重较大，但不管是差异调整总合计数，还是造成差异的六大主要项目的差异额对投资者来说都不具有信息含量。作者认为，产生这种结果的原因可能有以下两个：(1) 这些差异调整项目不是由于那些会对企业未来现金流量产生持续影响的交易或事项所引起的，因为这些只会对盈余产生一次性影响的交易或事项不会反映在股价中；(2) 资本市场已经提前对这些差异调整项目有所预期。

Barth 和 Clinch(1996)研究了美国 GAAP 与英国、澳大利亚和加拿大 GAAP 的差异(所研究的差异集中在商誉、资产重估计价、所得税、养老金、利息资本化、外币折算和农业会计方面)以及这些差异在美国 GAAP 净利润上的增量信息含量。研究结果表明，就英国和澳大利亚的公司而言，美国 SEC 所要求的披露调整数对于美国投资者来说包含了有用的信息，而对加拿大的公司来说，披露调整数的有用程度是有限的。这证实了 SEC 关于加拿大会计准则与美国 GAAP 类似的看法。

Fulkerson 和 Meek(1998)通过探索财务分析师的盈余预测在解释盈余调整数的市场反应中的作用来研究披露调整数的价值相关性。作者认为，以往的研究没有提供很强的证据证明盈余调整数的价值相关性，其原因可能是这些盈余已经提前被财务分析师所预测，而这些预测提前释放了盈余披露调整数的部分信息含量。研究结果显示，对于某些公司而言，财务分析师的预测是价值相关的，并且这些预测对盈余调整数的信息含量起到了提前释放的作用，特别是对于那些来自会计准则与美国 GAAP 相类似的国家的公司。但是，对其他企业而言，那些没有被财务分析师预测提前释放的盈余调整数是具有信息含量的。

Harris 和 Muller(1999)以 31 家在美国上市采用 IAS 的公司 1992—1996 年的 89 个观测值为样本，检验了市场对采用不同准则编制的财务报告的反应。研究结果显示，这些公司按照美国 GAAP 调整的盈余差异调整数具有价值相关性，但根据不同模型分析得出的准则质量并不相同。具体而言，在价格模型下，按照 IAS 报告的会计盈余的价值相关性高于按照美国 GAAP 报告的盈余，而报酬模型的回归结果却正好相反。

Street 等(2000)以 33 家遵循 IAS 又同时提供美国 GAAP 调整数的上市公司为样本,分析了 1995—1997 年两套准则之间的差异,并对其显著性和重要性进行了评估。研究结果显示,从总体上看,在不考虑违反 IAS 的情况下,按 IAS 报告的净利润与按美国 GAAP 报告的净利润差异,只有在 1996 年是显著的;但是在考虑违反 IAS 的情况下,两者之间的差异分别在 1995 年和 1996 年是显著的,但在 1997 年不显著。作者认为,从趋势上看,IAS 与美国 GAAP 两者之间的差异正在不断地缩小。考虑到 IASC 的协调努力以及 IASC 改组为 IASB 后不断与 FASB 进行合作等因素,SEC 应该考虑无条件接受 IAS 或者在要求附加披露的条件下接受 IAS。

Ashbaugh 和 Olsson(2002)选取在英国跨国上市的非美国公司 1997 年年度报告为样本,分析了 IAS 与美国 GAAP 下盈余和权益账面价值的估值特征。研究结果发现,两种准则下的盈余和权益账面价值所具有的价值相关性相同,但相对价值相关性取决于估值模型。

Hora 等(2003)一改传统的收益报酬模型,采用财务分析师的盈余预测修正作为境外上市公司披露对市场产生作用的替代变量,研究了盈余差异调整数的价值相关性。研究结果显示,按照外国 GAAP 报告的盈余(在盈余公告日)和盈余调整差异数(在表格 F-20 报告日)对于财务分析师的盈余预测修正来说,都包含了相关的信息,从而进一步验证了 Fulkerson 和 Meek(1998)的研究结论。

Leuz(2003)以在德国新市场上市的德国公司为样本,比较了采用不同会计准则的公司信息不对称程度的差异。研究结果显示,采用美国 GAAP 的公司与采用 IAS 的公司相比,几乎没有证据表明两者在买卖利差和交易量上存在差异。然而,同样是以德国公司为样本,Bartov 等(2005)却发现,采用美国 GAAP 的公司盈余反应系数最高,其次是采用 IAS 的公司,最后是采用德国 GAAP 的公司。

Van der Meulen 等(2007)以采用美国 GAAP 和 IAS 的德国公司为样本,检验了美国 GAAP 和 IAS 下会计盈余的价值相关性、及时性、盈余预测能力和应计质量的差异。结果表明,在会计盈余的价值相关性、及时性和应计质量方面,美国 GAAP 和 IAS 不存在显著差异,但美国 GAAP 下会计盈余的预测能力显著高于 IAS 下会计盈余的预测能力。

综合上述经验证据可以看出,SEC所要求披露的盈余差异调整数的增量信息含量是不明朗的。美国GAAP与IAS孰优孰劣,至今仍没有得到一致的证据支持。事实上,曾经自诩为高质量的美国GAAP,随着美国安然公司、世界通信公司等财务丑闻的爆发,其权威性受到了严重影响。随着欧盟及其他国家纷纷采用IFRS或者将本国准则向IFRS趋同,美国也逐渐改变了在会计国际协调方面的立场。2007年12月,SEC宣布接受境外私人发行者按照IASB发布的依据IFRS编制的财务报表,无须按照美国GAAP对财务报表进行调整,并修订了相应的《证券法》以支持这一决议。

2 会计准则及其协调/趋同后果研究

为了证实与IAS/IFRS协调(或向IAS/IFRS趋同)的必要性和正确性,各国学者从静态和动态角度比较了会计准则及其协调/趋同的后果,主要围绕会计信息质量来评价,具体通过检验可比性、价值相关性、综合质量及趋同后果等方面进行。

2.1 可比性

可比性既包括会计方法选择的可比(过程),也包括会计信息的可比(结果),而实现会计政策的可比性是实现会计信息可比性的手段和过程。因此,从另一个层面看,会计政策的可比性也就是会计实务的协调。

Gray(1980)率先进行了对会计数据可比性的研究。他检验了会计实务的一些国际差异对法国、德国和英国公司的利润所产生的影响。研究结果发现,利润计量的行为是与国家特征相关的,法国和德国的公司在利润计量行为上较为保守,而英国公司则较为乐观。考虑到英国相当强调股权投资者的利益,而法国与德国更加强调债权人和银行家的利益,这一事实支持了这样一个假设,即各国不同制度环境下的投资者需求可能对公司管理当局的行为产生重大影响。

Nair和Frank(1981)借助普华永道1973年、1975年和1979年的调查报告,试图考察IASC的创立对全球会计实务的影响。研究发现,在普华永道调查报告所覆盖的37个国家中,会计协调程度增加的时间段正好是IASC存在的时期。作者认为,IASC的创立对全球会计实务产生了明显的影响。然而,其后的研究发现却没有这么乐观。Evans 和 Taylor(1982)选择了 IASC 的其中 5 个发起成员国——法国、日本、英国、美国和西德作为研究对象,从每个国家选取 9 或 10 份财务报表,通过计算每个国家每年的遵循率,考察了 1975—1988 年间 IASC 发布的 5 份 IAS(IAS2、IAS3、IAS4、IAS6 和 IAS7)对其成员国财务报告的影响,结果发现 IAS 对这些国家会计实务的影响很小。Doupnik 和 Taylor(1985)使用调查问卷和普华永道 1979 年的调查数据,以 IAS1~IAS8 号为依据评价了 16 个西欧国家遵循核心会计准则的程度。结果发现,尽管在某些会计实务方面遵循国际会计准则的程度有所增加,但是西欧各国在会计实务中的差异是大量存在的。Emenyonu 和 Gray(1996)采用 I 指数研究了 5 个主要发达资本市场国家(法国、德国、日本、英国和美国)的上市公司在会计计量与披露方面的国际协调程度,以检验 IASC 自 20 世纪 70 年代以来为减少或消除各国会计实务差异而作出的努力是否取得成效。研究结果表明,1971 年以来各国会计实务总体协调程度增加了 10.8%。但他们进一步考察 26 种会计计量方法以评价个别会计实务后却发现,只有 14 种会计计量方法的协调程度有所增加,其余 12 种会计计量方法的协调程度反而下降了。Murphy(2000)检验了瑞士公司采用 IAS 对会计实务协调程度的影响。作者以未采用 IAS 的 18 家瑞士公司作为控制组,分析了同期采用 IAS 的 16 家瑞士公司在 1988—1995 年期间,与其他 3 个国家(日本、英国与美国)会计实务(折旧、存货、财务报表成本基础及合并报表)的协调程度。结果,没有证据表明,采用 IAS 能够增加瑞士公司会计实务的协调程度。Ali 等(2006)以印度、巴基斯坦和孟加拉国的 566 家上市公司 1997—1998 年年度报告为样本,采用 I 指数和修正的 C 指数研究了这 3 个国家的公司在 IAS 所涉及的 18 种会计计量方法上的协调程度,发现不同国家的会计处理仍然存在比较大的差异。

从上述经验证据的结果来看,IAS/IFRS 对会计实务协调程度的影响并不明显。虽然各国会计实务协调程度有所增加,但并没有充分的证据表明这种增加主要来源于 IAS/IFRS 的采用。

2.2 价值相关性

Hung 和 Subramanyam(2007)以 1998—2002 年间首次采用 IAS 的 80 家德国公司作为研究样本,实证检验了采用 IAS 对公司财务报表的影响。具体而言,他们考察了采用 IAS 引致的公司财务报表的变化以及这种变化对财务报表信息属性的影响。他们发现,根据 IAS 编制的财务报表中的总资产、权益账面价值以及权益账面价值和净收益的方差显著高于根据德国会计准则编制的财务报表中的方差;与德国会计准则相比,IAS 下的权益账面价值具有更为重要的估值作用,IAS 下的净收益更不具有估值作用;根据 IAS 对权益账面价值所作的调整金额具有价值相关性,而对净收益所作的调整金额不具有价值相关性。研究结果支持了德国会计准则更加强调谨慎性原则和利润平滑,而 IAS 偏重于公允价值和资产负债表估值。

Agostino 等(2008)以 2000—2006 年间 221 家欧洲上市银行的 1 201 个观测值作为研究样本,采用 Ohlson(1995)模型,实证检验了欧盟强制采用 IFRS 是否提高了欧洲上市银行会计信息的价值相关性。结果表明,采用 IFRS 提高了会计盈余对股价的影响,但权益账面价值的影响趋于减弱。作者进一步根据信息透明度对样本进行分类后发现,对于信息透明度较高的银行,其会计盈余和权益账面价值的价值相关性均显著提高,而对于信息透明度较低的银行,其权益账面价值相关性并没有显著提升。

Morais 和 Curto (2009)利用欧洲 14 个国家(澳大利亚、比利时、丹麦、芬兰、法国、德国、希腊、爱尔兰、意大利、荷兰、葡萄牙、西班牙、瑞典和英国)6 977 个上市公司 2000—2005 年间共计 29 032 个样本的数据进行了分析,以检验强制性执行国际会计准则/国际财务报告准则后欧洲上市公司的价值相关性是否得到了提高。其研究发现了肯定的证据,数据表明强制采纳国际会计准则/国际财务报告准则期间的财务信息的价值相关性高于应用本地会计准则期间财务信息的价值相关性。研究同时还发现,会计和税法明确分离国家的会计信息的价值相关性更高;来自法律和公共实施机制较强国家的公司在国际会计准则/国际财务报告准则下披露的会计信息相关性较差。

根据 IFRS 第 1 号公报,公司在首次采用 IFRS 时需要将上一年按照国内会计准则编制的报表重新调整为按照 IFRS 编报。Horton 等(2008)以在伦敦证券交易所上市的 297 家上市公司作为研究样本,采用事件研究法,实证检验了将按照英国会计准则编报的年报调整为按照 IFRS 编报时编制的调节表后,市场是否对此作出反应,调节表的信息是否具有价值相关性。研究结果显示,对于调整事项报告为负的公司,其股票异常报酬率为负,且交易量异常增加;公司调节信息公布前后的股票异常报酬率与所公布的盈余调节额相关;盈余调节信息具有价值相关性,其估值系数在调节信息披露后显著上升。并且,当盈余调节额为正时,信息在盈余调节信息披露前后均具有价值相关性,当盈余调节额为负时,只有在盈余调节信息披露后信息才具有价值相关性。

Devalle 等(2010)出于文化和法律环境对 IFRS 实施影响的考虑,选取了在 5 个欧洲证券交易所(法兰克福、马德里、巴黎、米兰和伦敦)上市的 3 721 个样本公司,采用面板数据回归分析的方法检验了 IFRS 应用后是否增加了不同国家上市公司会计信息的价值相关性。采用价格模型回归的结果显示,采纳 IFRS 后回归模型的解释力增强,全部样本公司盈余的价值相关性提高了,而产权账面价值的价值相关性降低了。就单一国家来说,IFRS 的影响是混合的。与总体的回归结果相似,德国应用 IFRS 后盈余的价值相关性提高了,而产权账面价值的价值相关性降低了,然而其模型的解释力降低了;对西班牙和意大利来说,模型的解释力、盈余的价值相关性和产权账面价值的价值相关性都降低了;法国单独检验的结果同总体检验的结果一致;只有英国应用 IFRS 后模型的解释力、盈余的价值相关性和产权账面价值的价值相关性都增加了。当采用回报模型时,西班牙、意大利、英国采用 IFRS 的结果是降低了价值相关性。此外,Devalle 等 (2010)的研究还检验会计质量的其他度量参数,包括盈余的变化性和损失的及时确认等,其研究结果并没有发现应用 IFRS 后会计信息质量的提高。Devalle 等(2010)的研究表明,不同国家由于文化和法律环境不同,应用 IFRS 的结果也会有所不同,同时也为 IFRS 的全面应用留下了疑问。

2.3 综合质量

Gassen 和 Sellhorn(2006)通过比较 1998—2004 年间采用不同准则的德国公司的会计质量,发现采用 IAS 的公司比采用德国 GAAP 的配对公司呈现出更强的盈余持续性和条件稳健性,股价的波动性更大,但盈余的可预测性较差。

Callao 等(2007)通过对财务数据和比率变化的分析,考察了西班牙公司采用 IFRS 对其财务报告可比性和相关性的影响。研究发现,由于上市公司根据欧盟要求采用 IFRS,而另一些公司继续采用西班牙会计准则,IFRS 的采用对西班牙公司财务报告的可比性产生了负面影响;由于 IFRS 的运用使得净资产账面价值与市值之间的差异加大,IFRS 的采用并没有提高财务报告的相关性。

Covrig 等(2007)发现,外国共同基金对采用 IFRS 公司的持有比例显著高于对采用本国准则公司的持有比例,并且对处于信息环境较差、透明度较低的公司,这种差异更大,这表明采用 IFRS 能够增加公司对国外机构投资者的吸引力。

Barth 等(2008)以 1994—2003 年间采用 IAS 的 327 家公司 1 896 个公司的年观测值作为研究样本,以盈余管理程度、损失的及时确认以及价值相关性作为会计质量的代理变量,检验了国际会计准则(IAS)的运用是否提高了公司的会计质量。研究发现,与采用除美国之外的其他国家会计准则的配对公司相比,采用 IAS 的公司总体上表现出更高的会计质量:盈余管理程度更低、损失确认更为及时和会计数据更具有价值相关性。而且,这种差异并不能归因于采用 IAS 之前两组公司会计质量的差异,而是公司在采用 IAS 之后会计质量有了提高。

Alves 等(2008)研究了欧洲 15 个国家上市公司强制采用 IFRS 对市场流动性和信息不对称的影响。结果发现,采用 IFRS 后,盈余公告前一天的异常买卖价差提高,市场表现出短期的流动效应,这表明,市场认为 IFRS 下的报告盈余比之前按照各国会计准则报告的盈余更具有信息含量。

Beuselinck 等(2008)考察了 14 个欧盟成员国 1991—2007 年会计盈余质量的变化,发现 2005 年欧盟强制采用 IFRS 没有改变损失确认的及时性,盈余的可比性也未能得到提高。

Paananen(2008)以 2003—2006 年瑞典的公开上市公司为样本,将会计信息质量定义为盈余管理、及时的损失确认和价值相关性。结果发现,强制采用 IFRS 后,会计信息质量不升反降。Paananen 和 Lin(2009)比较了德国公司在自愿采用 IAS(2000—2002 年)、自愿采用 IFRS(2003—2004 年)和强制采用 IFRS(2005—2006 年)3 个时期的会计信息质量后也发现,强制采用 IFRS 后,会计信息的价值相关性下降,盈余管理现象更为严重,损失确认更不及时。即使剔除首次采用 IFRS、缺乏经验的公司,研究结果也基本保持不变。

Hodgdon 等(2008)以 1999—2000 年采用国际财务报告准则

(IFRS)的89家公司作为研究样本,通过构建IFRS披露要求的遵循指数,实证检验了分析师盈余预测误差与公司遵循IFRS披露要求程度之间的关系。他们发现,分析师盈余预测误差与公司对IFRS披露要求的遵循程度之间呈负相关关系。研究结果表明,遵循IFRS的披露要求可以减少信息不对称程度,提高分析师盈余预测的准确性。同时也表明,会计准则的遵循程度与会计准则本身一样重要。

Capkun等(2008)以2005年起首次采用IFRS的1 722家欧洲公司作为研究样本,以欧洲公司从采用各国会计准则转向采用IFRS的2004—2005年这个转型期间作为研究期间,检验了欧洲会计准则向IFRS的强制性变迁对公司财务报表和会计质量的影响。研究结果显示:IFRS的采用对公司总资产和净资产有小额但显著的影响;公司在会计准则转换期间进行了向上的盈余管理,而且,在法律体制弱的国家,这种盈余管理更为显著;但是,即使存在盈余管理,IFRS的盈余调节披露信息仍具有价值相关性。

Prather-Kinsey等(2008)检验了157家欧盟上市公司强制采用IFRS所产生的经济后果。他们在剔除过渡期市场噪音的干扰后发现,与2004年相比,2006年盈余公告的信息含量有所增加,净资产和盈余的价值相关性提高,资本成本下降。但作者也发现了法律起源对经济后果的影响,即成文法国家公司对采用IFRS的反应强于普通法国家。Clarkson等(2008)对欧盟14国和澳大利亚的研究也发现,采用IFRS提高了盈余的信息含量,并且成文法国家比普通法国家增加更显著。

与大量研究关注会计信息的决策有用性不同,Christensen等(2008a)从债务契约角度检验了英国公司强制采用IFRS后调节项目的信息含量。结果发现,市场对盈余调节项目产生了反应,IFRS调节项目具有信息价值。并且,强制性的会计准则变迁改变了违约的概率,引起股东与债权人之间的财富转移,导致市场对那些违约成本可能增加的公司反应更加显著。

此外,Armstrong等人(2010)采用事件研究法检验了欧洲采用IFRS后的市场反应,其研究发现了增量正反应出现于IFRS应用前较低信息质量的公司以及信息不对称的公司,尤其明显的是银行(采纳IFRS前具有较高的信息不对称),这与投资者的预期相一致,即IFRS的采用会更大地改进银行的信息质量,减少信息不对称。他们同时还发现了注册地为法典法国家的公司的增量负反应,这与投资者所持有的法典法国家会计准则的执行力较弱的观点相一致,尽管这一反应可能归因于其他因素。

2.4 趋同后果的研究

在研究会计准则趋同的同时,研究者开始关注会计准则的趋同后果,并利用资本市场的数据对准则的趋同后果进行了实证研究。

Iatridis(2010)的研究聚焦在伦敦股票交易所的上司公司,以确定 IFRS 的采用是否提高了会计信息质量。其研究实证性地检验了 2005 年(正式采用 IFRS)和 2004 年(正式采用 IFRS 前)伦敦上市公司在 IFRS 下盈余管理的潜在可能性以及 IFRS 基础财务报告的价值相关性。研究发现,与应用英国会计准则相比,IFRS 的应用减少了盈余管理的程度,致使损失更加及时地被确认,会计计量更具价值相关性。

Daske 等(2008)检验了世界范围内采纳 IFRS 的经济后果。其研究使用公司所在地为 26 个国家的大样本数据,分析了强制性采用 IFRS 对市场流动性、资本成本和 Tobin's Q 的影响。平均来看,在引入 IFRS 时市场的流动性增加了,公司的资本成本降低了以及产权价值增加了。在对样本进行分离后,他们发现资本市场收益仅发生在那些有透明信息激励的公司,法律具有强执行力,强调公司财务报告激励的核心作用,以及国家对财务报告质量强制性管理的国家。在比较了强制性和自愿性采纳 IFRS 的国家以后,他们发现资本市场影响最为突出的是那些自愿转向 IFRS 的公司。

上述研究表明,采用 IFRS 及会计准则的国际协调能否提高包括决策有用性在内的会计信息的综合质量,目前仍无定论。但可以肯定的是,高质量的会计准则在不同的国家(地区)的应用后果会受到法律、制度和动机等多种因素的影响。

3 会计准则遵循度研究

国际会计准则虽然设定了公司必须遵循的最低信息披露要求,但是,IASB 及其前身 IASC 以及国际会计师联合会(IFAC)一直担心有些宣称遵循 IAS/IFRS 的公司实际上并没有完全遵循其要求。一般认为,IAS/IFRS 没有得到有效遵循的原因可能有两个:(1) 公司管理当局通过宣称他们采用了 IAS/IFRS 来达到某种目的(如跨国上市交易),事实上他们只是有选择地部分采用国际会计准则(Street 等,1999)。(2)公司管理当局可能缺乏必要的专业技能以正确采用 IAS/IFRS,尽管他们的初衷是好的(Samaha 和 Stapleton,2008)。

为此,会计学者十分关注国际会计准则的遵循问题,并提供了大量的经验证据。他们研究的目的主要集中于以下几点:(1)那些宣称遵循 IAS/IFRS 的公司,在实务中多大程度地遵循了 IAS/IFRS;(2)那些没有被遵循的 IAS/IFRS 领域中,哪些是最重要的;(3)有哪些因素会影响到 IAS/IFRS 的遵循程度;(4)这些没有遵循的事实对于未来国际会计准则的接受程度和遵循程度有什么意义。这些研究可以帮助 IASB、IFAC 和其他当事人更好地致力于解决阻碍国际会计准则被全球接受的问题。

Tower 等(1999)对 6 个亚太国家(地区)60 家上市公司 1997 年年报进行研究后发现,不同国家的公司对 IAS 的遵循程度存在显著差异,并且这种差异在 10%的显著性水平下与公司的上市时间相关。El-Gazzar 等(1999)以 Worldscope Database 的 87 家跨国公司为样本,研究了自愿采用国际会计准则公司的特征和目的,结果发现跨国公司海外经营的规模、融资政策、地理位置、是否为欧盟成员国的公司以及是否在国外资本市场多重上市等因素,都与跨国公司遵循国际会计准则的程度紧密相关。

Street 等(1999)以 1996 年在财务报表附注和(或)审计报告中注明其遵循 IAS 的 12 个国家的 49 家公司为样本,详细分析了它们对每一份 IAS 计量和报告要求的遵循情况。结果发现,只有 20 家(41%)公司完全遵循了 IAS,而其他 29 家公司存在明显违背 IAS 计量和报告要求的现象,尤其是对影响重大的会计政策和会计估计,存在"选择性的遵循"(selective compliance)。

Street 和 Bryant(2000)调查了那些宣称采用 IAS 的公司对 IAS 的遵循程度,并试图确定那些在美国注册或上市的公司与不在美国注册或上市的公司之间是否存在显著差异。结果发现,在美国注册或上市的公司,对 IAS 的遵循程度更高,那些审计意见宣称其财务报表遵循了 IAS,并且在实施审计过程中采用国际审计准则(ISAs)的公司对 IAS 的遵循程度也更高。作者认为,在美国严厉的监管环境下,IAS 的执行对在美国注册或上市的公司而言不是问题,但是,对于那些不在美国注册或上市的公司来说，遵循问题成为很大的隐患。然而，Street 等(2000)在分析那些宣称遵循 IAS 的在美国上市交易的公司时，发现很多公司在进行会计政策选择时，也违反了 IAS。

Street 和 Gray(2002)以全球 279 家公司的 1998 年年度报告为研究对象，通过计算披露和确认列报的遵循指数，评价了全球范围内执行 IAS 的公司对 IAS 的遵循程度及其影响因素。结果表明，不遵循 IAS 的现象大量存在，特别是在信息披露方面。公司的上市情况（上市还是非上市，本地上市还是海外上市）、出具审计报告的会计师事务所类型、公司所处行业和所在国家等因素对公司的遵循程度有显著影响。

Glaum 和 Street(2003)研究了在德国新市场上市的公司遵循 IAS 和美国 GAAP 的情况，发现采用 IAS 公司的平均遵循水平显著低于采用美国 GAAP 的公司。公司对 IAS 和美国 GAAP 的遵循度与是否由"五大"会计师事务所审计，是否在美国跨境上市以及审计意见中是否确认使用 IAS 或美国 GAAP 显著相关。

Ali 等(2004)在对南亚三国（印度、巴基斯坦和孟加拉国）会计计量实务协调的研究中发现，虽然巴基斯坦已通过议会立法强制公司完全遵循 IAS，但遵循情况仍然不容乐观。在监管较差的国家，即使强制执行，遵循度也不一定高。

Al-Shammari 等(2008)以海湾合作委员会（Gulf Co-operation Council, GCC）成员国较早强制采用 IAS 为背景，研究了 137 家公司 1996—2002 年对 IAS 的遵循情况，结果发现，尽管各成员国之间有很紧密的经济和文化联系，但不同国家不同公司之间的遵循程度仍然存在显著差异，且对报告要求的遵循程度低于对计量要求的遵循程度。公司规模、财务杠杆、国际化程度和所处行业对遵循度有显著影响。

Fekete 等(2008)在强制采用 IFRS 的背景下，研究了 18 家匈牙利上市公司对 IFRS 强制性披露要求的遵循程度及其影响因素，发现规模越大的公司对 IFRS 的遵循度越高，高科技公司遵循度显著高于其他行业。

Samaha 和 Stapleton(2008)研究了 281 家埃及上市公司 2000 年年报对每一份 IAS 计量和披露报告要求的遵循情况，发现整体遵循程度较低，特别是对与本国准则有较多差异的 IAS 的遵循程度较低。

Navarro-Garcia 和 Bastida (2010)采用问卷调查的方法对西班牙

的 63 个上市公司进行了研究，其调查结果表明，虽然 IFRS 被认为是决策有用的高质量的规则，但 IFRS 也被认为与西班牙会计准则有重大差异、麻烦、一些情况下不能满足对成本—效益的权衡，被调查者不认为 IFRS 比西班牙会计准则更适合。调查结果揭示出财务报告编制者对 IFRS 总体的观点会导致 IFRS 较少被遵从，如果严格执行 IFRS 会导致低质量的财务报告。

综合上述经验证据，那些宣称遵循了 IAS/IFRS 的公司存在大量没有遵循的情形，意味着即使一套协调后的会计准则被全球所接受并采纳，但该会计准则也可能无法在全球范围内得到一致的执行。因此，一些学者对一套全球适用的会计准则能增强各国会计信息可比性的说法产生了怀疑。

Ball(2005)深入分析了采用 IFRS 对投资者的利弊。在谈到准则执行不平衡对投资者的影响时，Ball 认为，由于大部分影响财务报告的政治和经济因素仍然是区域性的，而且从 IFRS 的执行机制上来看，也缺乏世界范围内的有效监管。因此，IFRS 的执行在全世界将是不平衡的，包括在欧洲内部。不管有没有国际准则，财务报告实务和财务报告质量方面的国际差异是不可避免的。因此，执行是 IFRS 唯一致命的弱点。

跨国审计委员会(Transnational Auditors Committee)在其 2007 年发布的报告《有关 IFRS 全球应用的观点》(Perspectives on the Global Application of IFRS)中认为，一致性不可能在一夜间获得，市场参与者熟悉 IFRS 需要花费时间，一致性的通常动力——来自同行的压力和监管执行，也不是以相同的方式运行的。因此，相同的执行是不可能的。

Véron(2007)则从 IFRS 的原则导向出发讨论了其执行的异质性，并指出，IFRS 是以原则为基础的准则，这就意味着在具体情况下可以有几种不同的方式执行 IFRS，从而造成了执行时的异质性。针对这种准则制定中的限制，其结果可能会导致编制财务报告的公司和提供鉴证服务的审计人员承担更多的责任(这也是 IASB 的目的所在)，但也可能导致行业间或者更危险的国家间的分化。

4 会计准则协调/趋同的影响因素研究

会计准则协调/趋同的影响因素主要包括制度和动机两个方面，这两个因素共同作用于会计协调,影响会计准则协调过程与准则趋同后的执行与结果。

4.1 制度因素

Violet(1983)指出,每一种特定的文化产生一种特定的会计结构。这种会计结构受到多个文化变量的限制和约束。因此,文化是对会计实务协调的一个重要影响因素。他用人类学的观点回顾了国际会计准则的发展,认为由于文化的多样性,国际会计准则委员会全球准则的制定和应用,只能是有限的成功。Young(1996)认为,以前使用的会计处理方法会影响公司如何报告。人们的思维是制度化的,国家特定的制度影响了财务报告过程的特征,并影响公司如何执行准则。各国间的制度结构是存在差异的,制度因素对会计协调和一致执行具有影响。Holthausen(2003)认为,与人为因素相比,不同国家的会计传统在影响IFRS一致应用方面可能更为复杂。

4.2 动机因素

Aisbitt(2004)基于Jensen和Meckling(1994)对人的行为予以解释的"聪明、评估、最大化模型"(Resourceful, Evaluative, Maximizing Model, REMM),讨论了欧盟在采用IFRS过程中文化和监管执行的问题,指出使用者对会计准则监管和执行的态度,取决于对会计准则执行成本,同自身环境和风险偏好所决定执行水平的比较和权衡。当前者超过后者时,使用者的满意度会下降,继而影响他们对会计准则的执行行为,这样就有可能阻碍会计协调的成功。Nobes(2006)指出,欧盟强制使用IFRS并不意味着"国际会计"的终结,由于动机和机会的原因,会计实务方面的国际差异仍会存在。其中,动机来源于国家间会计体系的差异,机会则产生于应用的IFRS版本及其翻译不同,IFRS提供的备选会计处理和会计估计等。

Ball等(2003)以中国香港地区和马来西亚、新加坡、泰国这3个东亚国家为例,考察了会计准则与动机的相互关系。研究结果发现,虽然这4个国家(地区)所采用的会计准则起源于普通法国家高质量的会计准则,但是它们的财务报告质量却与成文法国家相似,会计盈余的及时性显著低于英国和美国的公司。作者认为,制度环境的差异导致这4个国家(地区)的公司不具备提供高质量财务报告的动机。

Christensen等(2007)认为,采用IFRS对各个公司的影响并不相同,它取决于公司采用 IFRS 的预期收益。因此,他们根据德国公司的数据推算英国公司自愿采用 IFRS 的概率(如果赋予公司选择权的话),然后从短期股价反应和长期权益成本变化两方面考察了欧盟强制性推行 IFRS 后英国公司的经济后果。研究结果显示,公司采用 IFRS 的意愿越高,则强制性推行 IFRS 消息公布时公司短期股价反应越好,IFRS 强制推行前后公司长期权益成本变化越小。研究结果表明,强制性采用 IFRS 并不会以一种统一的方式使所有企业受益,而是产生了相对的赢家和输家。

Daske 等(2007)以 2001—2005 年间 3 800 多家首次采用 IFRS 公司的 37 000 个观测值作为研究样本,检验了全球 26 个国家强制性采用 IFRS 对股票市场流动性、权益资本成本和公司价值的影响。实证研究结果显示,IFRS 的强制性采用,提高了股票市场流动性和公司价值,但采用 IFRS 对资本市场的这种影响只存在于具有严格的准则执行机制以及能为更透明的盈余提供动机的制度环境的国家中。并且,对于本国会计准则与 IFRS 的差异较小、有向 IFRS 趋同战略的国家以及对于自愿采用 IFRS 的比率较高的行业,采用 IFRS 对资本市场的影响较小;而对于那些在强制采用 IFRS 之前已经自愿采用 IFRS 的公司,IFRS 的强制性采用对其影响更大。

Christensen 等(2008b)研究了自愿采用 IFRS 的德国公司在采用 IFRS 前后财务报告质量的变化,发现财务报告质量的改善仅限于那些有动机采用 IFRS 的公司。作者认为,在财务报告质量的决定因素中,公司动机比会计准则更加重要。

Daske 等(2008)以全球 24 个国家 1998—2004 年间自愿采用 IFRS 的公司为样本,按照对 IFRS 的采用程度将其分为"名义型(label)"采用者和"严肃型(serious)"采用者,研究了采用 IFRS 对这两类公司产生的经济后果是否存在差异。结果发现,与跨境上市等其他形式的约束相比,采用 IFRS 对公司经济后果的平均效应并不显著,但是对"严肃型"采用者资本成本和市场流动性的影响显著强于对"名义型"采用者的影响。该文发现了 IFRS 的经济后果在公司层面存在的异质性,即公司不同的报告动机更能解释经济后果的变化。

4.3 综合观点

Holthausen 和 Watts(2001)认为,准则如何被执行将会受到不同力量的影响,这种影响反映了财务报告的多重目的。Ball 等(2003)提出,IFRS 的执行需要全球范围内政治、经济结构的完全协调。Schipper(2005)认为,在规模、所有权结构、资本结构、政治司法体系、文化和财务报告传统都不同的公司和国家间实施同一套准则是有很大问题的。IFRS 在欧洲的执行会增加对执行指南的需求。如果 IASB 不能满足这些要求,财务报告的编制者和审计者会转向其他指南来源,如转向他们本国的准则或实务。这样一来,以前使用的准则和会计传统等因素就会影响准则的执行,并很可能对准则的一致执行产生负面作用。Zeff(2007)认为,商业和金融文化、会计文化、审计文化以及监管文化都可能阻碍全球财务报告的可比性。在实现高质量会计准则的趋同过程中,准则的解释、准则所使用的术语、准则的翻译以及政治压力都会影响会计准则的全球化目标。Soderstrom 和 Sun(2007)对有关会计准则变迁所产生的经济后果的文献进行了综述,并讨论了采用 IFRS 之后影响会计质量的一些决定因素。通过梳理以往相关文献,他们发现,国际会计文献总体而言,支持自愿采用一项质量更高的会计准则(包括 IFRS)会产生正面的影响。然而,他们认为,人们不能简单将此结论推广至目前欧盟强制性采用 IFRS 的情况。采用 IFRS 之后公司的会计质量取决于以下三个因素:会计准则的质量,一国的法律和政治体制,与资本市场发展、资本结构、所有权结构和税收制度相关的财务报告动机。他们预计,在采用 IFRS 之后,不同国家之间会计质量的差异很可能仍然存在,因为会计质量由企业所处的包括一国法律和政治体制在内的整个制度环境所共同决定的。要实现 IFRS 的一致执行,提高会计质量,取决于国家的政治和法律体系,以及财务报告动机的改变。

参 考 文 献

AGOSTINO M, DRAGO D, SILIPO D B. 2008. International accounting standards and information efficiency in the European stock market[R]. Working Paper, University of Calabria.

AISBITT S. 2004. Why did(n't) the accountant cross the road? Towards a model of European enforcement of International

Financial Reporting Standards [C]. Emerging Issues in International Accounting & Business Conference, University of Padova.

ALI M J, AHMED K, HENRY D. 2004. Disclosure compliance with national accounting standards by listed companies in South Asia [J]. Accounting and Business Research, 34(3): 183-199.

ALI M J, AHMED K, HENRY D. 2006. Harmonization of accounting measurement practices in South Asia[J]. Advances in International Accounting, (19): 25-58.

AL-SHAMMARI B, BROWN P, TARCA A. 2008. An investigation of compliance with international accounting standards by listed companies in the Gulf Co-Operation Council member states[J]. The International Journal of Accounting, (43): 425-447.

ALVES P, BRÜGGEMANN U, POPE P. 2008. Mandatory IFRS adoption, information and market liquidity around earnings announcements[R]. Working paper, Lancaster University.

AMIR E, HARRIS T S, VENUTI E K. 1993. A comparison of the value-relevance of U. S. versus non-U. S. GAAP accounting measures using form 20-F reconciliations [J]. Journal of Accounting Research, (31): 230-275.

ARMSTRONG C S, BARTH M E, JAGOLINZER A D. 2010. Market reaction to the adoption of IFRS in Europe. The Accounting Review, 85(1).

ARCHER S, DELVAILLE P, MCLEAY S. 1995. The measurement of harmonization and the comparability of financial statement items: within-country and between-country effects [J]. Accounting and Business Research, 25(98): 67-80.

ASHBAUGH H, OLSSON P. 2002. An exploratory study of the valuation properties of cross-listed firms' IAS and U. S. GAAP earnings and book values[J]. The Accounting Review, (77): 107-127.

BALL R. 2005. International Financial Reporting Standards(IFRS):

pros and cons for investors[R]. Working paper, the University of Chicago.

BALL R, ROBIN A, WU J S. 2003. Incentives versus standards: properties of accounting income in four East Asian countries[J]. Journal of Accounting & Economics,36(1-3): 235-270.

BANDYOPADHYAY S P, HANNA J D, RICHARDSON G. 1994. Capital market effects of US-Canada GAAP differences[J]. Journal of Accounting Research,(32): 262-277.

BARTH M E, CLINCH G. 1996. International accounting differences and their relation to share prices: evidence from U K, Australian and Canadian firms[J]. Contemporary Accounting Research,(13): 134-170.

BARTH M E, LANDSMAN W R, LANG M H. 2008. International accounting standards and accounting quality[J]. Journal of Accounting Research,46(3): 467-498.

BARTOV E, GOLDBERG S, KIM M. 2005. Comparative value relevance among German, U. S. and International Accounting Standards: a German stock market perspective[J]. Journal of Accounting, Auditing and Finance,(20): 95-119.

BEUSELINCK C, JOOS P, KHURANA I K. 2009. Mandatory IFRS reporting and stock price informativeness[R]. Working paper, Tilburg University and University of Missouri at Columbia.

CALLAO S, JARNE J I, LAINEZ J A. 2007. Adoption of IFRS in Spain: effect on the comparability and relevance of financial reporting[J]. Journal of International Accounting, Auditing and Taxation,(16): 148-178.

CAPKUN V, CAZEVAN-JENY A, JEANJEAN T. 2008 Earnings management and value relevance during the mandatory transition from local GAAPs to IFRS in Europe[R]. Working Paper, HEC School of Management.

NAVARRO-GARCIA J C, BASTIDA F. 2010. An empirical

insight on Spanish listed companies' perceptions of International Financial Reporting Standards [J]. Journal of International Accounting, Auditing and Taxation, (19): 110-120.

CHRISTENSEN H B, LEE E, WALKER M. 2007. Cross-sectional variation in the economic consequences of international accounting harmonization: the case of mandatory IFRS adoption in the UK[J]. The International Journal of Accounting, (42): 341-379.

CHRISTENSEN H B, LEE E, WALKER M. 2008a. Do IFRS/UK GAAP reconciliations convey new information? [R]. Working paper. University of Chicago and Manchester Business School.

CHRISTENSEN H B, LEE E, WALKER M. 2008b. Incentives or standards: what determines accounting quality changes around IFRS adoption? [R]. Working paper. University of Chicago and Manchester Business School.

CLARKSON P, HANNA J D, RICHARDSON G D. 2008. The impact of IFRS adoption on the value relevance of book value and earnings[R]. Working paper. University of Queensland.

COVRIG V, DEFOND M, HUNG M. 2007. Home bias, foreign mutual fund holdings, and the voluntary adoption of International Accounting Standards [J]. Journal of Accounting Research, (45): 41-70.

DASKE H, HAIL L, LEUZ C. 2007. Mandatory IFRS reporting around the world: early evidence on the economic consequences [J]. Journal of Accounting Research, 46(5): 1085-1142.

DASKE H, HAIL L, LEUZ C. 2008. Adopting a label: heterogeneity in the economic consequences of IFRS adoptions [R]. Working paper. University of Pennsylvania and University of Chicago.

DEVALLE A, ONALI E, MAGARINI R. 2010. Assessing the value relevance of accounting data after the introduction of IFRS in

Europe[J]. Journal of International Financial Management and Accounting, 21(2): 85 – 119.

DOUPNIK S, TAYLOR M E. 1985. An empirical investigation of the observance of IASC standards in western Europe [J]. Management International Review, 25(1): 27 – 33.

EL – GAZZAR S M, FINN P M, JACOB R. 1999. An empirical investigation of multinational firms' compliance with International Accounting Standards [J]. The International Journal of Accounting, (34): 239 – 248.

EEMENYONU E N, GRAY S J. 1992. EC accounting harmonization: an empirical study of measurement practices in France, Germany and the UK [J]. Accounting and Business Research, (23): 49 – 58.

EEMENYONU E N, GRAY S J. 1996. International accounting harmonization and the major developed stock market countries: an empirical study[J]. The International Journal of Accounting, 31(3): 269 – 279.

EVANS T G, TAYLOR M E. 1982. "Bottom line compliance" with the IASC: a comparative analysis[J]. The International Journal of Accounting, (10): 115 – 128.

FEKETE S, MATIS D, LUKACS J. 2008. Factors influencing the extent of corporate compliance with IFRS: the case of Hungarian listed companies[R]. Working paper. Babes-Bolyai University of Cluj-Napoca.

FULKERSON C L, MEEK G K. 1998. Analysts' earnings forecasts and the value relevance of 20 – F reconciliations from non-U. S. to U. S. GAAP [J]. Journal of International Financial Management & Accounting, (9): 1 – 15.

GASSEN J, SELLHORN T. 2006. Applying IFRS in Germany: determinants and consequences[R]. Working paper. Humboldt University of Berlin.

GLAUM M, STREET D L. 2003. Compliance with the disclosure

requirements of Germany's new market: IAS versus US GAAP [J]. Journal of International Financial Management and Accounting, (14): 64-100.

GRAY S J. 1980. The impact of international accounting differences from a security-analysis perspective: some European evidence [J]. Journal of Accounting Research, 18(1): 64-76.

HARRIS M S, MULLER K A. 1999. The market valuation of IAS versus US-GAAP accounting measures using Form 20-F reconciliations[J]. Journal of Accounting and Economics, (26): 285-312.

HERMANN D, THOMAS W. 1995. Harmonization of accounting measurement practices in the European community [J]. Accounting and Business Research, (25): 253-265.

HODGDON C, TONDKAR R H, HARLESS D W,. 2008. Compliance with IFRS disclosure requirements and individual analysts' forecast errors [J]. Journal of International Accounting, Auditing and Taxation, (17): 1-13.

HOLTHAUSEN R W. 2003. Testing the relative power of accounting standards versus incentive and other institutional features to influence the outcome of financial reporting in an international setting[J]. Journal of Accounting & Economic, (36): 271-383.

HOLTHAUSEN R W, WATTS R L. 2001. The relevance of the value-relevance literature for financial accounting standard setting[J]. Journal of Accounting and Economics, (31): 3-75.

HORA J A, TONDKAR R H, MCEWEN R A. 2003. Effect of foreign GAAP earnings and form 20-F reconciliations on revisions of analysts' forecasts[J]. The International Journal of Accounting, (38): 71-93.

HORTON J, SERAFEIM G. 2008. Market reaction to and valuation of IFRS reconciliation adjustments: first evidence from the UK [R]. Working Paper. London School of Economics.

HUNG M, SUBRAMANYAM K R. 2007. Financial statement effects of adopting International Accounting Standards: the case of Germany [J]. Review of Accounting Studies, 12（4）: 623 – 657.

IATRIDIS G. 2010. International Financial Reporting Standards and the quality of financial statement information[J]. International Review of Financial Analysis, (19): 193 – 204.

LEUZ C. 2003. IAS versus U. S. GAAP: information asymmetry-based evidence from Germany's new market [J]. Journal of Accounting Research, 41(3): 445 – 472.

MORAIS A I, CURTO J D. 2009. Mandatory adoption of IASB standards: Value relevance and country-specific factors [J]. Australian Accounting Review, 19(2): 128 – 143.

MURPHY A B. 2000. The impact of adopting International Accounting Standards on the harmonization of accounting practices[J]. The International Journal of Accounting, 35(4): 471 – 493.

NAIR R D, FRANK W G. 1981. The harmonization of International Accounting Standards: 1973 – 1979 [J]. The International Journal of Accounting, 17(1): 61 – 77.

NOBES C. 2006. The survival of international differences under IFRS: towards a research agenda[J]. Accounting and Business Research, 36(3): 233 – 245.

PAANANEN M. 2008. The IFRS adoption's effect on accounting quality in Sweden [R]. Working paper. University of Hertfordshire.

PAANANEN M L H. 2009. The development of accounting quality of IAS and IFRS over time: The case of Germany[J]. Journal of International Accounting Research, 8(1): 31 – 55.

PRATHER – KINSEY J, JERMAKOWICZ E K, VONGPHANITH T. 2008. Capital market consequences of European firm's mandatory adoption of IFRS[R]. Working Paper. University of

Missouri.

SAMAHA K, STAPLETON P. 2008. Compliance with International Accounting Standards in a national context: some empirical evidence from the Cairo and Alexandria Stock Exchanges[J]. Afro-Asian Journal of Finance and Accounting, 1(1): 40 - 66.

SCHIPPER K. 2005. The introduction of International Accounting Standards in Europe: implications for international convergence [J]. European Accounting Review, 14(1): 101 - 126.

SODERSTROM N S, SUN K J. 2007. IFRS adoption and accounting quality: a review[J]. European Accounting Review, 16(4): 675 - 702.

STREET D L, NICHOLS N B, GRAY S J. 2000. Assessing the acceptability of International Accounting Standards in the US: an empirical study of the materiality of US GAAP reconciliations by non - US companies complying with IASC standards[J]. The International Journal of Accounting, 35(1): 27 - 63.

STREET D L, BRYANT S M. 2000. Disclosure level and compliance with IASs: a comparison of companies with and without U. S. listings and filings[J]. The International Journal of Accounting, 35(3): 305 - 329.

STREET D L, GRAY S J. 2002. Factors influencing the extent of corporate compliance with International Accounting Standards: summary of a research monograph[J]. Journal of International Accounting, Auditing & Taxation, (11): 51 - 76.

STREET D L, GRAY S J, BRYANT S M. 1999. Acceptance and observance of International Accounting Standards: an empirical study of companies claiming to comply with IASs[J]. The International Journal of Accounting, 34(1): 11 - 48.

TOWER G, HANCOCK P, TAPLIN R H. 1999. A regional study of listed companies' compliance with International Accounting Standards[J]. Accounting Forum, 23(3): 293 - 305.

TRANSNATIONAL A C. 2007. Perspectives on the global

application of IFRS[OL]. www. ifac. org.

VAN DER MEULEN S, GAEREMYNCK A, WILLEKENS M. 2007. Attribute differences between U. S. GAAP and IFRS earnings: an exploratory study[J]. The International Journal of Accounting, (42): 123-142.

VAN DER TAS L G. 1992. Measuring international harmonization and standardization: a comment[J]. Abacus, 28(2): 211-216.

VÉRON N. 2007. The global accounting experiment[OL]. www. bruegel. org.

VIOLET W J. 1983. The development of International Accounting Standards: an anthropological perspective[J]. The International Journal of Accounting, 18(1): 1-12.

YOUNG J J. 1996. Institutional thinking: the case of financial instruments[J]. Accounting, Organizations and Society, 21(5): 487-512.

ZEFF S A. 2007. Some obstacles to global financial reporting comparability and convergence at a high level of quality[J]. The British Accounting Review, (39): 290-302.

第3章 会计准则国际协调/趋同国内文献综述

我国作为以 IFRS 为基础制定本国会计准则的国家,会计改革的进程迫切需要准确把握我国会计准则国际协调/趋同的具体效果。科学客观地回答这一问题,对我国会计理论的创新和会计实务的发展具有十分重要的意义。

关于我国会计准则国际协调/趋同效果的研究,主要成果集中在最近 10 年,研究范式基本上完成了由规范主导向经验研究主导的转变。国内有关规范研究选题主要集中于回顾我国会计准则(CAS)及其国际化的发展演进过程(曲晓辉,2001,2003),分析会计准则变迁的影响因素及路径(曲晓辉和陈瑜,2003;夏冬林和李晓强,2005),比较我国会计准则与国际会计准则(IAS)的异同(盖地,2001;郭永清,2003),也包括对准则及相关协调政策制定、实施等方面(冯淑萍和应唯,2005;陆建桥,2005)的研究。这些规范研究在理论分析、系统比较和逻辑判断的基础上,对 CAS 的国际协调/趋同效果得出结论。然而,随着我国资本市场规模的逐步扩大和数据库的多方位开发以及实证研究方法被广为接受,新近也有不少学者利用经验证据对 CAS 在国际协调/趋同方面取得的成效进行检验。有关经验研究主要是利用我国上市公司的历史数据,采用统计分析的方法,从不同准则(主要是 CAS 与 IAS)形成的净利润和净资产差异、股价的信息含量差异及会计盈余的信息质量差异等方面对 CAS 的国际协调/趋同效果作出评价,并进一步分析差异原因及提出政策建议。

本章系统地回顾和比较深入地研讨了我国国内会计准则国际协调/趋同方面的文献,旨在全面而清晰地把握我国会计准则国际协调/趋同的效果。对这些文献的回顾,依据如下的分类:(1) 我国会计准则国际协调/趋同策略与对策研究。(2) CAS 与 IAS 具体条款和总体协调/趋同程度研究。(3) CAS 与 IAS 下会计报表数据差异的研究。(4) CAS 与 IAS 下会计信息含量差异的研究。(5) CAS 与 IAS 下会计盈余质量差异的研究。最后,笔者对相关研究进行了评论与展望,探讨了会计准则国际协调/趋同效果的研究框架。

1 我国会计准则国际协调/趋同策略与对策研究

关于中国会计准则国际协调/趋同的策略,我国的总体立场是基于国情,循序渐进。其中,财政部前部长助理冯淑萍的观点获得广泛的认同。冯淑萍(2004)认为,中国实际上也是国际财务报告准则的使用者和受益者,因此一直以十分积极的姿态参与国际会计协调/趋同,支持国际会计准则理事会对制定全球公认会计准则的努力,并将进一步积极参与国际会计协调/趋同进程。冯淑萍认为,中国的市场经济改革是一个循序渐进的过程,是一个在经济发展过程中政府逐步退出相关领域、市场调节功能逐步释放的过程。这种渐进式经济改革道路决定了中国的会计改革也只能走渐进式改革道路。冯淑萍就中国对国际会计协调的基本态度阐述了如下立场——对于中国 4 类会计实务分别采用不同的国际化策略:(1) 中国的经济交易事项与国际财务报告准则规范的经济交易事项相同,而且两者所处的环境也相同,中国将积极促进其会计处理与国际财务报告准则的趋同,甚至直接采用与国际财务报告准则规范相同的会计原则。(2) 中国的经济交易事项在形式上与国际财务报告准则规范的经济交易事项相同,但是由于中国特殊的会计环境,其经济实质并不相同,中国应从实际出发,按照交易事项的经济实质来规范其所应采用的会计处理方法。(3) 国际财务报告准则规范的经济交易事项在西方发达国家可能已经比较普遍,但是在中国目前的发展阶段可能还没有或者才刚刚起步,中国将展开有关研究,做好相关准备工作,待这些交易事项实际发生或者较为成熟时,可以直接采用国际财务报告准则规范的有关会计原则。(4) 中国特有的一些经济交易事项,在西方发达国家是没有的或者在国际财务报告准则中没有规范的,中国需要制定其专门的会计处理方法进行规范。时任财政部部长助理冯淑萍的上述观点,代表了中国会计准则国际协调的官方立场。

国内学者主要从会计原则、会计信息质量、与国际会计准则的比较、会计国际化的发展等方面分析我国会计国际化的对策。盖地和刘慧凤(2004)根据公共选择理论推论,将会计原则协同作为会计准则国际趋同的切入点。他们认为,会计国际协调是一个政治程序,国际会计趋同的过程基本上也是一个公共选择的过程。国际财务报告准则是向国际会计用户提供财务信息所依据的确认、计量和报告的会计政策,对其有决定作用的技术规则是会计原则,如果各国对会计原则达成一致意见,其所产生的国际财务报告准则将是最优化的"国际会计政策"。朱国泓和孙铮(2004)则从会计信息质量视角分析了我国会计国际化策略选择的5项基本原则:(1)有借鉴的为我所用原则。(2)实质重于形式原则。(3)抓住主要矛盾原则。(4)平衡推进原则。(5)现实与前瞻兼顾原则。他们认为,应以满足使用者对会计信息的需求为标准,对会计国际化过程实施动态评估,并对会计国际化的具体策略进行及时微调。汪祥耀和骆铭民(2004)研究了我国会计准则与国际准则的差异、原因和对策,分析了我国会计准则与国际准则的趋同。他们认为,会计准则的国际趋同是会计国际化发展的必然趋势,中国要发展经济就必须融入国际经济潮流中,作为国际通用商业语言的会计自然就应走向国际化。他们探讨了会计准则国际趋同的必然性、可行性,分析了各国会计准则趋同化的形势,比较了目前我国会计准则与国际准则之间的主要差异,并提出促进我国会计准则与国际准则趋同的建议。王清刚(2007)就中国会计的国际趋同战略,提出:中国应尽快制定执行IAS/IFRS 的时间表;会计国际趋同需要理顺与其他经济法规的关系;需要各方面的支持与合作;强化会计标准的执行和监督;密切关注并积极参与 IAS/IFRS 改革。

2 CAS 与 IAS 具体条款和总体协调/趋同程度研究

关于 CAS 与 IAS 协调/趋同的研究,大体可以分为两个方面:一是 CAS 整体协调/趋同效果;二是单项准则或概念框架要素的个别协调/趋同效果。关于 CAS 整体协调/趋同效果,规范研究结论基本一致,即"随着经济改革的深入和市场经济体制的日趋完善,中国会计准则体系会自然而然地发展与完善,缩小与国际财务报告准则之间的差异"(冯淑萍,2004)。而伴随着已经发布的16项具体会计准则、企业会计制度等会计规范的不断完善,"在具体会计核算要求、内容和方法等方面,与国际会计准则相对照,在所有重大方面已与国际会计准则一致"(刘玉廷,2005)。同时,实证研究也为 CAS 整体协调效果提供了证据,认为从总体而言在我国已颁布的与国际财务报告准则相对应的准则已达到中度协调(王建新,2005a),这一研究结论基本印证了前期规范研究的结论。正如盖地(2001)指出的那样,我国会计准则与国际财务报告准则已是大同小异。

在我国单项准则个别协调效果的研究中,多数学者采用了对比分析的方法研究 CAS 与 IAS 之间存在的具体差异。首先,关于概念框架的比较研究认为,我国会计准则基本上向国际化发展(叶建芳,2005)。其次,CAS 与 IAS 具体准则之间的比较既有通过直接比较进行评论(叶建芳,2005),也有作为经验检验的基础(Chen 等,1999)进行主要准则的对比。此外,还有一些研究针对某一项准则进行 CAS 与 IAS 规定比较,如无形资产(颜延,2004),分部信息披露(聂萍和唐淑贵,2004),公允价值的运用(陈燕,2004;王建新,2005b)。研究结论主要是:CAS 正在向国际化发展;特定准则根植于特定的环境;特定的环境需要特定准则规定的会计处理的特殊性;公允价值在我国应该慎行;基于国情的准则修订提高了会计盈余质量。

关于我国单项准则个别协调效果的研究就具体事项比较而言,结果直观,便于具体把握在每一个项目上两者的异同。对于此类研究,国内学者主要采用的方法是赋值分析法、判定分析法和平均距离法。王静和孙美华(2003)详细对比了我国颁布的具体会计准则与对应国际会计准则之间的异同,根据对比点的差异程度区分了 5 种情况,分别赋予不同分值,由此计算出各项准则的国际协调度,再将各项准则的国际协调度加权平均,得出我国会计准则总的国际协调度。其研究结果为:CAS 与 IAS 的总体国际协调度 Z 值为 0.11[①],这反映了当时我国多数准则与国际准则相比仍存在一定差异。王建新(2005a)采用类似的方法,计算出 CAS 与 IAS 全面比较的协调度 Z 值为 0.42,排除由披露原因造成的差异后,协调度 Z 值为 0.45[②]。进一步分析后,作者得出以下

[①] 该项研究者将协调/趋同度水平定义为:$Z<-0.5$ 为低度协调;$-0.5 \leqslant Z<0.5$ 为中度协调;$Z \geqslant 0.5$ 为高度协调。

[②] 该项研究者将协调/趋同度水平定义为:$Z<0$ 为低度协调;$0 \leqslant Z<1$ 为中度协调;$Z \geqslant 1$ 为高度协调。

结论：我国已颁布的16项会计准则与对应的IAS相比，高度协调占25%，中度协调占50%，低度协调占25%，这说明总体而言，CAS与IAS已达到中度协调，但还有许多准则尚待制定。王治安、万继峰、李静(2005)则采用了判定分析法和平均距离法测量中国会计准则的国际协调度。其结论是：我国会计准则与国际会计准则总体上协调程度较高，但仍保留了适度的差异，并且计量项目的协调度略高于披露项目的协调度。杨钰和曲晓辉(2008)运用修订的Jaccard系数，在区别准则"缺失"和"分歧"两种情况的基础上，使用详细的准则精准对比点，主要以资产计价相关准则为检验对象，分阶段定量考察了1998年以来CAS与IAS/IFRS的趋同程度及其变化趋势。研究结果表明，至少在所考察的准则方面，CAS与IAS/IFRS之间的趋同程度有了显著提高且在总体上实现了实质性趋同，目前绝大部分准则比较项目已达到高度趋同，但仍在少数领域存在细微差异；从差异的成因来看，一方准则缺乏相关规定所致差异是主因，两套准则规定不同所致差异则居次要地位；鉴于我国现阶段转型经济特征，CAS与IFRS的差异应属适度。

上述研究从新的角度为CAS与IAS在具体条款协调/趋同效果方面提供了量化证据，试图直观地反映我国会计准则国际协调/趋同程度的高低，具有一定的参考价值。但是，此类方法的明显缺陷在于：由于不同准则体系下的同名会计准则涉及的方面往往存在差异，加之准则项目不尽相同，对比点的选择实际上存在一定困难。准则各项目对比点的选择、赋值权重的设定的主观性较强，由此削弱了研究结论的信度和不同研究结果之间的可比性。鉴于目前关于准则项目对比点的方案很多，建议此类后续研究寻求权威性的准则项目对比点。我们认为，作为我国会计准则咨询机构的德勤会计公司，经过十几年积累而形成的CAS与IAS/IFRS对比点，是得到我国会计准则制定机构认可的，因而具有一定的权威性，可以作为此类后续研究的基准。关于对比点差异程度的赋值，也值得进一步研究。Arcy和Ordelheide(2001)关于会计惯例国际比较的矩阵表明，不同准则体系下的会计方法异同之比较十分复杂，不同准则对于同一业务会计方法之间的差异程度因具体方法而异，有的甚至多于6种方案。因此，应当考虑结合使用其他方法来衡量准则条款的协调/趋同程度。

3 CAS 与 IAS 下会计报表数据差异的研究

这类研究是指通过考察基于 CAS 与 IAS 的会计报表数据差异，来评价我国会计准则国际协调/趋同的效果。在这类研究中，研究者通常从我国发行 B 股/H 股的公司分别按 CAS 与 IAS 披露的净利润（或净资产、净资产收益率）差异入手，考察会计报表数据差异的程度和变化趋势，以此来反映我国会计准则国际协调/趋同的效果。

3.1 基于 A 股和 B 股公司研究的主要结论

这类检验大多以同时发行 A 股和 B 股的公司为样本，检验 CAS 与 IAS 下的净利润差异，也有从相应的净资产和净资产收益率入手进行的检验。这类检验的大体结论是：早期 CAS 与 IAS 下的净利润存在重大差异，且 IAS 下报告的净利润通常小于 CAS 下报告的净利润。但是随着 CAS 的不断变迁和国际趋同，CAS 与 IAS 下的会计数据总体差异趋减并降低，且 CAS 变得稳健，差异方向出现反转，即 CAS 下的主要会计数据通常小于 IAS 下的主要会计数据。

3.1.1 关于差异存在性的检验

李树华(1997)以 1996 年同时发行 A 股和 B 股的上市公司为研究对象，发现 1996 年 B 股公司境内外报告的税后净利润存在重大差异，且境外报告的净利润通常小于境内报告的净利润。胡志勇和陈国祥(1998)选择沪深两市 1995 年 24 家和 1996 年 34 家同时发行 A 股和 B(H)股的公司为研究对象，分析了按我国会计准则与国际会计准则报告的账面资产和净盈余的差异，发现在我国会计准则下，公司易于高估其净利润和净资产，坏账准备差异、存货备抵差异、联营损益差异、折旧费用差异、资产重估差异等因素是我国会计准则与国际会计准则实质性差异之所在。Chen 等(1999)相对系统地考察了中国 B 股公司境内外会计差异的特征及其影响因素。他们以沪市 B 股公司 1994—1997 年公开披露的会计信息为研究对象，研究表明 CAS 与 IAS 之间存在的系统性差异导致沪市 B 股公司按 CAS 报告的净利润高于按 IAS 报告的净利润，差异稳定在 20%~30%的水平。按照国际会计准则调整后，15%的公司由盈利转为亏损，因此认为 IAS 更为稳健。他们把这种差异归结为 12 个主要因素，其中 8 个因素是境内外会计政策的差异，包括坏账准备、折旧、存货计价、长期投资以及外币折算。郑侨青

(2000)以沪市 B 股上市公司 1994—1998 年年度报告披露的会计数据为依据,也发现我国上市公司应用 CAS 报告的净利润均高于按 IAS 报告的净利润,并认为这种差异主要是由会计制度机会主义运用的差异以及由于经济政策变革所影响的不同会计处理所造成。严海芳(2000)对 1999 年沪深两市同时发行 A 股和 B 股的 80 家上市公司的会计报表进行了研究,同样发现境内外报告的税后净利润总体上存在着较大差异,即按 IAS 调整后的审计税后净利润普遍低于按 CAS 审计的税后净利润。在各类影响因素中,资产减值准备的计提是最重要的境内利润调减项目,收入确认也是重要的境内利润调减项目。研究同时发现,沪深两市存在系统性差异,沪市境内外审计的税后净利润差异均值远大于深市境内外审计的税后净利润差异均值。Hu(2002)以沪市 B 股公司 1994—1999 年的会计报表数据为研究对象,发现这些公司在 IAS 下的会计数据比在 CAS 下的会计数据更加谨慎,两种准则下的会计数据在 1% 的水平上有显著差异。万继峰和李静(2005)以 2001—2003 年同时发行 A 股和 B 股的公司为样本,检验了 CAS 和 IAS 下的相对价值相关性和双向增量价值相关性。结果发现,IAS 下会计信息的价值相关性显著高于 CAS 下的会计信息的价值相关性,IAS 和 CAS 下的会计信息具有双向增量价值相关性。

3.1.2 关于差异变化的检验

蒋义宏(2001)考察了 1997—1999 年间 B 股公司境内外报告净利润的差异情况,也发现各年度按照 IAS 调整后的净利润普遍低于按照 CAS 披露的净利润,1998 年的境内外净利润差异均值低于 1997 年,而 1999 年的境内外净利润差异均值较 1998 年没有缩小反而扩大。洪剑峭和皮建屏(2001)对 1994—1999 年间沪市 55 家 B 股公司的研究表明,按照 CAS 报告的会计收益和按照 IAS 报告的会计收益之间存在着系统性的差异,CAS 报告的会计收益普遍比 IAS 报告的会计收益高;从趋势上来看,两者的差异并没有逐渐减少,并且实施《股份有限公司会计制度》后,两者之间的差异扩大了,他们认为是由于实际执行的效果不理想所造成的。Chen 等(2002)以 1997—1999 年的沪深 A 股和 B 股公司为样本,认为 1998 年《股份有限公司会计制度》和有关新准则实施以后,既未消除也未缩小 A 股和 B 股公司境内外审计净利润的实质性差异。黄海玉(2003)对 1998—2001 年 B 股上市公司在我国会计准则与国际会计准则下的净利润差异进行了检验,结果表明两种准则所报告的净利润仍存在显著差异,且1999年净利润差异异常地增大,而2001年净利润差异又略有上升,由此认为会计准则的国际化改革未能立即体现在会计实务上。

上述研究表明,IAS和CAS下利润的差异有扩大的趋势,不过更多的后续研究得到的结论是相反的,这可能与样本期间有关。例如,李东平(2000)的研究发现,1995年后B股公司境内外报告的净利润差异在总体上呈现出减少的趋势。特别是1998年《股份有限公司会计制度》实施后,差异显著降低了。因为1998年起实施的《股份有限公司会计制度》在主要项目上已经非常接近国际会计准则或惯例的要求。陆德明和李东平(2001)通过分析1995—2002年全部B股公司境内外审计后净利润的差异发现,随着1998年4项损失准备政策的出台,这些项目对披露差异的影响有所降低,但仍然是主要的影响因素。与此同时,一些没有硬性规定(如固定资产损失准备)或者难于硬性规定的项目的影响在扩大(如费用确认、资本化、待摊递延项目)。徐经长等(2003)以2000—2002年沪深两市的A股和B股公司为研究样本,对《企业会计制度》实施前后的净利润双重披露进行了实证研究。研究结果表明,会计国际协调进程有逐年改善的趋势。但是在《企业会计制度》实施前的2000年和实施后的2001年,净利润双重披露仍存在实质性差异。而到2002年,净利润双重披露基本上已不存在显著性差异,并由此认为,2001年《企业会计制度》及具体会计准则的颁布实施并未立刻促成我国会计实务的国际协调,而在2002年却实现了国际协调。另外,他们还对沪深两市之间会计国际协调程度的差异进行了检验。研究结果发现,2000年和2001年的A股和B股公司基于两种准则的净利润差异显著,但2002年的差异不再显著。盖地和卢强(2004)以沪深两市B股上市公司2002年度报告披露的会计数据为依据,对根据我国会计准则、制度计算的净利润与根据国际财务报告准则计算的净利润之间的差异进行实证研究,以探讨我国会计准则、制度与国际财务报告准则之间的差异及其是否会导致利润的高估或低估以及影响程度。他们发现,随着《企业会计制度》和更多的会计准则的颁布,我国会计准则、制度与国际财务报告准则下披露的净利润差异正在减小,而且差异项目也发生了变化。凌春华和陈雪萍(2004)以2000—2001年的B股上市公司为样本,对双重披露的净利润差异及其影响因素进行了实证分析,其结果表明,境内外报表的净利润间存在一定的差异。实施《企业会计制度》后,中外会计准则间的差异已明显减少,从2年来境内的高估转向轻微低估。另外,在对影响因素进行分析后发现,《企业会计制度》与国际会计准则之间的差异主要来源于职工奖励及福利基金(公益金)、递延税款、申购利息、附属公司合并差异、出售附属公司及转让业务、预提费用冲回、非货币性交易、存货跌价准备和固定资产减值准备这9个因素。

徐经长等(2004)以《企业会计制度》实施前后的2000年、2001年和2002年A股和B股上司公司为研究样本,从净利润、净资产以及两者对比的净资产收益率三个方面判断我国会计准则的国际协调程度。研究发现,自2001年一系列会计改革以来,净利润和净资产收益率在2000年和2001年仍存在实质性差异,而2002年则基本实现了与国际会计准则的协调;净资产在2000年和2001年境内外均无显著性差异,而在2002年却出现了显著性差异。这可能是由于我国会计实务中大量绕过利润表而直接计入资产负债表项目所致。这些规定一方面提高了净利润的稳健性,其结果缩小了按CAS与按IAS计算的净利润之间的差异,另一方面也拉大了两套准则计算下的净资产之间的差异。然而,王清刚(2005)的发现与徐经长等(2004)的发现有所不同。他从我国111家B股公司和境外上市的100多家公司中随机选取了116家公司,研究了2001—2003年CAS和IAS/IFRS下的净利润和净资产差异。结果发现,CAS核算下的净利润比IAS/IFRS更为稳健,不同准则下净利润和净资产差异率都有下降的趋势,但净利润的差异显著大于净资产的差异。其中,对样本公司影响较大的差异项目包括:资产摊销及减值、重估价及折旧、所得税、投资收益、企业合并及合并报表、长期股权投资和股利政策等。赵春光(2006)对B股公司1998—2003的报表数据进行价值相关性分析后,也发现2001年后CAS下的会计盈余指标(营业利润、利润总额、净利润、应计利润、非持续性利润)都低于IAS下的各项指标,作者认为是我国会计改革推动了CAS的发展,尤其是2001年开始执行的《企业会计制度》,要求企业计提8项减值准备,使CAS变得越来越谨慎。

3.2 基于A股和H股公司研究的主要结论

中国内地一些上市公司既在上海或深圳证券交易所发行A股,同时又在香港资本市场发行H股。根据香港联合交易所的上市规则要求,所有在联交所上市的公司均需采用香港会计准则,如果公司注册地在香港以外,也可以按照国际会计准则编制财务报告。香港会计准则在1992年以前主要参照英国会计准则,之后转为以国际会计准则为基础。一般认为,香港的国际化程度很高,资本市场发达,会计准则制定和会计实务都比较符合国际规范,可以作为衡量中国内地会计国际化的标杆。因此,会计学者也十分关心中国内地会计准则与香港会计准则的协调问题。由于普遍认为香港会计准则与国际会计准则差异很小,所以在研究设计中,尽管有些A股和H股上市公司在调整财务报表时按国际会计准则,而有一些采用香港会计准则,但是在研究过程中通常不作区分,即将香港会计准则视为国际会计准则,并与中国内地会计准则进行比较。

王立彦和高展(2002)通过比较同时发行A股和H股公司的损益差异,发现了中国内地与香港会计准则在企业合并、外币折算、固定资产、投资、退休金、收入、资产计价、费用、税收等方面的差异。王立彦和刘军霞(2003)通过检验A股和H股上市公司1994—2000年间净利润双重报告差异发现,1998年以前,中国内地与香港的会计准则存在较大差异,但1998年的内地《股份有限公司会计制度》的实行并没有能够消除或者显著减小双重报告差异;而且旨在缩小内地与香港会计准则差异的与坏账准备、存货和投资有关的会计处理方法的变动,同样没有能够消除或者显著减小双重报告差异。他们对检验结果的分析表明,1998年的《股份有限公司会计制度》还不完全是上市公司经营者所需要的会计规则,会计环境的差异改变了上市公司经营者执行会计规则的行为,而这恰恰是产生双重报告差异的重要原因。傅宏宇等(2005a,2005b)以同时发行A股和H股的公司2000—2002年按中国内地会计规范和香港会计实务准则或国际会计准则披露的会计数据中双重报告的净利润为样本,对差异的净利润进行了统计分析,并对产生差异的不同准则项目的影响进行了比较分析。结果表明,我国的会计准则在实质上与发达国家和地区的会计准则已十分相近。吕晓燕和张滕滕(2010)运用2005—2008年A股和H股公司双重披露的数据来分析和检验中国新会计准则国际协调的效果。研究表明，双重披露的净资产、净利润、经营现金净流量无显著性差异，双重披露的差异呈现阶段性显著缩小的趋势，说明新会计准则与国际财务报告准则实现了实质上的协调，但是3个指标并没有同步实现国际协调。

3.3 关于CAS与IAS下的会计信息差异的进一步分析

研究者们对CAS与IAS下的会计信息差异作了进一步分析，得到如下结论：

1）沪市B股公司基于两种准则的会计信息的差异率高于深市B股公司。这一现象在李树华(1997)的早期研究中就已经被发现，李东平(2000)、蒋义宏(2001)的研究都进一步证实了这一点。一般认为，地域差异、会计改革基础的差异以及两市公司的股权结构的差异是造成两市显著差异的主要原因，这也进一步说明准则的执行效果在很大程度上受经济环境影响。王立彦和刘军霞(2003)的研究也提供了相关证据支持。

2）同时发行A股和B股的公司基于两种准则的会计信息的差异率比只发行B股的公司高。蒋义宏(2001)认为，与同时A股和B股公司相比，只发行B股的公司无法向境外投资者增资配股，因此没有必要为了增资配股而进行利润操纵，从而导致其所披露的会计数据更为谨慎。这也说明了公司动机会影响到会计准则执行效果。

3）会计师事务所的审计会影响基于两种准则的会计信息的差异率。例如，陆德明和李东平(2001)认为，B股公司境内外审计后净利润的差异，表面上体现为会计准则的差别，实质上体现的是境内外审计的不同思路。境内会计师主要是依照中国内地会计准则进行审计，对于准则没有明确的领域或者要依靠更多职业判断的项目，往往不够谨慎或难以顶住客户的压力；相反，国际会计师虽然是依据国际会计准则和惯例进行审计，但更注重风险，更谨慎，结果就使得境外会计师审计后的净利润常常低于境内会计师审计后的净利润。蒋义宏(2001)则认为，造成境内外审计利润差异的主要原因为境内注册会计师的独立性逊色于境外注册会计师。黄海玉(2003)认为，由于境内外会计师事务所在人员的培训、执业规则和理念上的差异，由"五大"会计师事务所及其成员所或合作所审计的B股公司的净利润差异率应小于由非"五大"会计师事务所及其成员所或合作所审计的B股公司。而王跃堂等

(2004)则认为"十大"境内事务所审计的 A 股和 B 股公司境内外审计利润比非"十大"境内会计师事务所的差异的幅度实质上更大。

4) 同时发行 A 股和 B 股的公司基于两种准则的净利润差异主要来自会计职业判断而非会计准则。刘峰和王兵(2006)以我国会计制度改革的特定时期(1998—2000)为背景,以同时发行 A 股和 B 股的公司为样本,对基于中国会计准则和国际会计准则的净利润差异进行经验检验。其研究发现,同时发行 A 股和 B 股的公司所报告的基于两种准则的净利润差异,主要不是来自会计准则,而是来自会计职业判断,而会计职业判断背后的经济动机在于上市公司为了达到保牌的目的。盖地和卢强(2004)则认为,B 股上市公司双重披露下的净利润差异受到以下三个方面的影响:我国会计准则、制度与国际财务报告准则的具体规定的差异;上市公司的会计政策选择;上市公司的会计判断。

我们认为,对基于 CAS 与 IAS 的会计信息差异的研究存在两个问题:第一,尽管净利润指标具有综合性,但其能在多大程度上代表财务报告,值得进一步探讨。已有学者(徐经长等,2004)认识到这一点,并结合我国国情对研究变量作了改进,引入净资产和净资产收益率指标进行差异分析,得到了进一步的证据。第二,会计信息差异的比较应扩展到分析影响差异的原因,比如,哪些因素导致了差异,这种差异是暂时的还是永久的,应采取哪些措施减少这些差异等。

4 CAS 与 IAS 下会计信息含量差异的研究

会计数据的决策有用性,尤其是会计盈余的价值相关性,一直是西方会计学术研究的主旋律。近年来,会计信息在我国证券市场上是否有用,国内外不少学者也对此进行了实证研究。尽管有关我国证券市场上会计盈余信息的实证研究尚处于探索阶段,但研究结论基本上是一致的,即会计盈余具有信息含量,会计盈余对证券投资者来说是有用的(赵宇龙,1998;陈晓等,1999;Haw 等,1999;等)。而对于 CAS 与 IAS 协调和趋同的价值相关性检验,结论并不一致。相关的研究如下。

Haw 等(1998)发现按照 CAS 报告的净盈余对 B 股和 H 股投资者具有价值相关性,而按照 IAS 报告的盈余与按照 CAS 报告的盈余之间的差异调整额对 B 股市场的投资者来说价值有限,但是两者的差异调整额对在香港证券交易所交易的 H 股来说又具有增量的信息含量。他们认为,相同的财务信息在中国内地和香港两个资本市场上产生的价值相关性程度不同,可能是由于这两个市场的发展程度、投资者的成熟度、信息披露的充分性以及证券市场的效率等差异造成的。

Abdel-khalik 等(1999)在分析中国 A 股与 B 股市场的信息环境后,以 1994—1995 年 A 股和 B 股上市公司为样本,研究了这两个市场投资者对会计信息的反应。研究结果显示,按照 IAS 报告的会计盈余与 A 股价格不相关,而与 B 股价格相关。但事件研究法的检验结果表明,按照 IAS 报告的盈余与 A 股的未预期回报相关,而与 B 股的未预期回报不相关,这与他们的预期截然相反。他们把该检验结果归结于 B 股市场的价格波动性大、政府官员发挥主导作用以及交易量过小等原因。Bao 和 Chow(1999)却提供了相反的经验证据。他们以 1992—1996 年的 B 股上市公司为样本,分别采用 Ohlson 模型和 Davidson-Mackinnon-J 检验法,研究了按照 IAS 报告的会计数据与按照 CAS 报告的会计数据的相对信息含量。他们的经验结果表明,按照 IAS 报告的会计盈余与账面价值对 B 股市场的投资者来说,比按照 CAS 报告的会计数据更具有信息含量,他们认为这种检验结果的合理解释可能是,中国法规要求上市公司以两套会计准则报告的盈余中的较低者作为股利分配的依据,而按照 IAS 报告的盈余显著低于按照 CAS 报告的盈余,因而按照 IAS 报告的盈余对于股利决策和股权估价来说更为相关。此外,他们还发现这些会计数据对股价的解释力度在逐年地增加。

Hu(2002)以 1994—1999 年的沪市 B 股上市公司为样本,分别研究了按照 IAS 和 CAS 报告的盈余和账面价值的信息含量,结果发现尽管两套会计数据都具有信息含量,但是,按照 CAS 报告的会计数据比按照 IAS 报告的会计数据与股价更为相关。他认为,与 Bao 和 Chow(1999)的研究结果不一致的原因在于选取的样本不同(样本选取的时间和空间范围不同),沪市 B 股 72%的投资者来自中国内地,所以他们在投资决策中偏爱按照 CAS 报告的会计数据,而深市 B 股的投资者主要来自香港,他们更喜欢按照 IAS 报告的会计数据。另外,他还发现随着时间的推移,盈余对股价的解释力度在不断地下降,他将其归因于投机和大量内部交易的存在。洪剑峭和皮建屏(2001)对 1994—1999 年间沪市 55 家 B 股公司的研究也表明,基于 IAS 的会计收益与股票回报的相关性并不高于基于 CAS 的会计收益与股票回报的相关性,按照 IAS 调整的财务报告并没有为投资者带来增量信息。

　　Eccher 和 Healy(2003)以 1992—1997 年的 AB 股上市公司为样本,检验了 IAS 的有用性。结果发现,IAS 的应计项目和 CAS 的应计项目对未来现金流量的解释力度并没有什么差异。具体而言,IAS 与 CAS 下报告的盈余和应计项目,与 B 股年回报率的关联度是类似的;而 CAS 下报告的盈余与 A 股回报率的相关程度高于 IAS 下报告的盈余。所以他们认为 IAS 下报告的会计信息并不一定比 CAS 下报告的会计信息有用,其中的原因可能是,中国缺乏有效的控制和基础性制度以监督管理当局在国际会计准则下的自由判断空间。Gao 和 Tse(2004)基于 CAS 和 IAS,采用事件法研究了中国股票市场分割和年度盈余公告的信息价值,分别考察了中国被分割为 A 股和 B 股市场上的国内投资者和国外投资者的交易行为,发现基于中国会计准则和国际会计准则的盈余公告的价值相关,B 股市场投资者对基于 CAS 和 IAS 的盈余公告作出反应,A 股投资者则更为关注 CAS 盈余报告。在 B 股市场上正的未预期回报与正的未预期盈余相关,负的未预期回报与负的未预期盈余相关。他们发现事件前非正常交易量没有导致 A 股价格的显著变化,可能是因为 A 股市场的信息先于盈余公告被市场知晓。A 股市场事件后非正常交易量持续时间较之 B 股市场持续时间长。Lin 和 Chen(2005)对 1995—2000 年沪深 A 股和 B 股公司的研究也发现,CAS 下的盈余和账面净资产在 A 股和 B 股定价方面更具有相关性;CAS 下的盈余与 A 股市场的股票回报更为相关,其盈余变动会反映在 B 股市场上。

　　潘琰等(2003)针对 2001 年 A 股和 B 股公司,比较了不同准则下的会计盈余在不同市场下的价值相关性。研究结果发现,从整体上看,不管是在较短的时窗或较长的时窗(1 年)内,按照 CAS 编制的会计盈余都比按照 IAS/IFRS 编制的会计盈余更具决策有用性。李晓强(2004)通过采用调整的报酬模型和调整的价格模型对我国 2000—2002 年发行 A 股和 B 股的公司进行检验,比较了我国会计准则与国际会计准则下的会计信息的相对信息含量。结果发现 IAS 下的会计信息相对于 CAS 下会计信息并没有显著更高的价值相关性;相反,我国会计准则下的会计信息的作用略强于 IAS 下的会计信息。此外,他还检验了两种会计准则下的会计信息差异的信息含量,结果发现会计信息的差异具有价值相关性,因此认为,在财务报告中披露不同会计准则下会计信息的差异是有必要的。与李晓强(2004)的研究相印证,王立彦等(2002)以 1998—1999 年的 A 股和 H 股上市公司为样本,研究了 A 股和 H 股上市公司双重财务报表的价值相关性。分析结果表明,双重披露对 H 股投资者来说是具有价值相关性的,由此证实了海外资本市场要求中国公司在其市场上市必须披露按照不同准则编制财务报告的合理性。

Sami 和 Zhou(2004)从台湾经济新报社数据库(TEJ)中选取了 2000 年 12 月以前沪深两市 A 股和 B 股公司作为样本,研究在中国股票市场上按照 CAS 与按照 IAS 编制的会计信息价值相关性的差异。结果发现,会计信息在 A 股市场和 B 股市场都影响定价程序;B 股市场会计信息比 A 股市场会计信息价值更为相关;A 股市场会计信息价值相关性水平由于披露环境的变化在早期年份低,在 1996 年达到最高点,然后下降;而 B 股市场会计信息价值相关性水平则没有发生实质性变化。他们认为,该研究结论对政策制定者近期采取的以 IAS 逐步取代本国会计准则的做法具有启示意义。这个发现与其他研究相比,是比较特殊的。

赵春光(2006)研究了 A 股和 B 股公司 1998—2003 年披露的 CAS 和 IAS 会计盈余的价值相关性,发现 CAS 和 IAS 会计盈余的价值相关性在 2001 年之后有所上升,且所有会计盈余的价值相关性都没有显著差异。作者认为这是由于 2001 年之后,大量境内居民投资于 B 股市场,A 股和 B 股投资者的趋同所造成的。此外,IAS 下的营业利润能够为 CAS 提供增量的价值相关性,而 CAS 下的非持续性利润能够为 IAS 提供增量的价值相关性。作者提出,非持续性利润对于预测公司未来的会计盈余并不重要,却受到了投资者的重视,这说明投资者和证券市场还缺乏长期投资意识。因此维持目前针对非持续性利润的会计准则可能是必要的,但过分强调非持续性利润而忽视了营业利润的做法有本末倒置的嫌疑。

王华和刘晓华(2007)对深沪两市 A 股和 B 股公司的研究发现,随着 CAS 与 IAS 差异的逐步缩小,A 股和 B 股公司的净利润差异不具有逐年缩小的趋势,但在 1992—1996 年、1997—2000 年和 2001—2004 年 3 个阶段上呈现显著缩小的趋势;A 股和 B 股公司会计信息的价值相关性不具有逐年增大的趋势,但在 1992—1996 年、1997—2000 年和 2001—2004 年 3 个阶段上呈现逐渐增大的趋势。

陆静(2007)采用事件研究和面板数据回归方法对我国 A 股和 H 股双重上市公司境内外报表披露的会计盈余和账面净值与股票超额收益的相关性进行了研究。结果发现,在 A 股市场上,境内报表披露的会计盈余等信息与 A 股超额收益之间没有显著的价值相关性;境内外报表关于会计盈余和账面净值的调整值对 A 股价格也没有影响;在 H 股市场,会计信息与股价之间的相关性较强,不仅境外报表披露的主要会计指标能够有效解释年报披露期间 H 股超额收益,而且境内外报表的会计盈余和账面净值调整值还具有增量信息价值。

张宏亮和崔学刚(2008)以同时发行 A 股和 H 股的公司为研究样本,分别以其 A 股和 H 股盈余报告及其股票回报组成配对样本,研究发现 A 股和 H 股报告账面盈余没有显著差异,A 股和 H 股 2001 年后盈余确认的稳健性水平都有所上升,且差异趋于缩小;2006 年会计准则在更大程度上提升了盈余报告质量,公司盈余报告质量与国际会计准则下的实质性趋同趋势更加明显。

上述研究结果表明,尽管基于 CAS 与 IAS 信息含量研究结论并不统一,但总体而言,按照 IAS 调整的财务报告有一定增量信息,但 IAS 下的会计信息并不比 CAS 下的会计信息有更高的价值相关性。得出以上结论的原因,一般归结为我国缺乏有效的基础制度,以致需要企业会计人员更多职业判断的 IAS 在我国当前环境下难以发挥应有的作用。较之 IAS 更具刚性的 CAS 生成的信息更为有用(Eccher 和 Healy,2003)。因此,在某种程度上,我国的会计准则更适应我国当前环境的需要(陈瑜,2005)。应当指出的是:上述信息含量的研究前提是"有效市场能够判别出不同种类信息的有用性"。由于我国股票价格存在许多无法解释的现象,因此结合我国特殊的制度背景来解释此类研究的结论就显得尤为重要。

5 CAS 与 IAS 下会计盈余质量差异的研究

虽然有关我国会计盈余质量的研究很多,但从检验 CAS 与 IAS 下的会计盈余质量差异入手,考察我国会计准则国际协调效果的研究是 2004 年以后才逐渐展开的。

崔慕华(2004)对会计准则国际化经济后果进行了分类和检验,指出我国会计准则国际化并没有达到其预期目标,会计准则国际化改革应稳步推进。作者借鉴国内外有关利润操纵的研究成果,采用Jones模型计算的操纵性应计利润作为负面经济后果的替代变量,以1998—2000年发行A股和B股的上市公司为样本,考察其利润双重披露情况。通过对会计准则国际化程度、操纵性利润和年进出口额的回归分析,得到的结果是会计准则的国际化程度与操纵性利润负相关,与进出口额正相关,结论是会计准则国际化并没有带来更大的正面经济效果。在会计准则国际化的进程中,我国付出了会计信息失真的代价去实现会计准则国际化,以达到能够促进对外贸易和吸引外资的目的,而事实上我国会计准则的国际化并没有为这一目的作出贡献,负面经济效果显著,正面经济效果不显著。针对上述结论,作者提出,应该稳步推进我国的会计准则国际化,放慢会计准则国际化的速度,提高现有会计准则的质量。

王建新(2005a)借用修正的Jones模型和直接运用线下项目两种方法估计非正常应计项目,借以衡量盈余质量。他通过对A股和B股公司2001年会计准则改革前后的经验数据的分析发现,A股和B股公司在CAS与IAS下的盈余质量不存在显著差异,说明在我国当前的现实环境条件下完全采用国际会计准则也不能显著地提高会计盈余质量;从国际化过程来看,两种准则体系下盈余质量差异的绝对值变化显著且逐年减少,说明我国会计准则国际化改革的形式协调促进了实质协调,从而提高了会计盈余质量。

宋玉和李卓(2006)以2001—2003年同时发行A股和B股的上市公司为样本,检验了CAS与IAS下会计盈余的稳健性。研究结果发现,按照CAS编制财务报告的A股公司,并未真正表现出会计稳健性的特征,仅有亏损公司显示出对"坏消息"及时确认的特性,并且体现出明显的反转特性;而按照IAS编制财务报告的B股公司,对"坏消息"及时确认的特性并未仅仅体现在亏损公司之中,而且无论是盈利公司还是亏损公司均表现出显著的会计盈余反转特性。

姜国华等(2006)的研究发现,按照IAS应计盈余构建的套利组合能获取20%的超额回报,利用IAS应计盈余和境内外盈余差异构建投资组合,则可以获取30%以上的超额回报。该研究结果支持了我国会计准则与国际准则趋同的改革思路。

曲晓辉和邱月华(2007)从会计盈余的稳健性出发,考察会计制度的强制性变迁效果。研究结果显示,《股份有限公司会计制度》的实施并未实质性增强1998—2000年期间会计盈余的稳健性水平,而《企业会计制度》的实施则显著提升了2001—2004年期间我国上市公司会计盈余的稳健性。作者因此认为,单纯转变会计准则并不能改善会计信息的质量,除非附以相配套的强有力的法律和执行机制。以上研究在会计盈余质量对会计准则协调效果的评价方面,做了极为有益的探索,为后续研究开拓了空间。

但正如魏明海(2003)所指出的:尽管盈余管理是导致实质协调与形式协调之间差别的一个关键性的因素,但盈余管理与会计协调毕竟是两类性质不同的事件,它只是会计协调程度众多解释变量中的一个。我们认为,盈余管理作为人为改变财务报告数据的手段,它与会计准则国际协调之间的关系主要在于其涉及会计政策选择和变更部分,而业务重构甚至财务造假之类的盈余管理则与会计准则国际协调毫无关系。因此,借用盈余管理考察我国会计准则国际协调效果的研究应当特别谨慎。未来进行此类研究时,应注意辨明盈余管理与会计协调之间的关系,确切识别被管理的盈余与会计政策和会计估计及其变更之间的联系,科学地确定特定盈余及其构成部分被管理的程度的测定变量,合理地解释盈余管理对会计协调程度的影响。

6 CAS趋同效果研究

2006年新会计准则颁布并实施后,研究者开始把研究的关注点转向了CAS的实施效果研究。包括从盈余稳健性的视角,从投资者反应的视角以及从盈余质量的视角来检验新会计准则的实施后果。刘斌和徐先知(2010)从盈余稳健性的视角,以2005—2008年我国A股上市公司为研究样本,检验了新会计准则的颁布实施对会计盈余稳健性的影响。研究结果发现:新会计准则实施前后会计信息均存在盈余稳健性特征,但是与新会计准则实施前相比,新会计准则实施后盈余稳健性显著降低。新会计准则的国际趋同,对会计的盈余稳健性产生了一定的负面影响。研究者认为,稳健性原则的适当应用有利于企业和企业各方关系人的利益,因此,虽然会计的国际趋同是大势所趋,但是考虑到我国目前的市场环境和上市公司自身的问题,我国在执行新会计准则的同时,还需进一步强调谨慎性原则,以客观、审慎地反映经营中的风险因素,规避或转移未来不确定的风险损失。

与刘斌和徐先知(2010)的研究结论相反,崔学刚和张宏亮(2010)的研究认为,我国2006年《企业会计准则》的实施较大幅度地提高了A股财务报告的盈余稳健性。他们将研究期间划分为1997—2000年、2001—2006年、2007年3个期间,然后以基于香港会计准则和香港证券市场回报测算的盈余稳健性水平作为盈余质量的标杆,以同时发行A股和H股的公司作为基础样本,通过配对样本,分别对比基础样本A股和H股财务报告的盈余稳健性差异及其变化,基础样本与配对样本A股财务报告的盈余稳健性差异及其变化。研究发现,2001年《企业会计制度》与2006年《企业会计准则》均较大幅度地提高了A股财务报告的盈余稳健性,而2006年《企业会计准则》的实施大大促使了A股财务报告盈余与H股财务报告盈余稳健性差异的缩小,从而使A股和H股财务报告盈余稳健性体现出趋同趋势。

龙月娥(2010)从投资者反映的视角对我国上市公司按照新准则编制的财务报告的信息含量是否增加进行了检验。研究发现,按新会计准则编制的财务报告的信息含量总体来看大于新会计准则实施前的财务报告的信息含量,差异虽不显著,但呈逐期递减的趋势。其实证结果还显示:企业盈利能力仍然是被关注的主要指标,说明在财务报告的编报方式从信息观向计量观转变的同时,我国的投资者反应滞后,对会计信息的关注点并未实现同步转变。

刘晓华和王华(2010)采用现金流量预测模型,以1996—2007年的B股公司为样本,从CAS与国际会计准则下盈余质量的差异,以及CAS下盈余质量的变化趋势两个方面检验了CAS的国际趋同是否能够提高盈余质量。研究发现,国际会计准则下的盈余质量与CAS下的盈余质量不存在显著性差异,国际会计准则下的盈余质量并不显著高于CAS下的盈余质量;随着CAS国际趋同进程的不断推进以及法律制度的不断完善,CAS下的盈余质量在总体上具有显著上升的趋势。

7 评论与展望:会计准则国际协调/趋同效果的研究框架

综上所述,最近几年关于我国会计准则国际协调/趋同效果的量化研究已经取得初步成效。这一时期的研究结论从总体上可以概括如下：我国会计准则与国际会计准则的协调/趋同程度在逐步提高；我国会计准则下的净利润较之国际会计准则下的净利润早期高近期趋低；我国会计准则与国际会计准则的协调/趋同促进了实务的协调。但是，由于上述研究所采用的方法、角度、变量、区间和样本选取各不相同，部分研究的结论难以取得一致。因此，我国会计准则国际协调/趋同效果的评价仍然需要进一步研究，需要更为可靠的经验证据来支持，否则可能存在会计准则国际协调/趋同政策定位的隐患。为了便于清晰地了解目前关于我国会计准则国际协调/趋同的研究现状及未来发展趋势，我们尝试性地构建了一个关于会计准则国际协调/趋同效果的研究框架(见图3-1)，以期为研究者厘清思路，对未来的研究有所帮助。

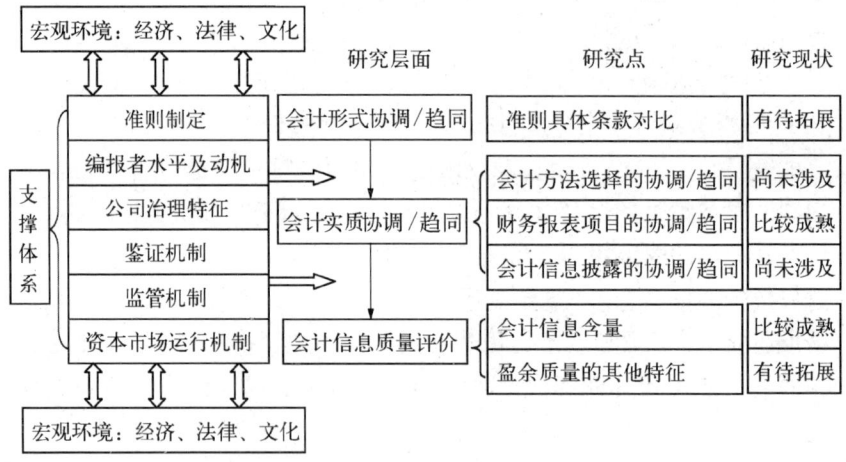

图3-1 会计准则国际协调/趋同效果的研究框架

我们将会计准则国际协调/趋同效果的研究区分为会计形式协调/趋同、会计实质协调/趋同和会计信息质量评价三个层面。此外，具体的量化研究还必须结合我国会计准则运行的支撑体系和宏观环境来分析。在每个层面中我们又指出了具体的研究内容。

7.1 会计形式协调/趋同

我国在此方面的量化研究刚刚起步，主要是对会计准则的具体条款进行对比。未来此层面的研究可从以下两方面予以拓展：在研究方法上，借鉴和改进国外学者在同类研究中采用的相关统计方法，如

Rahman 等(2002)曾运用 Jaccard 系数法检验了澳大利亚和新西兰两国会计实务协调/趋同与准则协调/趋同之间的联系,而这一方法也可运用到我国准则协调/趋同度的研究中。在研究区间上,由原有的某一时点协调/趋同度的测量扩展到多个时点协调/趋同度的测量,以此来动态反映我国准则在一定期间内协调/趋同化的进程。由于近几年国际会计准则变动较大,很大程度上影响了我国的会计准则协调/趋同进程,因此对会计准则国际协调/趋同程度进行全面动态的评价是必要和有意义的。

7.2 会计实质协调/趋同

会计形式协调/趋同的目的在于为企业的会计处理和财务报告的编报提供高质量的准则,以促进会计的实质协调/趋同,这一层面是当前研究的热点,也应当是研究的重点。由于实务协调/趋同涉及的影响因素较多,不考虑制度环境因素,仅从会计准则的执行结果来看,它应包括三个研究点:会计方法选择的协调/趋同,财务报表项目的协调/趋同,会计信息披露的协调/趋同。

由前文可知,我国目前的研究集中在 CAS 和 IAS 下会计报表项目的差异上,对于会计方法选择协调/趋同和会计信息披露协调的研究则非常少见。随着我国会计准则国际化效果的日益明显,准则本身日益协调/趋同和报表项目金额差异不断缩小,研究可以转为会计方法在实务运用中是否趋同。国外学者通常采用 H 指数、C 指数、I 指数来衡量财务报告的可比程度,近期又有学者提出的集合了 H、C、I 指数特点的 T 指数,应当对这些研究内容和研究方法予以拓展。关于会计信息披露的协调/趋同也通常被研究人员忽视,现有的研究一般将重点放在确认与计量部分,其实披露也是实质协调/趋同的重要部分。财政部颁布的会计准则的披露要求和证监会颁布的信息披露规范对我国上市公司财务信息披露具有重要的指导作用。这些关于披露的规范对实质协调/趋同起到了哪些促进作用、效果如何,也是未来研究应予以关注的问题。

7.3 会计信息质量评价

会计实务协调/趋同的目的是为会计信息使用者提供高质量的会计信息,因此评价不同准则体系下产生的会计信息质量,是会计准则国际协调/趋同效果研究的另一层面。但是,会计信息质量是一个极为广泛的概念,一般的经验研究又将其集中于对盈余质量的探讨。未来的研究可以扩展选择其他评判会计信息(盈余)质量的标准,如会计信息的透明度、可比性、一致性、持续性等,从不同角度引入相关指标来检验不同准则体系下产生的会计信息质量有哪些差异,并且寻求形成这些差异的原因。会计信息(盈余)质量是一个经验研究成果丰富但又存在较多争论的领域,其在会计准则国际协调领域的运用需要有合理的研究设计和对现有制度背景敏锐的洞察力。相信通过对会计信息(盈余)质量进行多种判定指标的检验,可以获得更为令人信服的研究结论。

7.4 会计准则执行过程的支撑体系与宏观环境

会计形式协调/趋同并非必然导致实质协调,一个重要的原因还在于在执行准则过程中的各种影响因素。宏观环境中的诸如经济、法律、文化等因素多在国别比较的研究中予以考虑,支撑体系中的各因素在国家个体研究中显得尤为重要。在这方面,我国的研究文献讨论较多的是鉴证机制(审计师、会计师事务所、审计质量等),但却较少讨论编报者的水平和动机、公司治理的特征、监管机制、资本市场的运行机制等因素。而后者同样是影响会计准则执行效果的重要因素,这些因素的影响及其程度需要通过实证研究来回答。因此,未来的研究应进一步结合实际经济环境和制度背景解释差异存在及变化的原因,这将有助于提高研究结论的客观性,更为清晰地反映我国会计准则的国际协调/趋同效果,并对准则未来的改进指引方向。

另外应当注意的是,我国多数研究主要着眼于采用不同会计准则对于会计信息所产生的影响,注重的是横向可比性,但忽略了新准则的引入。比如,某一项具体准则的实施,是否在该准则涉及的会计项目上实现了与国际会计准则的协调/趋同。对于这种具体准则实施效果的准确评估有利于我们了解准则实施前后的纵向效应,这对于我国会计准则国际协调/趋同效果的研究同样有着重要的意义。

基于对上述研究成果的评析,我们认为,今后的研究有必要更为广泛地引入本领域处于国际前沿的量化研究方法,从整体和分项两大层面对我国会计准则的国际协调/趋同效果进行检验。一方面,在研究设计上作出相应的完善和改进,如结合我国特殊的制度背景增加控制变量,引入 T 指数法、Jaccard 系数法、可比测定法等国外新兴研究方法等,也可借用相关学科的量化检验方法,以便提高评价我国会计准则国际协调/趋同效果的科学性;另一方面,应将后续研究逐步细化和深化,针对我国会计准则体系全面开展 CAS 与 IAS 准则条款的比较工作,通过对具体准则协调/趋同程度的量化研究和具体差异项目的经验研究,客观反映我国会计准则国际协调/趋同的效果。未来更为全面的研究还可将整体和分项效果检验的研究方法和结论整合,尝试对我国会计准则的国际协调/趋同效果作出综合评价,从而为我国会计国际化战略决策的制定提供客观有力的证据支持。

值得一提的是,近年来国内外关于国际准则与中国准则质量对比研究,大多以中国资本市场上同时发行 A 股和 B 股的上市公司为研究对象,对按照国际会计准则报告的净盈余与按照中国会计准则报告的净盈余之间的价值相关性进行比较。然而中国证券监督管理委员会 2007 年起不再强制要求发行 B 股的公司实行境外审计,意味着基于 IAS 和 CAS 财务报表编报要求的终止。虽然仍有部分公司继续编报双重报告,但样本量将越来越小,以 A 股和 B 股公司作为市场分割之下 IFRS 与 CAS 准则差异作为切入点进行研究的成功机会不会很多,因而国内学者必须在研究思路和方法层面更多地借鉴国际成果。

参 考 文 献

陈晓,陈小悦,刘钊. 1999. A 股盈余报告的有用性研究——来自上海、深圳股市的实证证据[J]. 经济研究,(6):21-28.

陈燕. 2004. 从公允价值的运用差异看会计准则的国际协调[J]. 经济与管理,(5):71-72.

陈瑜. 2005. 我国会计准则国际协调研究——历程及对策[M]. 北京:中国财政经济出版社.

崔慕华. 2004. 我国会计准则国际化经济后果的实证研究[J]. 中国林业企业,(3):27-29.

崔学刚,张宏亮. 2010. A 股、H 股报告盈余稳健性趋同研究——中国会计准则国际趋同效果的初步证据[J]. 当代财经,(9):106-114.

冯淑萍. 2004. 中国对于国际会计协调的基本态度与所面临的问题[J]. 会计研究,(1):3-8.

冯淑萍,应唯. 2005. 我国会计标准建设与国际协调[J]. 会计研究,(1):

3-10.

傅宏宇,桂睎,孙瑶.2005a.A股和H股净利润双重披露的实证分析（上）——实证研究的背景和结果[J].北京联合大学学报（人文社会科学版）,(1)：65-73.

傅宏宇,桂睎,孙瑶.2005b.A股和H股净利润双重披露的实证分析（下）——实证研究结果分析[J].北京联合大学学报（人文社会科学版）,(4)：52-55.

盖地.2001.大同小异：中国企业会计标准与国际会计准则[J].会计研究,(7)：34-41.

盖地,刘慧凤.2004.会计原则协同：会计准则国际趋同的切入点[J].会计研究,(3)：5-10.

盖地,卢强.2004.中国会计准则、制度与国际财务报告准则下利润报告的差异研究——对B股上市公司2002年年报的分析[J].财经论丛,(4)：41-47.

郭永清.2003.会计国际化：全球范围内的考察与中国的经验[M].上海：立信会计出版社.

胡志勇,陈国祥.1998.我国会计准则与国际惯例差异因素的实证分析[J].证券市场导报,(8)：31-38.

黄海玉.2003.从我国B股市场透视会计准则的国际化问题[D].厦门大学.

洪剑峭,皮建屏.2001.国际会计准则与中国会计准则的有用性比较[J].证券市场导报,(11)：36-40.

姜国华,李远鹏,牛建军.2006.我国会计准则和国际会计准则盈余报告差异及经济后果研究[J].会计研究,(9)：27-34.

蒋义宏.2001.深沪B股上市公司净利润双重披露差异比较[J].证券市场导报,(1)：36-39.

李东平.2000.B股公司境内外报告净利润之差异研究[J].中国会计与财务研究,2(3)：126-146.

李树华.1997.上市公司境内外审计报告税后净利差异之实证分析[J].会计研究,(12)：18-23.

李晓强.2004.国际会计准则和中国会计准则下的价值相关性比较——来自会计盈余和净资产账面值的证据[J].会计研究,(7)：

15-23.

吕晓燕,张滕滕.2010.中国新会计准则国际协调效果研究——基于会计信息可比性的视角[J].山东大学学报哲学社会科学版,(4):1-9.

龙月娥.2010.国际趋同会计准则在我国的实施效果研究——基于投资者反应视角的实证检验[J].经济问题探索,(8):81-85.

凌春华,陈雪萍.2004.中外会计准则差异的实证分析[J].商业研究,(2):44-47.

刘斌,徐先知.2010.新会计准则国际趋同的效果研究——基于盈余稳健性视角的分析[J].财经论丛,(2):78-84.

刘峰,王兵.2006.什么决定了利润差异:会计准则还是职业判断?——来自中国A、B股市场的初步证据[J].会计研究,(3):25-33.

刘玉廷.2005.关于中国会计国际协调问题[J].财会通讯(综合版),(2):6-7.

刘晓华,王华.2010.会计准则的国际趋同与盈余质量——基于现金流量预测模型的实证分析[J].经济与管理研究,(11):119-128.

陆德明,李东平.2001.B股公司境内外审计后净利润差异分析[N].中国证券报,7-30.

陆建桥.2005.关于我国会计标准体系及其建设问题[J].财会通讯(综合版),(1):11-15.

陆静.2007.分割资本市场下的会计信息价值研究[J].会计研究,(1):51-57.

聂萍,唐淑贵.2004.分部信息披露会计准则的国际比较及启示[J].财经理论与实践,(6):72-76.

潘琰,陈凌云,林丽花.2003.会计准则的信息含量:中国会计准则与IFRS之比较[J].会计研究,(7):7-15.

曲晓辉.2001.我国会计国际化进程刍议[J].会计研究,(9):9-15.

曲晓辉.2003.会计准则全球趋同:背景、动因、现状和趋势[J].时代财会,(5):15-19.

曲晓辉,陈瑜.2003.会计准则国际发展的利益关系分析[J].会计研究,(1):45-51.

曲晓辉,邱月华.2007.强制性制度变迁与盈余稳健性——来自深沪市场的经验证据[J].会计研究,(7):20-28.

宋玉,李卓.2006.中国会计准则与国际财务报告准则会计盈余稳健性的检验——基于沪深AB股的经验证据[C]//中国会计学会.2006年学术年会论文集.

万继峰,李静.2005.我国会计准则与国际会计准则的有用性比较[J].经济科学,(6):95-102.

王华,刘晓华.2007.中国会计准则国际协调效果的实证研究[J].中央财经大学学报,(12):90-96.

王建新.2005a.我国会计准则制定及其效果评价[M].北京:中国财政经济出版社.

王建新.2005b.会计国际化环境制约、策略选择及其效果研究——来自《非货币性交易》准则的经验证据[J].管理世界,(3):15-22.

王静,孙美华.2003.我国会计准则的国际协调度研究[C]//中国会计学会."中国会计国际化"专题研讨会论文集,122-131.

王立彦,冯子敏,刘军霞.2002.A股—H股上市公司双重财务报表价值相关性[J].经济科学,(6):75-83.

王立彦,高展.2002.对A股和H股会计信息差异的会计技术因素分析[J].山西财经大学学报,(8):1-7.

王立彦,刘军霞.2003.上市公司境内外会计信息披露规则的执行偏差——来自A—H股公司双重财务报告差异的证据[J].经济研究,(11):71-78.

王清刚.2005.中国会计标准与国际会计标准的差异研究[J].山西财经大学学报,(2):125-131.

王清刚.2007.全球会计准则研究——兼论中国会计标准国际化[M].北京:中国财政经济出版社.

汪祥耀,骆铭民.2004.论我国会计准则与国际准则的趋同——我国会计准则与国际准则的差异、原因和对策分析[J].财经论丛,(1):76-83.

王跃堂,张莉,赵子夜.2004.会计国际化与经济环境研究——基于中国资本市场的实证分析[J].财经研究,(12):66-76.

王治安,万继峰,李静.2005.会计准则国际协调度测量研究[J].当代经济科学,(5):89-94.

魏明海.2003.会计协调的测定方法[J].中国注册会计师,(4):20-24.

夏冬林,李晓强.2005.国际间会计准则和会计信息的差异、协调与制度环境[J].会计研究,(1):30-37.

徐经长,姚淑瑜,毛新述.2003.中国会计标准的国际协调——《企业会计制度》实施前后上市公司净利润双重披露的实证研究[J].会计研究,(12):8-13.

徐经长,姚淑瑜,毛新述.2004.会计国际协调:一个新的分析视角[J].会计研究,(4):41-46.

严海芳.2000.B股上市公司境内外审计净利润差异的实证分析[J].上市公司,(9):36-39.

颜延.2004.中国会计国际化的路径选择——无形资产准则国际差异的制度背景与解决方案[J].财经研究,(12):78-89.

叶建芳.2005.中国与国际会计准则比较研究[M].上海:上海财经大学出版社.

杨钰,曲晓辉.2008.中国会计准则与国际财务报告准则趋同程度——资产计价准则的经验检验[J].中国会计评论,6(4):369-384.

赵春光.2006.双重财务报告模式下会计盈余的价值相关性——基于AB股公司的实证研究及其政策建议[J].财经研究,(4):80-90.

赵宇龙.1998.会计盈余披露的信息含量——来自上海股市的经验证据[J].经济研究,(7):41-49.

张宏亮,崔学刚.2008.A股、H股盈余报告实质性趋同研究——基于会计稳健性视角[C]//中国第七届实证会计国际研讨会论文集.

郑侨青.2000.国内外会计准则、制度下利润报告的差异研究——上海证券交易市场的实证分析[J].上海经济研究,(9):59-65.

朱国泓,孙铮.2004.会计国际化的策略选择:会计信息质量视角[J].会计研究,(3):16-21.

ABDEL - KHALIK A R, WONG K A, WU A. 1999. The information environment of China's A and B shares: can we make sense of the numbers? [J]. The International Journal of Accounting, 34(4):467-489.

ARCY A D, ORDELHEIDE D. 2001. A reference matrix, in the transnational accounting[M]. Edited by Dieter Ordelheide and KPMG, Second Edition, Palgrave.

BAO B H, CHOW L. 1999. The usefulness of earning an book value in emerging markets: evidence from listed companies in the People's Republic of China[J]. Journal of International Financial Management and Accounting, 10(2): 85-104.

HU D. 2002. The usefulness of financial statements under Chinese-GAAP vs. IAS: evidence from the Shanghai Stock Exchange in PRC[R]. Working paper. Kobe University.

CHEN J P, GUL F A, SU X J. 1999. A comparison of reported earnings under Chinese GAAP vs. IAS: evidence from the Shanghai stock exchange[J]. Accounting Horizons, 13(2): 91-111.

CHEN S M, SUN Z, WANG Y T. 2002. Evidence from China on whether harmonized accounting standards harmonize accounting practices[J]. Accounting Horizons, 16(3): 183-197.

ECCHER E, HEALY P M. 2003. The role of International Accounting Standards in transitional economies: a study of the People's Republic of China[R]. Working paper, Massachusetts Institute of Technology.

GAO Y, TSE Y K. 2004. Market segmentation and information values of earnings announcements: some empirical evidence from an event study on the Chinese stock market[J]. International Review of Economics and Finance, 13(4): 455-474.

HAW I M, QI D, WU W. 1998. Value-relevance of financial reporting disclosures in an emerging capital market: the case of B-shares and H-shares in China[R]. Working paper, Chinese University of Hong Kong.

HAW I M, QI D, WU W. 1999. Value relevance of earnings in an emerging capital market: the case of A-shares in China[J]. Pacific Economic Review, 4(3): 337-348.

LIN Z J, CHEN F. 2005. Value relevance of international accounting standards harmonization: evidence from A-and B-share markets in China[J]. Journal of International Accounting, Auditing and Taxation, (14): 79-103.

RRHMAN A R, PERERA H, GANESHANANDAM S. 2002. Accounting practice harmony, accounting regulation and firm characteristics[J]. Abacus, 38(1): 46-77.

SAMI H, ZHOU H Y. 2004. A comparison of value relevance of accounting information in different segments of the Chinese stock market[J]. The International Journal of Accounting, 39(4): 403-427.

第4章 会计准则国际协调/趋同
——会计基本理论视角

回顾会计发展的历史,可以清楚地看到,会计因应经济的发展而不断改进。我国经济体制改革和对外开放30年的伟大历程,一方面对我国会计理论与实务提出了严峻的挑战,同时也为我国会计改革与创新,特别是会计国际化提供了不可多得的机遇。30年来,我国会计改革的渐进和重大突破交替进行,使我国会计发生了深刻的变化;同时,我国经济体制改革和对外开放政策的实施,极大地促进了会计理念的发展、会计方法和技术水平的提高和会计职业的进步。从会计基本理论入手,回顾我国会计改革30年的历程,不难发现我们所经历的会计改革取得了重大进展,会计基本理念和原则也发生了深刻的变化。本章一般性地讨论了财务会计改革在会计基本理论方面的若干重大进展,具体涉及会计改革的目标和成就、财务会计结构模式的转变、财务会计的目标定位、财务会计的确认问题、财务会计的计量问题、会计的监管问题等六个方面。

1 会计改革的目标和成就

讨论会计改革的目标和成就,不能把国际和国内两个层面割裂开来。应该说,我国30年来会计改革的目标,既参照了会计国际协调与全球趋同的政策和走向,也充分考虑了我国经济发展和经济体制改革的内在需求。

1.1 会计准则国际协调和全球趋同的进展与成就

从国际层面来看,我国改革开放之际,适逢国际会计准则委员会(IASC)的运作初期。IASC经过5年的国际准则制定和协调工作,提高财务信息可比性已经纳入议事日程并达成共识,《可比性改进计划》应运而生。这样,会计准则从国际比较(international comparison)阶段自然而然地递进到国际协调(international harmonization)阶段。

IASC积极主动和卓有成效的工作,迅速提升了国际会计准则(IAS)的声誉,也引起国际资本市场监管机构——证券委员会国际组织(IOSCO)的密切关注。IOSCO作为观察员介入IASC的工作5年之后,核心准则的制定提上了议程。1995年,IASC与IOSCO签订制定核心准则的协议,标志着国际会计准则即将为国际资本市场所广为接受,被推荐作为跨国上市和证券发行的报表编制所依循的国际准则。20世纪90年代中后期,为了提高本国资本市场的融资能力和竞争力,美国国会和证券交易委员会(SEC)开始推动美国采用国际会计准则。但是,由于众所周知的原因,美国财务会计准则制定机构动作迟缓,关于高质量会计准则的讨论持续了相当长一段时间。IASC的重大改组则显示着美国政府管理层对国际准则制定一改不闻不问的态度,转为相当积极地参与乃至主导。2001年取代IASC的国际会计准则理事会(IASB)的正式运作,标志着会计准则进入全球趋同(global convergence)阶段。

关于会计准则的全球趋同,其基本理念是:本质上相同的经济业务,无论发生在何时何地,会计处理方法都应该相同。这样,跨国上市和发行证券的投资者和债权人以及其他利益关系人可以方便地进行投资、信贷和类似决策,从而不再遭受由于会计准则之间存在重大差异而增加的潜在决策风险。同时,跨国上市和发行证券的主体自然也可以由此极大地节省重述财务报表的时间和成本,提高运作效率。因此,2001年以来,会计准则全球趋同取得了一系列重大的突破性进展。自2005年1月1日起,欧盟上市公司合并报表采用国际财务报告准则(IFRS)。自2005年1月1日起,澳大利亚全面采用国际财务报告准则IFRS。特别引人注目的是,自2007年11月15日起,在美国上市的外国公司遵循国际财务报告准则编制的财务报表不再要求按照美国准则进行调整。美国证券交易委员会甚至把本国公司是否可以采用IFRS纳入议事日程。截至2008年3月31日,全球110个国家和地区不同程度地采用了IFRS。

1.2 中国会计改革与国际化进程及国际趋同的成就

中国会计改革本身就显示出国际化的特征。1985年发布的《中外合资经营企业会计制度》借鉴了以国际会计准则为代表的国际惯例。1992

年发布的《基本准则》和 13 个行业会计制度以及《股份制试点企业会计制度》，都在一定程度上借鉴了国际通行的做法。1997 年以来发布实施的 16 项具体准则较多借鉴了国际会计准则。特别值得一提的是，2000 年发布的《企业会计制度》，虽然仍然采用会计制度的形式，但在实质上与国际会计准则更为接近，而且大量实证检验的结果证明它较之国际会计准则更为稳健。同时，发行 B 股的公司和境外上市公司按国际准则编制财务报告也使得国际准则的理念、原则和方法得以进一步推广。2006 年 2 月 15 日，财政部正式发布的《企业会计准则》，充分体现了我国市场经济发展的要求，并且与国际财务报告准则实现了实质性趋同，在我国会计发展史上建立了一个新的里程碑。

2006 年以《企业会计准则》及其指南以及后来发布的解释为表征的会计改革，形成了我国企业会计准则的完整体系，涵盖各类企业各项经济业务并可独立实施。因此，实施新准则的企业必将结束准则与制度并存的局面，从而有效地提高我国会计信息的可比性。企业会计准则体系的建立，顺应了中国市场经济的发展进程，奠定了基本准则的基础地位，引入了公允价值计量属性，建立了完整的财务报告体系，极大地提升了我国的市场经济地位，为我国企业走出去、请进来提供了便利，也为大中企业提高国际竞争能力提供了有力支持[①]。我国企业会计准则体系的形成，是一次重大的强制性制度变迁。本次会计改革的显著特点是实现与国际财务报告准则的实质性趋同，走出了一条符合中国国情的趋同路子。财政部副部长王军(2005)多次强调中国关于会计准则国际趋同的四项基本主张：第一，趋同是进步，是方向。第二，趋同不等同于相同。第三，趋同需要一个过程。第四，趋同是一种互动。因此，我国准则与国际准则仅在关联方披露、资产减值准备转回等极少数方面存在差异。

我国的会计改革，不仅在国际趋同方面取得了重大进展，而且在参与会计的国际规则制定、提高话语权方面走出了重要的一步，包括派专家参加国际会计准则理事会担任理事，参与国际财务报告准则咨询委员会的工作等。而且，我国的一些做法也正在对国际财务报告准则产

---

① 参见刘玉廷 2006 年 7 月 13 日在"会计准则发展国际研讨会"开幕式上题为《中国会计准则体系的建设》的讲话(厦门)。

生影响。譬如,IASB拟就中国的三点改革予以借鉴:豁免披露不具有控制、重大影响和共同控制关系的关联方交易;同一控制下的企业合并的会计处理方法;公允价值计量的前提限制。

我国会计准则与国际财务报告准则的趋同,是我国会计改革的跨越性一步。然而,趋同毕竟不是等同。会计准则国际趋同的国际层面的最终目的是使趋同的准则获得重要经济体的认可,实现会计准则之间的等效认证。会计准则等效就是具有同等效力,具体说就是我国企业在那些实施国际财务报告准则的国家或地区上市,按照中国会计准则编制的财务报表不再进行调整,即使调整也只对个别项目作出说明或者编制极少项目的调节表,无须再按国际财务报告准则进行全面转换。财政部已经为此作出积极努力,与世界主要经济体开展等效认证,积极与欧盟、美国、日本、韩国、澳大利亚、俄罗斯、非洲等国家和地区开展会计合作。2007年12月6日,财政部副部长王军与香港会计师公会会长方中签署内地与香港会计审计准则等效联合声明,宣布内地企业会计、审计准则分别与香港财务报告准则、审计准则实现等效。

2　财务会计结构模式的转变

会计改革的逐步深入,使传统财务会计面临全面冲击。我们知道,传统财务会计的三大支柱是历史成本基础、权责发生制和配比原则。然而,我们认为,当前财务会计的理念,主要表现为多重混合计量属性、广泛使用估值技术、逐渐弱化配比。这样的理念,与原有的理念有着重大区别。

从收益观来说,新的财务会计理念正在逐步抛弃传统的会计收益观,而向经济收益观转变。从会计恒等式我们可以看到,资产是来自投资者和债权人的经济资源。依据传统的利润计算方式,我们原本把会计收益理解为收入扣减成本(费用)之后的余项。但是,这样的收益计量,清晰地体现出配比原则,是以经济和物价稳定为前提条件的。

由于我们所处的市场是一个开放的市场,我们所处的市场阶段是一个买方市场阶段,竞争带给厂商的是更为不利的供货和结算条件,商业信用的广泛使用使得赊账交易盛行。在这样的市场环境下,在秉承历史成本基础和配比原则的财务会计体系下,企业往往在损益表中显示着巨额利润,但却没有足够的资金更新存货和重置厂场设备。与此同时,科学的发展和技术的进步,使得企业所持有的具有科技含量的资产的价值不断贬损,加之全球性的持续通货膨胀对会计计量单位的影响,进一步加剧了历史成本计量和配比原则下财务会计利润虚计和资本自我蚕食的过程,使企业处于隐性自我清算的过程之中。

按照经济学的思想,从亚当·斯密到希克斯,都强调收益是从期末净资产中扣除期初净资产之后,当期可以消费的财富。这样,就为将资本的分类与收益的计量结合起来创造了条件。进而,可以将财务资本与实体资本相区别。财务资本所表达的资本是业主投入的货币资本或业主投入货币资本所形成的购买力,实体资本所表达的资本是业主投入的资本所形成的生产经营能力。两者的本质差别在于:购买力和物价变动影响是否予以确认以及是否将其计入损益。根据经济学的真实收益观点,利润只能是期末净资产较之期初净资产增长的部分,也即可以消费的部分,因此自然是秉承实体资本观,从而任何物价变动的影响都不能确认为利润,而只能确认为股东权益的调整。这就为非历史成本计量属性的使用提供了充足的理论依据,也为企业维持简单再生产提供了客观和适合的会计计量基准。

根据经济学的收益概念,我们就要把着眼点集中在企业生产经营能力的维持上,而淡化历时久远沉积的原始成本情结。进一步地,实体资本的理念可以扩展到资产范畴。资产作为资本的现实载体,其价值变化,以及由此决定的企业净资产的价值变化,顺理成章地应当在会计范畴予以反映,由此必将强化财务会计在评价企业价值方面的作用。这样,资产负债表地位的提升就是自然而然的了。因此,我们就为当前的财务会计理念找到了合理的解释。

3 财务会计的目标定位

决策有用观与受托责任观是财务会计(报表或报告,下同)目标诸多观点中两个最具竞争力的观点。然而,纵观颇具影响的会计职业组织关于财务会计目标的文告,我们不难发现,财务会计目标主要地取决于一国或地区资本市场的发展水平。换言之,财务会计的主要服务对象决定着财务会计目标的取舍。我国《企业会计准则——基本准则》(2006)对企业财务报告目标的界定是:向财务报告使用者提供与企业财务状况、经营成果和现金流量等有关的会计信息,反映企业管理层受托责任履行情况,有助于财务报告使用者作出经济决策。在这里,企业管理层受托责任履行情况列在首位,而帮助财务报告使用者作出经济决策则列为其次。当然,也许我们不能因此而认为准则制定者的本意是要把受托责任和决策有用分出主次。我们也可以把准则条文的这种表达理解为评价受托责任是进行经济决策的基础和前提。但是,从IASB的目标表述来看,问题就没有那么简单。

在《国际会计准则委员会基金会章程》2005年6月21日修订稿中,关于 IASB 的目标中就提到且仅提到准则服务于经济决策①。毫不奇怪,IFRS 主要是为规范发达市场国际层面的跨国上市和发行证券提供财务信息服务的,而上市公司资本的筹集和股东的变动大多是在股票市场的交易中实现的。这样,决策有用观居于主导就很好理解了。

我们再看在会计准则建设方面历史最为悠久,经验极其丰富,处于发达资本市场和经济发展环境下,当前在全球会计准则制定方面作为国家准则最有影响力的美国会计准则制定机构——财务会计准则委员会(FASB)的立场。FASB 早在 1978 年发布的财务会计概念公告第1号《企业财务报告的目标》,也是主要强调决策有用思想②。FASB 的第1号概念公告中6条关于信息要求的陈述中,只有第5条直接涉及受托(经管)责任的履行情况。因此,我们认为,会计目标论是受制于特定

---

① 在最新修订的《国际会计准则委员会基金会章程》中,IASB 的目标表述为:(1)本着公众利益,制定一套高质量、易理解且强制性(enforceable)的全球(global)会计准则,这套准则要求财务报表和其他财务报告中的信息高质量、透明且可比,有助于世界各种资本市场的参与者和其他信息使用者进行经济决策。(2)促进这些准则的使用和严格运用。(3)为了实现上述目标,适当考虑中小企业和新兴经济的特殊需要。(4)积极与国家准则制定机构合作,促使国家会计准则与国际会计准则和国际财务报告准则高质量的趋同。

② FASB 的第1号财务会计概念公告《企业财务报告的目标》(1978年11月发布)主要涉及以盈利为目的的企业的财务报告的目标。该报告认为,企业财务报告的目标主要应当包括下述几个方面:(1)财务报告应该提供对当前和潜在的投资者、债权人和其他使用者作出合理的投资、信贷和类似决策有用的信息。这类信息对那些相当了解经营和经济活动并愿意相当勤奋地研究这类信息的人们来说,应该是全面的。(2)财务报告应该有助于当前和潜在的投资者、债权人和其他使用者,评估来自股利或利息以及来自出售到期证券等预期现金收入的金额、时间分布和不确定性的信息。(3)财务报告应该提供关于企业的经济资源,对这些资源的要求权(企业把资源转移给其他主体的责任和业主权益),以及引起这些资源和其所有权发生变化的交易、事项和情况的信息。(4)财务报告应该提供关于企业如何获得并花费现金的信息,关于企业的举债和偿还债款的信息,关于资本交易的信息(包括分配给业主的现金股利和企业其他资源的信息),关于可能影响企业的变现能力或偿债能力的信息。(5)财务报告应该提供关于企业管理当局在使用业主所委托的经济资源时怎样履行"经管责任"的信息。(6)财务报告应该提供对企业经理和董事们在按照业主利益进行决策时有用的信息。

的企业组织形式和经济运行体制的(曲晓辉,1999)。财务会计的目标,主要反映为决策有用观和受托责任观。但是,对于特定法律管辖区的经济体而言,企业究竟是否主要处于资本市场环境之下,即是否上市,决定了其财务会计目标应以何者为主。换言之,对于上市公司而言,应当以决策有用为主,但对于非上市公司而言则应当以受托责任为主。当然,不能否认,企业管理层受托责任履行情况有助于财务报告使用者作出经济决策。

4 财务会计的确认问题

确认与计量,是财务会计的核心,也是财务信息生成的关键所在。构成会计计量的要素无非是计量属性和计量单位。在温和的通货膨胀环境下,传统的名义货币会计计量单位不会遭受质疑。但是,通货膨胀仅仅表达一般物价水平及其变动。在温和的通货膨胀之下,往往存在个别(具体)物价的频繁乃至剧烈变动,诸如美国次贷危机的起因和我国最近几年房地产价格以及证券资产价值的大起大落。因此,计量属性的取舍,主要决定着财务会计信息质量的相关性。

我们应当看到,无论是 IFRS,还是我国企业会计准则体系,在会计计量属性方面都在与历史成本渐行渐远。这是在物价变动环境下保证财务信息质量的一种自然选择。

会计是理念与技术并重的职业(曲晓辉和齐平茹,1999)。IFRS 作为国际主导的会计准则,是公认的原则导向(principle-based)而非规则导向(rule-based)。因此,实现了实质性趋同的企业会计准则体系与原有会计实务规范相比的一个显著变化,是留给企业管理层更大的职业判断空间。由此,如何运用会计职业判断,是企业管理层特别是会计人员面临的关键性挑战。

毫无疑问,交易和环境的复杂性和不确定性的增加,必然导致会计更多的职业判断,会计职业判断不可避免地渗透到确认和计量的几乎所有环节。从会计确认来看,一个全球性的趋势是明确的数量界限正在减少(例如,成本法与权益法的数量界限,合并财务报表范围的数量界限,非货币性资产交换与货币性资产交换的数量界限),由此可能带来财务会计确认的诸多问题,要求会计人员在会计确认中确定运用职业判断的合理界限。但是,这个"合理"究竟应当如何把握,则是一个非常棘手的问题。举例来说,与国际财务报告准则高度趋同的《企业会计准则——基本准则》(2006)第21条规定,确认资产的其中一个条件是"与该资源有关的经济利益很可能流入企业"。那么,什么是"很可能"?可以参照英文关于可能性程度的表达方式进行判断取舍吗?诸如"确定无疑"(certain)即100%,"很可能"(likely)即75%,"可能"(possible)即50%,"不大可能"(unlikely)即25%,"不可能"(impossible)即0%。即使选定很可能(likely)即75%,那么对于具体业务的不确定性程度的判断而言,怎么衡量一项业务发生与否的可能程度是75%而非74%呢?类似的判断,不但使企业会计人员感到费解,即使是经验丰富的资深注册会计师在进行审计判断时同样感到困惑。尽管如此,涉及企业财务会计信息的编制、确证、评价的任何机构和人员都不可避免地要面对这样一类问题。

5 财务会计的计量问题

前面关于环境和经营对会计确认影响的说明,也同样适用于会计计量。因此,财务会计计量,不可避免地与历史成本计量属性渐行渐远。我们看到,企业会计准则体系较多背离历史成本原则,在应用公允价值计量属性,对一些特定交易或事项(交易性金融资产和负债、公允价值模式计量的投资性房地产、债务重组、具有商业实质的非货币性资产交换、非同一控制下企业合并所形成的资产与负债增减值等)要求采用公允价值计量的同时,也采用重置成本、可变现净值、现值等计量属性。然而,在当前阶段,权威、系统和持续可获的价格信息资源尚待开发,因此,会计人员特别是企业管理层面对较大的职业判断的空间,深刻感受到正确进行职业判断之困难,同时也面临相应的会计确认、计量和披露的风险。会计多重计量属性的应用,要求会计人员具有较高的专业能力,并且掌握物价、汇率、市场等方面的知识、综合分析和判断能力,具有风险预测、评估和控制能力(曲晓辉,2007)。同时,会计多重计量属性的应用也要求尽快建立一个权威、及时、客观、高效的定价基础平台。

我们认为,企业会计准则体系的计量观,已经从收入费用观过渡到资产负债观,显示了资产负债表导向的立场,提高了会计信息相关性的要求,突出了决策有用观,有助于评价企业的价值,进行相关决策。

综上所述,由于会计计量的不确定性加大,估值手段和条件亟待加强,会计操纵空间和报告、确证及评价风险同时加大。因此,需要辩证阅读会计信息,以全球化的国际视野,多元化的市场理念,趋利性的资本运营,动态的币值、物价及汇率因素,兼顾政府及行业监管和契约限制的考量,兼顾企业内部预测、决策和激励,据以评价企业价值和受托责任。

6　会计的监管问题

经济开放、两权分离、环境多变、市场竞争、科学发展、技术进步、物价变动、国际准则制定权的争夺、会计准则的频繁变更、会计职业判断空间的加大,凡此种种,必然导致会计和审计的难度与责任的加大。与此同时,行政部门多头监管现象不可避免地导致重复与空位。相关法规制度仍需进一步完善,职业教育尚待发展,职业道德有待加强。

7　结语

毫无疑问,发展资本市场的本意是实现资源配置的公平与效率,发展国际资本市场的初衷应该是在更为广阔的范围内实现资源配置的公平与效率。然而,参与国际经济的每个主体都有其自身特定的经济利益诉求,会计准则国际趋同具体目标仍在博弈,IASB 与 FASB 在合作中相互博弈,在竞争中共谋发展,各个国家在谋求准则趋同的同时必须慎重考虑服务本国经济,并且努力争取国际准则制定话语权。

但是,我们还应当看到,全球会计准则必将走向高质量、易理解和强制性,以实现财务信息高质量、透明和可比,有助于经济决策。促使国家会计准则与国际财务报告准则的高质量趋同,是国际会计准则理事会的最终目标(IASC Foundation,2005)。为此,准则制定者、会计理论工作者和实务工作者都将面临一系列新的问题,并应当积极参与并为之作出贡献。同时,在削减个性以突出共性的过程中,参与各方必将酌情作出适度让步,甚至涉及主权方面或多或少的让渡。而且,会计信息的信号传递功能也必将在这样的趋同过程中遭受一定程度的损害,会计基本理论方面也将不断出现新的问题需要我们深入研究和解决。

参 考 文 献

中华人民共和国财政部.2006.企业会计准则[M].北京:经济科学出版社.

刘玉廷.2006.在"会计准则发展国际研讨会"开幕式上的讲话:中国会计准则体系的建设[Z].7月13日(厦门).

曲晓辉.1999.论我国会计理论研究的实践基础[J].财务与会计,(4):3-5.

曲晓辉.2007.我国会计准则体系若干问题的探讨[J].财会通讯,(7):6-7.

曲晓辉.2009.会计改革若干基本理论问题的探讨[J].财会通讯(综合版),(1):6-9.

曲晓辉,齐平茹.1999.论会计政策的选择原则[J].会计研究,(2):19-25.

王军.2005.顺时应势,加速构建会计准则体系——在第22届联合国国际会计和报告标准政府间专家工作组会议上的发言[Z].11月21日(北京).

FASB. 1978. Statements of Financial Accounting Concepts No. 1, Objectives of Financial Reporting by Business Enterprises[M].

IASC Foundation. 2005. IASC Foundation Constitution[M].

第 5 章　会计准则强制性变迁检验
——盈余稳健性研究

稳健性对于会计理论和实务具有深远和重要的影响。世界上大多数会计准则制定机构均将稳健性作为一项重要的会计原则。为贯彻国际通行的稳健会计政策,我国几次重大的会计制度变迁逐步强化了对公司提供稳健性会计信息的要求。例如,1998 年出台的《股份有限公司会计制度》及其补充规定要求上市公司计提 4 项资产减值准备,2001 年起实施的《企业会计制度》则将上市公司资产减值准备计提的范围进一步扩大到 8 项资产减值准备。

然而,Ball 等(2003)认为,财务报告质量不是由会计准则本身决定,而是由影响管理者和审计人员动机的经济和政治因素最终决定。因此,旨在提升稳健性的强制性制度变迁并不必然导致上市公司会计盈余稳健性的提升,强制性制度变迁的实施效果尚需通过经验证据予以检验。为此,本章检验我国会计制度强制性变迁是否显著提高了上市公司会计盈余的稳健性。

1　稳健性概述

1.1　稳健性的界定

稳健性(conservatism 或 prudence),也称谨慎性或审慎性,对于会计理论和实务具有深远和重要的影响。Basu(1997)认为,稳健性对于会计实务的影响至少有 500 年以上的历史。Sterling(1970)将稳健性看作是对会计计价最有影响的会计原则[①]。

有关稳健性的实证研究大都沿用 Basu(1997)对于稳健性的界定。

---

① 转引自 Watts R L. Conservatism in accounting Part Ⅰ: explanations and implications [J]. Accounting Horizons, 2003,17(3): 207-221。

他认为，稳健性是指会计人员对于在财务报表中将好消息确认为收益比将坏消息确认为损失要求更高程度可验证性的倾向。根据这一解释，稳健性意味着对损失和收益确认的非对称性，即会计人员对损失（坏消息）要及时确认而对于收益（好消息）直到有充分证据时才予以确认。因此，有些研究文献又将该稳健性称为盈余的非对称及时性（asymmetric timeliness of earnings）。另外，Feltham 和 Ohlson(1995)认为，如果企业股权的市场价值在时点 $\pi+t$ 的期望值和企业股权在时点 $\pi+t$ 的账面价值之差在 π 趋向于无穷大时大于 0，则可认为企业的会计政策是稳健的。该定义反映了稳健性低估企业净资产账面价值的特征，因此该稳健性又称为"资产负债表稳健性"。

在 Feltham 等(1995)和 Basu(1997)对稳健性定义的基础上，Beaver 和 Ryan(2005)提出，稳健性可以分为有条件的稳健性和无条件的稳健性。有条件的稳健性（conditional conservatism），又称为盈余稳健性（earnings conservatism）、事后的稳健性（expost conservatism）或与消息有关的稳健性（news-dependent conservatism），是指在面临充分不利的情况下，将（资产）账面价值予以注销，但在有利的情况下却不相应增加（资产）账面价值。例如，对存货期末计价采用成本与市价孰低法、对资产计提减值准备。无条件的稳健性（unconditional conservatism），又称为资产负债表稳健性（balance sheet conservatism）、事前的稳健性（ex-ant conservatism）或与消息无关的稳健性（news-independent conservatism），是指在资产或负债产生之初就确定采用的会计处理方法，这些会计处理方法产生了预期未入账的商誉。例如，大部分内部形成的无形资产发生的支出在发生时被立即费用化、对固定资产采用加速折旧法计提折旧、对净现值为正的项目采用历史成本计量。有条件稳健性和无条件稳健性的区别关键在于，前者利用并揭示未来期间可获取的信息，而后者只利用资产使用寿命开始时已知的信息(Basu,2005)。无条件稳健性所带来的不确定金额的偏差使稳健性原则的应用备受争议，而有条件的稳健性包含了对于损失的及时确认，故能增进债务契约、报酬契约和公司治理的有效性(Ball 等,2005)。因此，本章拟对我国上市公司的有条件稳健性即盈余稳健性进行研究。

1.2 稳健性的动因

根据 Watts(2003a)的研究，稳健性存在的动因有四种：公司契约、法律诉讼、税收和会计管制。

1.2.1 公司契约

现代企业的一个重要特征是所有权和经营权的分离。在所有权与经营权分离的情况下,企业外部投资者与内部管理者之间存在信息不对称、不对称支付、有限任期和有限责任等问题,由此产生了道德风险问题。有效契约理论认为,为了缓解道德风险,外部投资者通过与管理者签订一系列契约对管理者进行激励与约束,把管理者的利益同股东的利益结合起来。这些契约大多是以会计数字为基础。例如,股东以净利润或总资产为基础计算应给予管理者的报酬,债权人在债务契约中设有诸如限制企业的营运资本比率、限制企业的再融资和投资政策等限制性条款。

就股东和管理者的契约关系而言,由于管理者通常拥有外部投资者所不具有的信息优势,作为理性经济人的管理者就会有动机对外披露有关未实现收益的信息而隐瞒有关未实现损失的信息,以实现对自身的不平等支付。因此,股东需要利用稳健性原则,有效地抑制管理者这种不对称披露的机会主义行为,减少股东与管理者之间的代理成本。另外,如果管理者事前知道投资损失将在其任期内被确认,则其更不可能做出事前预计净现金流量为负的投资决策,也会尽早终止事后净现金流量为负的投资项目。因此,稳健性原则的应用也有助于激励管理者尽快对经济损失做出反应,从而有助于提高股东和管理者之间契约的有效性。

就股东(管理者)和债权人的契约关系而言,当企业收益增加时,债权人只能得到其本金和利息,而当企业收益下降,直至资不抵债时,他们可能无法收回他们的投资,这就意味着债权人面临着一个非对称的风险。正是这种非对称风险的存在,使得他们更关注企业的最低价值。而及时确认损失的稳健性的应用能够更快地触发企业违反债务协议中有关财务比率限制的条款,从而使企业的决策权及早地从制造亏损的管理者手中转移到债权人手中,以保障债权人的权益。如果当企业真正进入破产程序以后债权人才接管企业,债权人的利益就很难得到保证,因为此时企业的真实资产已经所剩无几;同时,稳健性原则的应用能够抑制管理层对资产和利润的高估,防止股东通过支付清算性股利和投资高风险项目从债权人那里转移财富,降低债权人的风险。因此,稳健性原则的应用也有助于提高股东(管理者)和债权人之间契约的有效性。

由此可见,企业各方由于信息不对称、不对称支付、有限任期和有限责任可能产生道德风险问题,稳健性会计是缓解这一道德风险问题的有效机制。

1.2.2 法律诉讼

股东诉讼是会计稳健性存在的另一个重要来源。许多研究发现,投资者大多是风险规避者,他们希望能够立即得到有关潜在风险的信息,而对于有关潜在利得的信息却不甚关心。因此,公司递延报告潜在损失比递延报告潜在利得将面临更大的诉讼威胁,也就是说,与低估盈余和净资产相比,高估盈余和净资产更可能招致法律诉讼。例如,Kellogg(1984)的研究发现,审计师面临的高估诉讼和低估诉讼之比为 13∶1。既然高估盈余和净资产的预期诉讼成本比低估的更高,为了避免日益上升的诉讼风险,会计人员和审计师就有动机报告盈余和净资产的稳健性金额。Basu(1997)根据审计师面临的法律风险的变化将 1963—1990 年划分为 4 个期间,研究发现,会计盈余的稳健程度随审计师面临的法律风险程度的不同而有所变化,在审计师面临的法律风险程度高的期间,会计盈余的稳健程度在提高;在审计师面临的法律风险程度低的期间,会计盈余的稳健程度变化不大。

1.2.3 税收

尽管很多会计准则要求的会计处理方法和税法的规定相分离,但是也有一些是一致的。例如,美国税法对于存货的先进先出法和后进先出法就要求会计和税法的处理必须一致。当应税收益与所报告的会计盈余相挂钩,并且受所报告的会计盈余影响时,管理人员有动机运用稳健性原则来递延支付税收。这是因为,在税法允许的范围内,企业可以通过采用稳健的会计政策推迟确认未实现的收入和提前确认未实现的损失,这种时间性差异延缓了企业所得税的支付时间,在考虑货币时间价值的情况下可使所支付的所得税的现值降低。因此,只要企业是盈利的、有应税收益且利率为正值,应税收益与会计盈余之间的联系就促使企业有动机运用稳健的会计政策和方法递延确认收益,以降低所得税支出的现值。

1.2.4 会计管制

会计管制过程(包括会计准则制定过程)实际上是一个政治过程,会计管制者的行为受相关政治成本的影响。与低估资产或盈余而忽略的收益相比,高估资产或盈余而导致的损失在政治过程中更易于被观察和利用。因此,管制者和准则制定者就有动机鼓励企业实行稳健性的会计政策,以避免被公众指责,降低其政治成本。另外,企业为了降低管制成本也会产生稳健性的财务报告动机。

1.3 我国上市公司盈余稳健性动因分析

Watts(2003a)所提出的这些稳健性动因是否适用于中国具体的制度环境? 中国上市公司稳健性存在和变化的主要动因是什么? 这些问题的回答均需要结合中国的制度背景予以具体分析。

首先,就股东和管理者的契约关系而言,中国上市公司特殊的股权结构决定了上市公司委托——代理关系比较特殊。2005年股权分置改革之前,我国上市公司近2/3的股份是不能上市流通的。这种国有股"一股独大"的特殊的股权结构造成了上市公司所有者缺位严重,直接后果是所有者对管理者的监督弱化,治理主体虚拟化。同时,国有股的绝对控股地位也使得股东和管理层之间的信息不对称并不需要像美国那样通过公开的披露来解决,而是通过大股东直接控制管理层来解决。因此,中国上市公司的大股东没有很强烈的动机通过稳健性会计来对抗管理层的机会主义。另外,流通股占总股本的比例仅为1/3,且分布极为零散,持有者多为个人股东。由于他们参与公司治理的收益和成本不对称,普遍存在"搭便车"的心理和行为。我国股票市场上相当高的换手率也表明流通股股东并没有意愿监控上市公司管理层的行为。因此,中国上市公司的小股东同样无法形成对稳健会计信息的有效需求。

就股东(管理者)和债权人的契约关系而言,大量的研究表明,我国上市公司更依赖股权融资而不是债务融资,债务融资的比例相对较小。而且,在中国资本市场中,以国有商业银行为主体的金融机构对公司贷款构成了公司债务的主要部分,国有商业银行是公司主要债权人。这就导致了政府一方面是上市公司的主要控制者,另一方面也是国有商业银行的控股股东,国有企业控股股东与国有商业银行之间的利益冲突,在最终控制人——政府的层面上被内部化了。政府可以根据自身利益最大化的需要，直接协调国有企业控股股东和国有商业银行之间的利益，甚至通过损害国有商业银行的利益，来保证国有企业的股东利益。例如，张维迎、周黎安和顾全林(2003)发现，目前我国国有企业的企业债务预算软约束①的现象依然存在。2000年，上海证券交易所认为中国公司治理环境所存在的7个弱点之一是银行没有起到公司治理中债权人应有的监督作用②。由此可见，中国上市公司的债权人也无法形成对稳健会计信息的强烈需求。

上述分析表明，无论就股东和管理者的契约关系而言，还是就股东(管理者)和债权人的契约关系而言，中国特殊的制度环境使得公司契约未能构成上市公司会计盈余稳健性的主要动因。

其次，根据Watts(2003a)的研究，与低估盈余和净资产相比，高估盈余和净资产更可能招致法律诉讼。既然高估盈余和净资产的预期诉讼成本比低估的更高，为了避免日益上升的诉讼风险，管理人员和审计师就有动机报告盈余和净资产的稳健性金额。然而，中国的上市公司所面临的诉讼风险并非是日益上升的。李明辉(2003)的研究发现，我国资本市场上提供虚假财务报告的法律责任过轻，且存在严重的重行政责任轻民事责任的倾向；大多数信息披露违规者都只是被追究行政责任而已，且处罚力度不够，大多数停留在谴责、警告、为数不算高的罚款的水平上；上市公司董事等高管人员因提供虚假财务报告而被追究刑事责任的更少。根据刘峰、吴风和钟瑞庆(2004)的研究，尽管从1992年深圳原野舞弊案起，我国资本市场接连曝出滥用会计信息、侵害其他利益关系人利益的各种危机事件，但真正进入法律程序的并不多。2001年8月的银广夏事件在当时所引起的社会关注和震惊程度应当超过了之前所有的公司丑闻。但该案最终审理后，仍然存在很多没有追究之处。比如，是否存在市场操纵与牟利，绝大部分董事会成员为何没有承担责任，董事长如何能全身而退。2002年《关于受理证券

---

① "预算软约束"是Kornai(1980)在分析社会主义经济时所提出的一个概念，它描述的是社会主义经济中一个普遍存在的现象，即政府不能承诺不去解救亏损的国有企业，这些解救措施包括财政补贴、贷款支持等。预算软约束会带来经济中很多问题，比如企业经理的道德风险、银行的呆坏账、贷款支持等。转引自：林毅夫，李志赟. 政策性负担、道德风险与预算软约束[J]. 经济研究，2004(2)：1.

② 转引自：雷英. 银行监督与公司治理——中国非金融类上市公司经验证据[M]. 上海：华东理工大学出版社，2007.

市场因虚假陈述引发的民事侵权纠纷案件有关问题的通知》和2003年《最高人民法院关于审理证券市场因虚假陈述引发的民事赔偿案件的若干规定》的两个司法解释,从制度上保证了上市公司提供虚假陈述应当要承担民事责任,但将赔偿额限定在实际损失幅度内,表明上市公司的责任有限。随后ST嘉宝案中,16个投资者只得到了约6万余元的赔偿款,这一事件从经济上决定了对上市公司因为虚假陈述提起法律诉讼是无效的。可以预见,随着该结果的公布,上市公司因为虚假陈述被提起诉讼的可能性将会逐步降低。因此,刘峰等(2004)认为,尽管舆论一再强调"不做假账",相关法律、法规也在不断颁布,但上市公司管理层提供低质量会计信息所面临的法律风险没有发生根本性改变。

由此可见,我国上市公司提供虚假财务报告所承担法律责任过轻,其面临的法律风险并没有发生根本性改变。这导致了法律诉讼也无法构成我国上市公司会计盈余稳健性的主要动因。

再次,Watts(2003a)认为在税法允许的范围内,企业可以通过采用稳健的会计政策推迟确认未实现的收入和提前确认未实现的损失,这种时间性差异延缓了企业所得税的支付时间,在考虑货币时间价值的情况下可使所支付的所得税的现值降低。因此,从降低税收考虑,管理人员有动机采用稳健的会计政策和方法。

然而,我国税务会计与财务会计已经逐步实现分离。对于财务会计根据谨慎性原则提取的各项资产减值准备,《国家税务总局关于执行〈企业会计制度〉需要明确的有关所得税问题的通知》(国税发[2003]45号)明确规定:企业所得税前允许扣除的项目,原则上必须遵循真实发生的据实扣除原则,除国家税收规定外,企业根据财务会计制度等规定提取的任何形式的准备金(包括资产准备、风险准备或工资准备等)不得在企业所得税前扣除。2005年8月9日,国家税务总局颁布的《企业财产损失所得税前扣除管理办法》也明确规定:财产是指企业拥有或者控制的、用于经营管理活动且与取得应纳税所得有关的资产,包括现金、银行存款、应收及预付款项(包括应收票据)、存货、投资(包括委托贷款、委托理财)、固定资产、无形资产(不包括商誉和其他资产)。企业的各项财产损失,应在损失发生当年申报扣除,不得提前或延后。非因计算错误或其他客观原因,企业未及时申报的财产损失,逾期不得扣除。由此可见,财务会计根据谨慎性原则提取的各项资产减值准备金实际上是不被税法所认可的,因为它违背了税务会计原则。税法对所得税税前扣除费用的基本原则是"据实扣除",即任何费用(或损失)除非确属真实发生,否则申报扣除就有可能被认定为偷税行为。企业计提的各项资产减值准备,是会计人员凭借职业判断做出的估计,其损失并不是"真实地发生",税法之所以不允许将其在所得税税前扣除,是因为国家税收不能承担纳税人的经营风险,税法强调的是在有关资产真正发生永久或实质性损害时能得到及时处理(盖地,2006)。

因此,由于我国所得税会计与财务会计的分离,特别是税法明文规定"企业根据财务会计制度等规定提取的任何形式的准备金不得在企业所得税前扣除",税收同样无法构成我国上市公司会计盈余稳健性的主要动因。

最后,Watts(2003a)发现与低估资产或盈余而忽略的收益相比,高估资产或盈余而导致的损失在政治过程中更易于被观察和利用,因此,管制者和准则制定者有动机鼓励企业实行稳健性的会计政策,以避免被公众指责,降低其政治成本。

在我国,稳健主义出现的最早证据是 1985 年 3 月《中外合资经营企业会计核算制度》中的相关规定:在存货核算中,如果由于存货的市价下跌,可变现净值低于账面实际成本的,企业应在财务报告中列出这些存货的账目实际成本、可变现净值和可能发生的损失;在固定资产核算中,折旧方法除通常使用直线法之外,企业因特殊原因可向税务机关提出申请并获得同意之后,使用加速折旧或改变折旧方法。1992 年 5 月颁布的《股份制试点企业会计制度》规定,股份制试点企业可以计提坏账准备。1992 年 6 月,《外商投资企业会计制度》取代《中外合资经营企业会计核算制度》,允许外商投资企业对应收账款采用备抵法计提坏账准备。

1993 年起执行的《企业会计准则》正式确立了稳健性原则在中国会计准则中的地位。它规定:会计核算应当遵循谨慎原则的要求,合理核算可能发生的损失和费用。但在当时,稳健性原则只得到非常有限的认可。例如,虽然允许企业对应收账款按账面余额百分比法计提坏账准备,但对坏账准备的计提比例作了严格限定,且计提比例在行业之间存在差异。又如,严格限定加速折旧法的应用范围,只有高科技企业并经财政部门批准后才可以对固定资产采用加速折旧法计提折旧。1998年出台的《股份有限公司会计制度》及其补充规定进一步强调了稳健性原则的运用。例如,放松了对坏账准备计提的限制,将稳健性原则的应用范围扩大至短期投资、应收账款、存货和长期投资项目,将开办费的摊销由不少于5年摊销改为不超过5年摊销等。2001年开始实施的《企业会计制度》对谨慎性原则进行了重新表述:企业在进行会计核算时,应当遵循谨慎原则的要求,不得多计资产或收益,少计负债或费用,不得计提秘密准备。同时,它再次扩大了稳健性的应用范围。例如,增加对在建工程、固定资产、无形资产和委托贷款计提减值准备的规定,要求开办费在开始生产经营的当月全部转入费用,要求确认预计负债,等等。

从上述稳健性在我国会计制度中运用和发展的历史,我们可以看到,稳健性原则的运用在会计制度改革中呈现出逐步强化的趋势。这既体现了会计管制者(准则制定者)对提高企业会计信息质量的内在反应,也反映了中国会计准则与国际会计惯例接轨的外在要求。因此,有关稳健性的会计制度变迁应该是我国会计盈余稳健性存在和变化的直接动因。

综上所述,公司契约、法律诉讼、税收均无法构成我国上市公司会计盈余稳健性的主要动因,我国上市公司盈余稳健性存在和变化的主要动因应该是会计管制。

2 文献综述

为了提高会计信息的有用性,一套完善的会计制度必然需要在特定的时候根据环境的变化做出适当的变革。这种会计制度改革很可能影响公司股价、会计信息质量等,对此西方已进行了大量的实证检验,如 Sunder(1975)和 Holthausen(1981)。在国内,也有一些学者对我国会计制度改革的效果进行实证研究,如王跃堂等(2001)、刘峰等(2004)。国内这类研究大多数运用会计信息的市场反应或从价值相关性的角度研究会计制度改革的效果,鲜有从稳健性角度研究会计制度的变迁。然而,如前所述,有关稳健性的会计制度改革是历次强制性制度变迁的重要内容,这就为从稳健性角度研究会计制度改革的效果提供了一个良好的机遇。

盈余稳健性的实证检验源自 Basu(1997)的开创性研究。他采用反回归模型以公司股票的市场回报率作为好消息与坏消息的替代变量,研究会计盈余与股票回报率之间的关系,发现会计盈余对坏消息比对好消息的反应更迅速,从而证实了会计盈余稳健性的存在。继而,学术界大体就稳健性在时间序列上(如 Givoly 等,2000;Holthausen 等,2001;李增泉等,2003)、企业间(如 Ahmed 等,2002;Beekes 等,2004;孙铮等,2005)、国家间(如 Ball 等,2000,2003;Bushman 等,2006)的差异展开实证研究。

在稳健性的实证研究中,存在两个与稳健性相竞争的解释:卖出期权和盈余管理。Hayn(1995)认为股东对企业拥有一个卖出期权,即他们宁愿企业破产清算而不愿承受可预见的损失,因此,与报告的利润相比,报告的损失更不具有持续性。这一特征与稳健性会计的特征相一致。然而,Basu(1997)认为,尽管卖出期权与稳健性的一些预计和结果相类似,但其并不能解释稳健性方面的所有研究结果。例如,卖出期权不能预计盈余和股票报酬关系在时间序列上的变化,卖出期权无法解释盈余左偏这一现象。Hanna(2002)认为,Basu(1997)的研究结果是由于管理层盈余管理造成的。他认为,与稳健性会计一样,以下三种盈余管理行为也可能造成资产的低估:"洗大澡"[①]、创造性购并会计和各种"甜品罐"[②]准备。Lara 等(2005)研究了盈余管理对稳健性的影响,发现在控制了操控性应计项目之后,法国和德国的盈余稳健性特征显著降低。李远鹏等(2005)研究发现,当没有控制亏损公司时样本显示了一些稳健性特征,但当控制了亏损公司后会计盈余并没有表现出稳健性,而亏损公司却显示出了稳健性的特征。所以他们认为,李增泉等(2003)发现的稳健性是由于亏损公司"洗大澡"造成的。

目前国内有关稳健性的研究一般是将研究期间的所有样本混合在一起研究上市公司会计盈余的稳健性。然而,如前所述,影响

---

① 指公司通过有意压低坏年景的业绩,将利润推迟到下一年底(及以后),以达到下一年度(及以后)业绩大增的会计操纵手段。

② 指公司过度预提应计费用并产生负债账户以便减少未来的经营费用,通常在经营状况好的年度多计提储备以便用以抵消经营状况坏的年度可能发生的损失。

我国上市公司会计盈余稳健性变化的重要因素是会计管制,即会计准则对于稳健性要求的变化,可能使上市公司不同时期的会计盈余的稳健性程度产生结构性的变化。将研究期间所有样本混合在一起研究稳健性,只能试图证实我国上市公司会计盈余在总体上是否稳健,却无法发现其稳健性在不同时期是否有不同的变化,而且极有可能使稳健性的正负变化相互抵消。为此,本章根据会计管制规则的变化将研究期间划分为 3 个期间,研究我国上市公司会计盈余的稳健性在这 3 个期间是否有显著的变化,并分析盈余管理对其影响[①]。

3 研究设计

3.1 研究模型

Watts(2003b)在对会计稳健性的实证检验文献的综述中,认为研究者采用三种方法度量稳健性程度:(1) 净资产度量法。由于稳健性意味着及时充分地确认资产价值的减少,延迟确认资产价值的增加,这就导致了稳健性会计下企业净资产的低估。因此,可用净资产低估的程度度量稳健性的程度。在具体分析净资产低估程度时,又可采用估价模型法或净资产账面价值—市场价值比率法。(2) 盈余/应计项目度量法。由于稳健性意味着会计盈余对坏消息的反应更为及时充分,而对好消息的反应则是逐步的,只有当资产价值增加产生的现金流实际流入企业时才将此利得逐步确认为会计盈余,从而使得正的盈余和盈余变化的持续性更强,即更不容易反转。因此,可以使用会计盈余的持续性或反转性来度量稳健性程度。另外,由于在稳健性会计下往往充分预计未实现的损失但不预计未实现的利得,即会计盈余更多受坏消息的影响,从而导致企业累计应计项目为负数的现象,因而,也可使用累计应计项目度量稳健性程度。目前有不少文献采用盈余/应计项目度量法研究稳健性问题,如 Basu(1997)、Givoly 等(2000)、Ball 等(2005)。(3) 盈余—股票报酬关系度量法。在有效市场假设下,股票价格往往可以及时反映包括会计盈余在内的全部公开信息。既然稳健

---

① 根据 Basu(1997),卖出期权不能预计盈余和股票报酬关系在时间序列上的变化,故本章不分析卖出期权这一解释对研究结果的影响。

性意味着会计盈余更能及时充分地反映"坏消息",那么如果用股票报酬的正负来表示"好消息"和"坏消息",稳健性就意味着负的股票收益与当期会计盈余之间的相关关系必然强于正的股票收益与当期盈余之间的相关关系。自从 Basu(1997)创造性地应用这种方法衡量稳健性程度的大小之后,大多数研究稳健性的文献都沿用了这种方法,如 Ball 等(2000)、Givoly 等(2000)、Holthausen 等(2001)、Ball 等(2003)。我国长期以来比较特殊的股权结构,导致净资产账面价值与市场价值之间的比率关系还受到除会计盈余之外许多其他因素的较大影响,所以本研究不使用第(1)种度量方法。另外,盈余/应计项目度量法中所研究的会计盈余的持续性(或反转性)与盈余—股票报酬关系度量法中所研究的会计盈余确认的及时性其实是一个问题的两个方面[①]。鉴于此,本章拟采用盈余—股票报酬关系度量法对上市公司会计盈余的稳健性进行实证检验。

本章根据 Basu(1997)盈余—股票报酬关系度量法构建研究模型(5-1)。

$$\frac{EPS_{it}}{P_{i,t-1}} = \alpha_0 + \alpha_1 DR_{it} + \beta_0 RET_{it} + \beta_1 RET_{it} \cdot DR_{it} + \varepsilon \quad (5-1)$$

其中,EPS_{it} 为 i 公司 t 年度的每股收益;$P_{i,t-1}$ 中的 $t-1$ 为年末的股票收盘价;RET_{it} 为从 t 年的 5 月至 $t+1$ 年的 4 月 i 公司 t 年度经市场均值调整后的股票累积年度报酬率,$RET_{it} = \prod_{j=-8}^{4}(1+R_{ij}) - \bar{R}_t$(其中 R_{ij} 表示 i 公司第 j 个月的考虑现金红利再投资的月个股报酬率,$\bar{R}_t$ 表示 t 年度所有股票累积年度报酬率的均值);DR_{it} 为虚拟变量,当 $RET_{it} < 0$ 时取值为 1,否则为 0;ε 为随机误差项。

在有效资本市场中,股票价格能够及时反映包括会计盈余在内的全部公开信息,故模型(5-1)中使用股票累计年度报酬率衡量好消息

[①] 及时性意味着本期所有的信息,包括可验证性低、在将来很可能反转的信息都已经反映到本期的会计盈余中,因此,这样的会计盈余平均而言不具有很强的持续性。而持续性则是由于本期会计盈余没有充分及时地反映本期信息的全部影响,而是将其中可验证性高的部分在当期进行了反映,将可验证性低、还需要更多证据加以证实的信息延续到了以后期间的会计盈余中,因此,这样的会计盈余一般不具有很强的及时性。

和坏消息[①]。负的股票年度报酬率表示经济损失,即坏消息;正的股票年度报酬率表示经济利得,即好消息。在模型(5-1)中,β_0 度量了会计盈余与正的股票年度报酬率之间的相关关系,即会计盈余确认"好消息"的及时性;$\beta_0+\beta_1$ 度量了会计盈余与负的股票年度报酬率之间的相关关系,即会计盈余确认"坏消息"的及时性;因而,β_1 度量了会计盈余确认坏消息较之确认好消息的增量及时性。由于稳健性意味着会计盈余对坏消息的反应比对好消息的反应更为及时充分,故可通过检验稳健性系数 β_1 是否显著大于 0 来判断上市公司会计盈余是否稳健。

另外,根据 Basu(1997),在采用模型(5-1)进行稳健性检验时,除了通过检验稳健性系数是否显著大于零来判断上市公司会计盈余是否稳健外,还需进一步根据 RET 是否大于零将样本分为好消息组和坏消息组,采用简单的盈余——股价报酬模型(5-2),来检验坏消息组的解释力(即回归方程的 R^2)是否大于好消息组。

$$\frac{EPS_{it}}{P_{i,t-1}} = \alpha_0 + \beta_0 RET_{it} + \varepsilon \quad (5-2)$$

同时,为了进一步检验强制性制度变迁是否显著提升会计盈余的稳健性,我们还通过使用虚拟变量构建一个综合的模型,检验各个期间盈余稳健性程度的变化情况。具体如模型(5-3):

$$\begin{aligned}\frac{EPS_{it}}{P_{i,t-1}} =& \alpha_0 + \alpha_1 DR_{it} + \beta_0 RET_{it} + \beta_1 RET_{it} \cdot DR_{it} \\ &+ \alpha_2 D_{1998} + \alpha_3 DR_{it} \cdot D_{1998} + \beta_2 RET_{it} \cdot D_{1998} \\ &+ \beta_3 RET_{it} \cdot DR_{it} \cdot D_{1998} + \alpha_4 D_{2001} + \alpha_5 DR_{it} \cdot D_{2001} \\ &+ \beta_4 RET_{it} \cdot D_{2001} + \beta_5 RET_{it} \cdot DR_{it} \cdot D_{2001} + \varepsilon \end{aligned} \quad (5-3)$$

其中,D_{1998} 为虚拟变量,若样本属于 1998 年及之后的期间,则取值为 1,否则为 0;D_{2001} 为虚拟变量,若样本属于 2001 年及之后的期间,

---

[①] Ball 等(2000)在一篇研究中国上市公司会计盈余稳健性的文章中认为,采用股票累积年度报酬率能够降低噪音交易者对短期股价的微观结构影响,用市场报酬率调整个股年度股票报酬也可进一步减少股价中的噪音以及宏观和政治因素对整个股票市场的影响。另外,他们还强调,中国股票市场虽然也缺乏对公司基本信息的及时公开披露,造成投资者的投机行为,但这并不意味着股价没有信息含量,因为信息可以通过关系网络及时地流入股市,并影响了股票价格,使股票价格能够反映公司的真实经济收益。

则取值为1,否则为0;其余变量定义如前。

在模型(5-3)中,β_0度量了《股份有限公司会计制度》实施之前会计盈余确认好消息的及时性,$\beta_0+\beta_1$度量了《股份有限公司会计制度》实施之前会计盈余确认坏消息的及时性,即β_1度量了《股份有限公司会计制度》实施之前会计盈余的稳健性程度。$\beta_0+\beta_2$度量了《股份有限公司会计制度》实施之后会计盈余确认好消息的及时性,$\beta_0+\beta_1+\beta_2+\beta_3$度量了《股份有限公司会计制度》实施之后会计盈余确认坏消息的及时性,即$\beta_1+\beta_3$度量了《股份有限公司会计制度》实施之后会计盈余的稳健性程度,因此,β_3度量了《股份有限公司会计制度》实施前后上市公司会计盈余的稳健性程度的变化。β_5度量了《企业会计制度》实施前后上市公司会计盈余的稳健性程度的变化。由于本章的研究假设是会计制度变迁对于稳健性要求的提高将逐步提升我国上市公司会计盈余的稳健性,故β_3和β_5预计将显著大于0。

关于本章的研究模型,需要说明的是,为了消除异方差的影响,我们用期初股票价格对每股收益进行修正。为了进一步控制异方差的影响,我们还参照Basu(1997)的做法,用White(1980)方差对t统计量进行修正,即以下实证结果表格中的t统计量均为White t统计值。由于上市公司年度报告在年度结束后4个月内公告,为避免当年股票收益中包含以前年度盈余信息,模型采用了前一年度报告公告次月初(即t年度的5月初)至当年报告公告期末(即$t+1$年度的4月末)购买并持有的股票年度收益率作为当期相关信息对会计盈余影响的替代变量;同时,为了剔除宏观因素、政策面因素等市场整体因素的影响,模型采用了经市场均值调整后的股票累积年度报酬率。另外,我们剔除了各个期间EPS/P和RET上下1%的观测值,以消除极端值的影响。

3.2 样本描述

本章以1995—2004年深沪两市全部A股上市公司作为研究样本,所有数据均来自CSMAR(2006)数据库。鉴于首次发行股票公司当年会计盈余和市场报酬率与其他年份有较大差异,我们剔除了当年IPO公司。另外,我们还剔除了金融类公司、缺失数据的公司以及各个期间处于EPS/P和RET上下1%的观测值,最后得到1995—2004年的样本量的总数为7 721个。同时,我们根据EPS是否大于0将样本公司划分为盈利公司和亏损公司。各个期间具体样本量如表5-1所示。

表 5-1

各个期间的样本量

样本期间(年) 样本类型	1995—1997	1998—2000	2001—2004	合　计
总样本公司	1 056	2 345	4 320	7 721
盈利公司	985	2 122	3 773	6 880
亏损公司	71	223	547	841

4　实证检验结果与分析

4.1　描述性统计

有关样本主要变量的描述性统计如表5-2所示。

表 5-2

各期间总样本的描述性统计表

样本期间 （年）	样本量	RET				EPS/P			
		均值	中位数	标准差	偏度	均值	中位数	标准差	偏度
1995—1997	1 056	−0.044	−0.125	0.554	1.177	0.027	0.027	0.036	−0.922
1998—2000	2 345	−0.019	−0.085	0.407	1.583	0.016	0.021	0.031	−2.470
2001—2004	4 320	−0.005	−0.035	0.188	1.006	0.009	0.013	0.037	−2.879

　　如前所述,稳健性意味着在会计信息中及时确认坏消息的影响,而对好消息的影响的确认却是逐步的,这就可能导致稳健性会计下会计盈余左偏。从表5-2可以看出,除1995—1997年期间 EPS/P 的均值和中位数接近相等外,在1998—2000年和2001—2004年期间 EPS/P 的均值均小于中位数,EPS/P 左偏,而股票累积年度报酬率 RET 却右偏,这似乎表明1998—2000年期间和2001—2004年期间会计盈余稳健性的存在。

　　然而,当我们将各期间的样本分为盈利公司和亏损公司再分别作描述性统计之后,发现上述稳健性特征在两类公司之间有明显差异。如表5-3所示,在3个期间盈利公司的 EPS/P 的均值都大于中位数,而亏损公司的 EPS/P 的均值都小于中位数。这意味着,这3个期间的盈利公司的会计盈余是右偏的,即盈利公司不再具有会计盈余左偏这一稳健性特征,而亏损公司仍然具有会计盈余左偏这一稳健性特征。正如李远鹏等(2005)所指出,公司向下利润操纵也会造成对坏消息和好消息确认的非对称性。亦即亏损公司"洗大澡"行为同样可能形成会计盈余稳健的表象。因此,可以初步认为,1998—2000 期间和 2001—2004 期间所显示出的会计盈余的稳健可能主要是由亏损公司"洗大澡"造成的。后文我们将对此作进一步的检验。

表 5-3

各期间盈利公司和亏损公司的描述性统计表

样本期间	样本类型	RET				EPS/P			
		均值	中位数	标准差	偏度	均值	中位数	标准差	偏度
1995—1997年	盈利公司	−0.029	−0.113	0.554	1.205	0.034	0.029	0.026	1.490
	亏损公司	−0.249	−0.301	0.515	0.851	−0.060	−0.051	0.042	−0.783
1998—2000年	盈利公司	−0.008	−0.080	0.413	1.606	0.024	0.022	0.015	0.751
	亏损公司	−0.131	−0.110	0.319	0.650	−0.060	−0.047	0.040	−0.659
2001—2004年	盈利公司	0.016	−0.020	0.185	1.061	0.020	0.015	0.017	1.519
	亏损公司	−0.148	−0.170	0.145	1.324	−0.062	−0.040	0.057	−1.369

4.2 回归结果

4.2.1 按年度回归

为了从整体上把握我国上市公司会计盈余稳健性的发展变化情况,我们先采用模型(5-1)对 1995—2004 年各年的数据逐年分别作回归,并作出 1995—2004 年 β_0 和 $\beta_0+\beta_1$ 的趋势图,如图 5-1 所示。

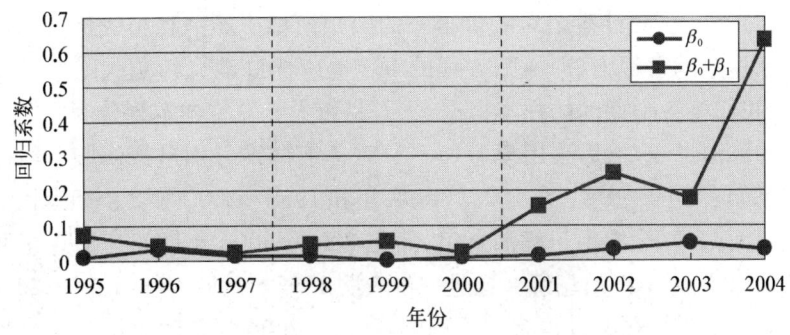

图 5-1 1995—2004 年上市公司盈余稳健性的趋势图

在模型(5-1)中，β_0度量了会计盈余确认好消息的及时性，$\beta_0+\beta_1$度量了会计盈余确认坏消息的及时性。根据Basu(1997)，稳健性意味着会计盈余对坏消息比对好消息的反应更为及时充分。因此，图5-1中β_0与$\beta_0+\beta_1$线之间差距的大小反映了稳健性程度的高低。从图5-1可以看出，1995—2004年间我国上市公司会计盈余的稳健性在总体上不断增强，且很明显可以分为3个阶段（在图中以虚线标示）：1995—1997年期间为稳健性程度较低的阶段，1998—2000年期间会计盈余的稳健性略有增加，2001—2004年期间上市公司会计盈余的稳健性程度则大幅增加。这也在一定程度上佐证了本章将研究期间划分为1995—1997年、1998—2000年和2001—2004年3个期间的合理性。

4.2.2 按期间回归

模型(5-1)按年度回归的结果显示，1995—2004年间我国上市公司会计盈余的稳健性在总体上不断增强，但各期间稳健性程度不同。因此，我们采用模型(5-1)对1995—1997年、1998—2000年和2001—2004年3个期间的样本分别进行回归。回归结果如表5-4所示。

表5-4第3~5列显示：1995—1997年期间的稳健性系数β_1为0.001，但不显著（t值仅为0.243）；1998—2000年期间的稳健性系数β_1为0.007，虽然与1995—1997年期间相比略有提升，但也并不显著（t值为1.186）；2001—2004年期间的稳健性系数β_1为0.133，与1998—2000年期间相比稳健性程度大幅提升，而且该稳健性系数在1%水平上显著（t值为10.253）。

另外，根据Basu(1997)，稳健性的存在意味着除稳健性系数应显著为正外，在会计盈余对股价报酬的回归模型中坏消息组股价报酬对会计盈余的解释力（即回归方程的R^2）也应比好消息组更大一些。于是，我们将各个期间的样本根据RET是否大于0将样本划分为好消息组和坏消息组，然后采用模型(5-2)对各组样本分别进行回归。回归结果如表5-5所示：在1995—1997年和1998—2000年2个期间坏消息组回归的R^2均小于好消息组；而在2001—2004年期间坏消息组回归的R^2远大于好消息组。这进一步表明1995—1997年和1998—2000年期间上市公司会计盈余并不稳健，2001—2004年期间上市公司会计盈余具有较高的稳健性。

表 5-4 采用模型(5-1)和(5-3)回归的结果

	预期符号	1995—1997年	1998—2000年	2001—2004年	1995—2004年	1995—2004年盈利公司
截距	+	0.032	0.019	0.017	0.032	0.035
		(14.575)***	(14.633)***	(20.351)***	(14.591)***	(18.842)***
DR	?	−0.006	−0.002	0.005	−0.006	−0.003
		(−1.993)**	(−0.874)	(2.993)***	(−1.996)**	(−1.473)
$RET(\beta_0)$	+	0.021	0.008	0.038	0.021	0.022
		(5.450)***	(4.004)***	(9.629)***	(5.456)***	(6.497)***
$RET \cdot DR(\beta_1)$	+	0.001	0.007	0.133	0.001	−0.005
		(0.243)	(1.186)	(10.253)***	(0.244)	(−1.322)
D_{1998}	?				−0.014	−0.010
					(−5.433)***	(−4.839)***
$DR \cdot D_{1998}$	?				0.004	0.002
					(1.148)	(0.777)
$RET \cdot D_{1998}(\beta_2)$	?				−0.012	−0.018
					(−2.861)***	(−4.818)***

(续表)

	预期符号	1995—1997年	1998—2000年	2001—2004年	1995—2004年	1995—2004年 盈利公司
$RET \cdot DR \cdot D_{1998}$ (β_3)	+				0.006 (0.688)	0.009 (1.881)*
D_{2001}	?				-0.002 (-1.303)	-0.006 (-5.926)***
$DR \cdot D_{2001}$	?				0.006 (2.490)**	-0.000 (-0.223)
$RET \cdot D_{2001}$ (β_4)	?				0.030 (6.632)***	0.031 (8.663)***
$RET \cdot DR \cdot D_{2001}$ (β_5)	+				0.125 (8.749)***	-0.007 (-1.333)
调整的 R^2 (%)		15.0	2.7	19.6	17.5	21.5
F值		62.837	22.343	351.946	149.726	171.839
样本量		1 056	2 345	4 320	7 721	6 880

注：*、**和***分别表示双尾检验显著性水平为0.10、0.05和0.01。

表5-5

分别对好消息组和坏消息组运用模型(5-2)进行回归

	1995—1997年		1998—2000年		2001—2004年	
	好消息组	坏消息组	好消息组	坏消息组	好消息组	坏消息组
调整的 R^2	8.3%	3.9%	1.3%	0.7%	5.7%	13.0%
样本量	394	662	903	1 442	1 763	2 557

同时,为了进一步检验强制性制度变迁是否显著提升会计盈余的稳健性,我们运用模型(5-3)对1995—2004年期间全样本进行回归。如表5-4第6栏显示:β_1为0.001,但不显著(t值仅为0.244),表明《股份有限公司会计制度》实施之前我国上市公司会计盈余缺乏稳健性,这与Ball等(2000)发现1993—1997年中国上市公司会计盈余缺乏稳健性的结论相一致;β_2为0.006,与预期符号相符,但t值(0.688)也并不显著,表明《股份有限公司会计制度》实施之后上市公司会计盈余的稳健性并未显著提升;β_3为0.125,与预期符号相符,与β_1相比系数大幅增加,而且t值(8.749)在1%的水平显著,表明《企业会计制度》实施之后显著提升了上市公司会计盈余的稳健性。

然而,当我们根据 EPS 是否大于0,将2001—2004年期间的上市公司划分为盈利公司和亏损公司后,再运用模型(5-2)分别对盈利公司中的好消息组和坏消息组进行回归,却发现好消息组与坏消息组回归的 R^2 分别为8.2%和4.3%,即2001—2004年期间盈利公司中的坏消息组盈余对股价报酬的解释力小于好消息组,这表明2001—2004年期间盈利公司并未具有稳健性特征。

4.2.3 对1995—2004年盈利公司的进一步检验

虽然表5-4的稳健性系数以及表5-5中好消息组和坏消息组 R^2 的比较均显示2001—2004年期间会计盈余稳健性有显著提升,然而对该期间盈利公司和亏损公司分别进行描述性统计的结果以及对该期间盈利公司中的好消息组和坏消息组的 R^2 的比较结果,使我们怀疑上述回归结果中2001—2004年期间会计盈余所显示的稳健特征可能是因亏损公司向下调整利润造成的。因此,我们采用李远鹏等(2005)的研究方法,将样本公司划分为盈利公司和亏损公司,采用模型(5-3)对

1995—2004年盈利公司重新进行回归①,回归结果如表5-4最后一列所示。

从表5-4最后一列的回归结果我们发现,当剔除亏损公司之后,β_5变为-0.007,与预期符号相反,t值(-1.333)也变得不再显著,意味着对于1995—2004年的盈利公司而言,《企业会计制度》实施后上市公司会计盈余并未显示出稳健性。这说明在表5-4的回归结果中所显示出的2001—2004年期间会计盈余的稳健特征主要是亏损公司"洗大澡"造成的,是亏损公司更集中确认坏消息的结果。

一方面,如前所述,在我国目前的环境下,上市公司还缺乏对稳健性会计信息的需求;另一方面,我国目前对上市公司的监管多以净利润等财务指标作为基准,这就容易导致上市公司针对会计盈余的操纵行为。特别是对于亏损公司而言,由于ST股票以及退市的压力导致盈余操纵的现象相当普遍。上述因素使会计准则制定者旨在提高稳健性水平的会计制度的修订,不但未能实质上提高我国上市公司会计信息的稳健性水平,而且反而成为亏损公司进行盈余操纵的手段。

4.2.4 敏感性分析

我们还分别采用以未经市场调整的个股累计年度报酬率和经等权市场报酬率调整后的股票累计年度报酬率来表示RET,对研究作敏感性分析。上述主要研究结论依然成立。另外,我们剔除各期间处于EPS/P和RET上下2%的观测值后运用上述研究模型进行回归,研究结果基本一致。

5 研究结论及启示

本章以1995—2004年深沪两市全部A股上市公司作为研究样本,考察《股份有限公司会计制度》、《企业会计制度》的实施是否显著提高我国上市公司会计盈余的稳健性。研究结果表明,1995—1997年期间上市公司会计盈余不具有稳健性,旨在提高上市公司稳健性水平的《股份有限公司会计制度》的实施并未实质性增强1998—2000年期间

---

① 由于1995—2004年亏损公司样本量为675个,占总样本的10.47%,样本量太小,若采用模型(5-2)对其进行回归,则回归结果显示存在严重的共线性问题,故我们只对1995—2004年盈利公司重新进行检验。

会计盈余的稳健性水平,而更为积极贯彻国际通行的稳健会计政策的《企业会计制度》的实施则显著提升了上市公司会计盈余的稳健性。然而,单独对盈利公司所作的进一步研究却表明,2001—2004年会计盈余显示的稳健性特征主要是亏损公司"洗大澡"造成的。以上经验证据说明,单纯转变会计准则并不能改善会计信息的质量,除非辅以相配套的强有力的法律和执行机制。例如,加大对操纵盈余的上市公司的处罚力度,强化审计师的责任,增加上市公司管理层面临的法律责任。只有加强和完善与会计准则相配套的法律和执行机制,才能使会计准则的改进真正起到提高上市公司会计信息质量的作用。

本研究进一步的启示是,2006年2月发布并于2007年起执行的新企业会计准则标志着我国会计准则与国际财务报告准则的实质性趋同。然而,高质量的会计准则是高质量会计信息的必要条件而非充分条件,目前当务之急是完善与新准则相配套的强有力的法律和执行机制,以确保企业会计准则体系的实施能够切实提高我国会计信息的有用性。

参 考 文 献

李增泉,卢文彬.2003.会计盈余的稳健性:发现与启示[J].会计研究,(2):19-27.

李远鹏,李若山.2005.是会计盈余稳健性,还是利润操纵?——来自中国上市公司的经验证据[J].中国会计与财务研究,7(3):1-31.

刘峰,吴风,钟瑞庆.2004.会计准则能提高会计信息质量吗?——来自中国股市的初步证据[J].会计研究,(5):8-19.

曲晓辉,邱月华.2007.强制性制度变迁与盈余稳健性——来自深沪证券市场的经验证据[J].会计研究,(7):20-28.

BAUS S. 1997. The conservatism principle and the asymmetric: timeliness of earnings[J]. Journal of Accounting and Economics, 24(1): 3-37.

BALL R, ROBIN A, WU J S. 2000. Accounting standards, the institutional environment and issuer incentives: effect on timely loss recognition in China[J]. Asia Pacific Journal of Accounting &

Economics, 7(1): 71-96.

BALL R, ROBIN A, WU J S. 2003. Incentive versus standards: properties of accounting income in four East Asian countries[J]. Journal of Accounting and Economics, 36(1-3): 235-270.

LARA G, OSMA G, MORA A. 2005. The effect of earnings management on the asymmetric timeliness of earnings [J]. Journal of Business Finance & Accounting, 32(3-4): 691-726.

WATTS. 2003a. Conservatism in accounting Part I: explanations and implications[J]. Accounting Horizons, 17(3): 207-221.

WATTS. 2003b. Conservatism in accounting Part II: evidence and research opportunities [J]. Accounting Horizons, 17(4): 287-301.

第 6 章　CAS 与 IFRS 资产计价准则协调/趋同检验
——协调/趋同度研究

我国企业会计准则体系的形成,经历了由部分借鉴国际惯例到与 IFRS 实质性趋同的渐进过程。最近 10 年,无论是我国会计规范还是作为协调和趋同目标的国际准则,都经历了频繁的变动。为了准确把握会计改革的进程,客观评价我国会计准则国际协调和趋同的程度,促进我国会计准则体系的进一步完善,迫切需要提供比定性比较分析更为直观的经验证据。

本章创新性地修订了 Jaccard 系数,首次在国内区别准则"缺失"和"分歧"两种情况,在客观地对中国会计准则(CAS)与 IFRS 趋同划分阶段的基础上,首次使用详细的准则精准对比点,主要以资产计价相关准则为检验对象,分阶段定量考察了 1998 年以来 CAS 与 IFRS 的协调/趋同程度及其变化趋势,并就准则协调/趋同程度仍较低的相关领域,分析探讨两套准则的主要差异及其存在的合理性和改进的可能性。

1　会计准则国际协调/趋同度测量研究文献回顾

从 20 世纪 80 年代开始,已有学者进行会计国际协调/趋同的量化研究,例如 Nair 和 Frank(1981),McKinnon 和 Janell(1984),Doupnik 和 Taylor(1985)等。早期的研究多为考察国际会计准则(IAS)的国别应用情况,并未对会计准则协调和会计实务协调加以明确区分,且所用的跨国调查数据的可靠性被认为是值得怀疑的(Nobes,1981)。

进入 20 世纪 90 年代,学者开始寻求更直接的方法来测量会计准则的国际协调程度。Adhikari 和 Tondkar(1995)运用"披露指数"衡量了欧洲经济共同体(EEC)成员国证券市场披露规范之间的协调程度。Lainez 等(1996)在将证券市场报告要求的强制性程度予以量化的基础上,运用 C 指数法测量了 13 个国家证券市场报告要求之间强制性程度的协调水平,并对差异进行了显著性检验。上述两项研究均关注各国证券市场规范要求之间的协调程度,且主要侧重于披露而非确认和计量。

更具一般性和代表性的研究应该说始于 Rahman 等(1996)。Rahman 等人开创性地引入了聚类判别分析中的马氏距离(mahalanobis distance),并辅之以"精确匹配率"测量了澳大利亚与新西兰这两个相邻国家会计规范之间的协调(相似)程度。尽管马氏距离方法存在种种局限性,但这项研究无疑为测量会计准则国际协调程度提供了一种新的思路,之后一些学者也纷纷沿着这一思路进一步丰富了本领域的研究。例如,Garrido 等(2002)引入了欧氏距离(euclidean distance),直接度量了国际会计准则委员会(IASC)自成立以来通过削减可选会计处理方法在准则协调化方面取得的进展。Fontes 等(2005)分别以欧氏距离、Jaccard 相似系数[①]以及 Spearman 相关系数三种方法测量了葡萄牙会计准则在三个不同发展阶段上与所考察的最后一个阶段 IFRS 之间的趋同程度。

上述研究基本上将会计的国际差异界定为不同国家准则对同一会计事项采纳不同的可选会计处理方法,而对于某套准则与另一套准则相比的全面性却几乎未予考察。Ding 等(2005,2007)注意到了这个问题,并基于《GAAP 2001》[②]的问卷调查资料,提出了衡量会计准则国际协调的一种新思路:区分两套准则中"一方无规定"和"两方虽都有规定但规定不同"这两种情形所导致的差异,分别计算出两种差异衡量指标——"缺失"(absence)和"分歧"(divergence)。由于当前国际准则主要反映经济业务更为复杂的发达国家会计规范需求,因而 Ding 等(2005,2007)的方法有利于分辨国家准则与国际准则之间差异的性质和重要程度。

我国近年来越来越多的学者开始关注会计国际协调/趋同的量化研究,并从介绍国外研究的进展转向方法的应用与创新,但针对中国会

[①] 这是 Rahman 等(2002)引入的一种相似系数,在原文中用来表明两国会计实务之间的协调程度,在这里则被用来衡量两套会计准则之间的协调程度。

[②] 这是由当时的国际"七大"会计师事务所联合对全球 62 个国家的大型会计师事务所合伙人所作的一项问卷调查,该调查反映了各国在近 80 个会计确认和计量事项上的规范要求(截至 2001 年年报编制日有效)。

计准则国际协调/趋同度的定量研究还很有限。仅有的几项相关研究包括王静和孙美华（2003），王建新（2005）以及王治安、万继峰和李静（2005）。其中，前两项研究试图通过对 CAS 与 IAS 的各对比点按差异程度评分，直观地反映我国会计准则国际协调程度的高低，但该研究方法的缺陷在于：准则对比点的选择、差异程度评分、权重的设定都带有较大的主观性，大大削弱了研究结论的可信度和结果的可比性；而后一项研究不仅在国内首次将准则计量协调与披露协调区分开来，而且在欧氏距离方法的启发下，提出一种测量效果比马氏距离法更好的"平均距离法"，对 CAS 和 IFRS 之间的协调程度进行了测量。

综上所述，尽管会计准则协调/趋同程度测量的研究已经取得了初步成效，但还远没有形成一套成熟的方法和方法论体系，现有的各种研究方法不仅各有优劣和适用条件，其有效性也有待进一步验证。从研究范围来看，国内已有的研究至少存在以下不足：一是所考察的 CAS 仅限于我国当时的 16 项具体准则，而未考虑其他会计规范要求，IAS/IFRS 也仅限于准则本身；二是仅衡量了某一时期 CAS 与 IAS/IFRS 的协调/趋同度，缺乏对协调化进程的动态考察。而且，目前尚没有任何定量研究为我国新会计准则体系的国际协调/趋同程度提供经验证据。故此，本章在这几个方面进行了创新性尝试。

2 CAS 与 IFRS 资产计价准则协调/趋同度检验研究设计

2.1 研究范围

本章拟对 1998 年以来我国会计改革进程中，与资产的确认和计量相关的 CAS 与 IFRS 之间的协调/趋同程度及其变化进行测量和考察。

从涉及的准则范围来看，本章考察与非金融企业主要资产的确认和计量相关的 CAS 与 IFRS，包括存货、固定资产、长期股权投资、无形资产（含商誉和负商誉）、资产减值、借款费用资本化这 6 类会计处理要求，同时以非货币性资产交换、债务重组、租赁、企业合并、政府补助等规范中的相关条款作为补充。之所以选择资产计价会计准则，主要出于以下两点考虑：一是在会计系统中，资产计价决定收益计量，因而具有决定性的基础地位，以此考察 CAS 与 IFRS 的协调/趋同程度大体可以说明相关问题；二是资产计价对处于主导地位的资产负债表观下的决策更有帮助。与以往的研究不同，本章的考察对象尽可能涵盖所有相关会计规范要求,其中CAS方面不仅包括主要会计制度和准则,还包括相关的《问题解答》、《补充规定》、《应用指南》等;并且IFRS方面既包括准则本身,也包括相关的准则解释(SIC)和结论基础。

从准则比较的时点来看,本章考察的时点从1998年开始,此后,我国会计准则改革进入全面借鉴国际惯例阶段。在此期间,无论是CAS还是IFRS都经历了体系的重大调整和重构。就我国会计规范而言,自1998年《股份有限公司会计制度》颁布实施后,1999年、2000年颁布实施的一系列政策衔接规定、问题解答及补充规定都是对该制度的补充与完善;而自2001年《企业会计制度》实施后,2002—2004年又颁布了一系列相关问题解答文件,同时具体会计准则也处于不断发展和完善中,2005—2006年则相对保持稳定,2007年开始实施新《企业会计准则》。因此,以准则生效日期为准,可以将1998年以来资产计价相关CAS的变迁划分为三个阶段:A阶段——1998—2000年,以《股份有限公司会计制度》为主;B阶段——2001—2006年,特征是《企业会计制度》与会计准则并重;C阶段——2007年以后,以《企业会计准则》为主。国际方面的情况相当匹配:A阶段,IASC全面完成核心准则的制定并酝酿、实施及完成战略改组;B阶段,改组后的IASB以完成13项准则改进计划和发布1~7号IFRS为显著特征全面推进准则趋同,导致多项资产计价相关IAS的重大修订且其生效日集中在2005年1月1日;C阶段,IASB决定截至2006年6月仍未正式发布或修订的准则生效日延至2009年1月1日,这意味着2007年实施的IFRS相对于2006年不会发生变化。

基于以上分析,我们决定选取截至2000年、2005年以及2007年年底有效的CAS[①]和IFRS为数据来源,考察两套准则在上述A,B,C三个阶段上的协调/趋同程度及其变动。

2.2 研究方法

当前用于测量两套会计准则规范之间协调/趋同程度的方法主要包括马氏距离、欧氏距离、平均距离、Jaccard相似系数以及Spearman

---

[①] 至2007年年底有效的CAS包括财政部2006年2月颁布的《企业会计准则》以及2007年底出台的《企业会计准则——应用指南》(以下简称《应用指南》,其中《应用指南》由对38项具体准则的解释以及附录《会计科目和主要会计处理》两部分组成。

相关系数等。一般来说，距离值越小或系数值越大，表明会计准则之间越相似，即协调度/趋同越高。在运用这些方法时，首先都需要对会计要求进行分类，以反映不同准则对同一会计处理要求的不同强制程度；然后根据各准则要求所属的类别对参数赋值，计算相应的协调/趋同度指标。

上述方法较好地解决了将定性的归类转化为定量计算的问题，然而各种方法都有其优劣性和适用条件，在选择应用时需要考虑到具体的研究目的和实际情况，必要时还需加以改进。首先来看距离法。这类方法的共同缺陷是指标本身无经济含义，无法解释。此外，马氏距离不仅本身有严格的适用假设（如协方差矩阵相等、各变量之间具有多元正态分布等），且计算复杂，更重要的是该技术不考虑各组内部的样本顺序，使得原本协调/趋同程度不同的两类会计要求可能出现相同的距离值，严重影响了结论的正确性；而欧氏距离已被证明并不适用于测量两套不同准则之间的协调/趋同程度。比较而言，我国学者王治安等提出的平均距离则不仅计算简单，而且能够反映准则要求强制性程度的差异对协调/趋同度的影响。

相对于距离方法，相似/相关系数法具有一个明显优势，即指标值本身是有意义的，可以理解为协调/趋同的百分比程度，因而更为直观。此外，Spearman 相关系数法的优点还在于：不受样本分布的限制，尤其适用于定性变量；指标本身支持显著性检验，有利于增强结论的可靠性。然而 Spearman 系数法在确定"秩"时，隐含一个假设，即会计要求的分类 1~4 代表了强制程度由高到低，但事实上，"禁止的"（第 4 类）和"要求的"（第 1 类）这两类强制程度同样都是最高的；这一假设的不合理使得其适用性值得怀疑。而 Jaccard 相似系数的优势在于：计算简便；一般来说不会出现计算结果与实际情形相矛盾的情况；可以同时用于会计准则协调/趋同度和会计实务协调/趋同度的衡量；既可用于静态衡量，又可用于动态衡量。

通过以上比较分析并基于本章的研究目的，我们选取 Jaccard 系数作为协调/趋同度的主要测量手段，并以平均距离作为补充。鉴于以往的研究用两种 Jaccard 系数分别表示两套准则"允许采用的会计方法的相似程度"和"禁止采用的会计方法的相似程度"[①]，不便于从整体

---

① 在 Rahman 等（2002）中分别用 *JACC1* 和 *JACC2* 表示。

上把握准则之间的协调/趋同度,我们提出了一种"修订 Jaccard 系数"方法。同时,受 Ding 等(2005,2007)的启发,本章采纳并计算出"缺失"(absence)和"分歧"(divergence)两种指标作为补充,并发现了它们与"修订 Jaccard 系数"之间的运算关系。具体检验分为如下三个步骤。

2.2.1 确定准则比较项目和比较点

首先,就所考察的上述 6 类会计处理要求分别设立细分的准则比较项目和更细的比较点。其中,比较项目的设立主要借鉴了德勤国际会计公司提交的《中国会计准则与国际会计准则比较研究报告》以及国内有关准则比较和协调/趋同研究的经验。而在确定比较点时则大致遵循了以下基本原则:尽可能对所有可比的准则规范条款设立比较点;CAS 或 IFRS 中只有一方有规定时,将该规定作为单独的比较点;CAS 和 IFRS 中都有规定,且规定一致时,作为单独的比较点;规定不一致时,分别作为比较点;对于 CAS 和 IFRS 中至少一方存在备选会计处理方法的,将各备选方法分别作为比较点。表 6-1 列示了我们对准则发展的三个阶段中各类资产计价会计准则所确定的比较项目数和比较点个数。

表 6-1

三个阶段准则比较项目和比较点数目统计

资产计价会计准则	A 阶段		B 阶段		C 阶段	
	项目数	比较点数	项目数	比较点数	项目数	比较点数
存货 ($M1$)	9	42	11	53	11	42
长期股权投资 ($M2$)	14	52	14	65	14	68
固定资产 ($M3$)	12	66	14	76	14	69
无形资产(含商誉)($M4$)	14	63	15	69	15	67
资产减值 ($M5$)	13	72	13	77	13	81
借款费用资本化 ($M6$)	8	25	8	27	8	26
合计	70	320	75	367	75	363

2.2.2 对会计要求进行分类

借鉴以往的研究,将所确定的每一比较点上两套准则的规范要求归属于以下 4 类:"强制要求"(Ⅰ)、"允许"(Ⅱ)、"无规定"(Ⅲ)和"禁止"(Ⅳ)。

2.2.3 测量各阶段资产计价相关 CAS 与 IFRS 的协调/趋同程度

就每一阶段各准则比较项目分别计算修订 Jaccard 系数、Absence

和 Divergence 三种协调/趋同度指标。

1) 第 i 个准则比较项目的修订 Jaccard 系数的计算公式为

$$JACC_i = \frac{a+d}{a+b+c+d} \quad (6-1)$$

其中，a 表示该比较项目下两套准则都允许采用（属于第Ⅰ或Ⅱ类）的比较点个数，d 表示两套准则都禁止采用（属于第Ⅳ类）的比较点个数，b 表示 IFRS 允许采用而 CAS 无规定或禁止采用（属于第Ⅲ或Ⅳ类）的比较点个数，c 表示 CAS 允许采用而 IFRS 无规定或禁止采用的比较点个数。显然，$a+b+c+d$ 等于该准则比较项目下的比较点总数，$JACC_i$ 的值域为 $[0,1]$，可理解为两套准则相似的百分比程度，值越大表示协调/趋同程度越高。

2) 第 i 个准则比较项目的 Absence 指标的计算公式为

$$ABSE_i = \frac{e}{a+b+c+d} \quad (6-2)$$

其中，e 表示该比较项目下两套准则中有一方无规定（属于第Ⅲ类）的比较点个数。$ABSE_i$ 的值域为 $[0,1]$，可理解为两套准则由于一方无规定导致的差异百分比程度，值越大表示协调/趋同度越低。

3) 第 i 个准则比较项目的 Divergence 指标的计算公式为

$$DIV_i = \frac{f}{a+b+c+d} \quad (6-3)$$

其中，f 表示该比较项目下两套准则中一方允许采用（属于第Ⅰ或Ⅱ类），另一方禁止采用（属于第Ⅳ类）的比较点个数。DIV_i 值域为 $[0,1]$，可理解为由于两套准则规定不同导致的差异百分比程度。与 $ABSE_i$ 一样，DIV_i 值越大表示协调/趋同程度越低。

4) 第 i 个准则比较项目的平均距离的计算公式为

$$AD_i = \frac{\sum g}{a+b+c+d} \quad (6-4)$$

其中，g 表示该准则比较项目的每一比较点下两套准则要求的类间距。类间距的确定方法如下：若该比较点下 IFRS 与 CAS 要求所属的类别一致，则距离为 0；若相隔一个类别（如 IFRS 强制要求而 CAS 允许采用），则距离为 1；依此类推，距离最大为 3。显然，AD_i 值域为 $[0,3]$，值越小表示协调/趋同程度越高。

各测量指标的参数在不同情形下的赋值(计数)如表6-2所示。

表6-2

会计准则协调/趋同度指标的参数赋值(计数)

情形	IFRS类别	CAS类别	参数赋值(计数)							情形	IFRS类别	CAS类别	参数赋值(计数)						
			a	b	c	d	e	f	g				a	b	c	d	e	f	g
1	I	I	1						0	9	III	I				1	1		2
2	II	II	1						0	10	III	II				1	1		1
3	I	II	1						1	11	IV	I				1		1	3
4	II	I	1						1	12	IV	II				1		1	2
5	I	III		1				1	2	13*	III	IV					1		1
6	I	IV		1					3	14*	IV	III					1		1
7	II	III			1			1	1	15	IV	IV				1			0
8	II	IV			1				2										

*：当某一比较项目中有比较点属于13,14两种情形之一时，按照公式中参数的定义，a, b, c, d均不计数，这将导致$a+b+c+d$不等于该比较项目下比较点数之和。为此，我们将这两种情形分别视同情形9和情形5，因为类别I和IV代表的准则强制性程度实际上是一样的。

根据公式(6-1)、公式(6-2)和公式(6-3)，我们发现三种指标之间存在如下关系：

$$1 - JACC_i = ABSE_i + DIV_i \quad (6-5)$$

公式(6-5)说明两套准则之间的不协调$(1-JACC_i)$由两方面的原因造成：某一方缺乏相应的规定$(ABSE_i)$以及双方的规定存在差异(DIV_i)。

下文将以$JACC$的测量结果为主考察各阶段准则协调/趋同程度及其变化趋势，$ABSE$、DIV和AD指标则主要用于进一步说明差异的性质(成因)。为后文定性讨论的方便，不妨作如下划分：$0 \leqslant JACC \leqslant 0.33$表示低度协调/趋同，$0.67 \leqslant JACC \leqslant 1$表示高度协调/趋同，$0.33 < JACC < 0.67$表示中度协调/趋同。

3 CAS与IFRS协调/趋同度测量结果和分析

3.1 资产计价准则协调/趋同度的统计分布和特征描述

三个阶段资产计价相关CAS与IFRS之间协调/趋同度的统计分布情况如表6-3所示。

表6-3　三个阶段资产计价准则协调/趋同度的总体统计分布

协调/趋同度		整体*	N	均值	标准差	中位数	下四分位	上四分位	偏度 系数	偏度 标准差	峰度 系数	峰度 标准差
JACC	A阶段	0.412 5	70	0.426 599	0.336 071 9	0.400 000	0.142 857	0.687 500	0.320	0.287	-1.012	0.566
	B阶段	0.475 4	75	0.486 503	0.316 234 2	0.500 000	0.250 000	0.750 000	-0.028	0.277	-0.992	0.548
	C阶段	0.707 4	75	0.721 390	0.274 782 9	0.750 000	0.500 000	1.000 000	-0.870	0.277	0.076	0.548
ABSE	A阶段	0.471 9	70	0.442 868	0.370 986 5	0.500 000	0.000 000	0.750 000	0.186	0.287	-1.347	0.566
	B阶段	0.408 7	75	0.375 375	0.327 120 1	0.333 333	0.000 000	0.666 667	0.440	0.277	-0.918	0.548
	C阶段	0.240 8	75	0.212 504	0.258 766 0	0.142 857	0.000 000	0.333 333	1.230	0.277	0.988	0.548
DIV	A阶段	0.115 6	70	0.131 723	0.210 292 0	0.000 000	0.000 000	0.229 167	1.769	0.287	3.304	0.566
	B阶段	0.115 9	75	0.138 122	0.236 586 4	0.000 000	0.000 000	0.222 222	1.912	0.277	3.485	0.548
	C阶段	0.051 8	75	0.066 106	0.147 598 8	0.000 000	0.000 000	0.000 000	2.654	0.277	7.406	0.548
AD	A阶段	1.218 8	70	1.219 354	0.718 645 6	1.464 286	1.808 333	0.729 167	-0.275	0.287	-0.699	0.566
	B阶段	1.095 4	75	1.107 751	0.710 686 1	1.000 000	1.666 667	0.625 000	0.278	0.277	-0.583	0.548
	C阶段	0.603 4	75	0.608 016	0.612 208 2	0.500 000	1.000 000	0.000 000	0.839	0.277	-0.221	0.548

* 是各阶段将6类资产计价会计准则下的所有对比点作为一个整体,按三种方法计算的综合协调/趋同度。

由表 6-3 的 JACC 测量结果我们大致可以得出以下结论：无论是从整体指标值，还是从均值和中位数来看，资产计价相关 CAS 与 IFRS 在 A 阶段和 B 阶段平均都达到了中度协调/趋同，而到了 C 阶段则达到了高度协调/趋同；A 阶段至 C 阶段，JACC 逐渐增大，表明两套准则之间的协调/趋同度在逐渐提高，其中 B 阶段至 C 阶段协调/趋同度提高的程度远大于 A 阶段至 B 阶段，而 AD 的测量结果显示了同样的变化趋势。进一步分析 ABSE 和 DIV 的测量结果，我们发现：三个阶段 ABSE 值均大于 DIV 值，这说明两套准则之间的差异主要是由某一方缺乏相关规定而非由两者规定不同导致的，尤其在 C 阶段，整体指标值显示，准则"分歧"差异 DIV 仅占总体差异（1−JACC）的 17.7%。

此外，从统计分布的偏度和峰度指标来看，所有样本组似乎都不符合正态分布。进一步对数据进行单样本 Kolmogorov-Smirnov(K-S)，Shapiro-Wilk(W)检验，检验结果（略）显示，所有的协调/趋同度数据都至少在 0.05 的显著性水平上拒绝正态分布假设。

3.2 资产计价准则协调/趋同度变化的显著性检验结果

虽然从上述研究可以发现，1998 年以来，CAS 与 IFRS 之间在资产计价会计处理上的协调/趋同度大体上是逐渐提高的，但这种变化趋势在统计上是否显著，尚需进一步检验。

鉴于数据的非正态分布特征，且各阶段的 CAS 和 IFRS 与前一阶段的对应准则显然是相关的，我们采用了配对样本的 Wilcoxon 符号秩检验这一非参数方法来进行研究。为了简化，以下仅对基于 JACC 指标和 AD 的检验结果进行说明。

表 6-4 列示了 A~B 阶段、B~C 阶段相关 CAS 与 IFRS 之间协调/趋同度差异的显著性检验结果。需要说明的是，由于配对样本 Wilcoxon 符号秩检验要求样本是一一对应的，我们先对 B 阶段的准则比较项目稍微进行了调整，重新计算了协调/趋同度指标[①]（即 Panel A 中的 JACC_BCOMP 与 Panel C 中的 AD_BCOMP），使其与 A 阶段相

---

① 主要通过删减、合并 B 阶段的个别准则比较项目进行调整，具体调整情况如下：删减了"存货准则适用范围"、"存货的确认条件"、"固定资产准则适用范围"、"无形资产相关估计的复核"4 个项目；将"固定资产终止确认的条件"和"固定资产终止确认的处理"合并为"固定资产的终止确认"。检验结果（略）表明，经过配对调整后，B 阶段准则协调/趋同度的均值和标准差变化不大。

表 6-4

各阶段会计准则协调/趋同度配对样本的 Wilcoxon 符号秩检验

	Panel A：A～B 阶段（JACC）				Panel B：B～C 阶段（JACC）			
		秩				秩		
		N	平均秩	秩和		N	平均秩	秩和
JACC_BCOMP − JACC_A	负秩	18[a]	18.86	339.50	JACC_C − JACC_B	负秩	4	17.63	70.50
	正秩	27[b]	25.76	695.50		正秩	44	25.13	1 105.50
	相等	25[c]				相等	27		
	合计	70				合计	75		
Wilcoxon 符号秩检验统计量					Wilcoxon 符号秩检验统计量				
JACC_BCOMP − JACC_A					JACC_C − JACC_B				
Z 值				−2.011[d]	Z 值				−5.313
概率（双尾）				0.044	概率（双尾）				0.000
AD_BCOMP − AD_A	负秩	28	25.70	719.50	AD_C − AD_B	负秩	44	26.26	1 155.50
	正秩	18	20.08	361.50		正秩	6	19.92	119.50
	相等	24				相等	25		
	合计	70				合计	75		
Wilcoxon 符号秩检验统计量					Wilcoxon 符号秩检验统计量				
AD_BCOMP − AD_A					AD_C − AD_B				
Z 值				−1.957	Z 值				−5.004
概率（双尾）				0.050	概率（双尾）				0.000

注：a. JACC_BCOMP < JACC_A；b. JACC_BCOMP > JACC_A；c. JACC_BCOMP = JACC_A；d. 基于负秩（后同）。

对应；而 B 阶段与 C 阶段的比较项目完全相同，不需调整。

由 Panel A 可见，A，B 阶段准则协调/趋同度差异（JACC_BCOMP−JACC_A）的正秩平均秩与秩和分别大于负秩的平均数与和，而 Panel C 显示，AD_BCOMP−AD_A 的正秩平均秩与秩和则分别小于负秩的平均数与和，两者一致说明 A 阶段至 B 阶段，资产计价相关 CAS 与 IFRS 之间的协调/趋同度提高了[①]，并且，Wilcoxon 检验的 Z 值相伴概率显示，上述变化在 0.05 的统计水平

[①] 根据 Wilcoxon 检验的原理，数据是按升序排列的，由此确定的秩越大代表数据值越大；而 JACC 值越大、AD 值越小都表明协调/趋同度越高。

上是显著的。

由 Panel B 可见，B,C 阶段之间协调/趋同度差异（$JACC\_C-JACC\_B$）的平均正秩大于平均负秩,正秩和更是远大于负秩和,说明 B 阶段至 C 阶段,资产计价相关 CAS 与 IFRS 之间的协调/趋同度有了较大提高;且上述变化至少在 0.001 的统计水平上是显著的。当采用平均距离（AD）作为协调/趋同度测量指标时,得出了一致的结论(见 Panel D)。

通过以上分析,我们可以看出：A 阶段至 C 阶段,资产计价相关 CAS 与 IFRS 之间的差异在逐渐缩小,并且变化显著。

3.3 各阶段资产计价准则协调/趋同度的具体分析

A,B,C 三个阶段各类资产计价会计准则的协调度情况如表 6-5 所示。

从表 6-5 可见,无论以 $JACC$ 还是 AD 作为协调度指标,在 A 阶段,准则协调/趋同度最高的是 $M2$（长期股权投资）,达到了高度协调/趋同;协调/趋同度最低的是 $M5$（资产减值）,只有低度协调/趋同,且差异全部是由某一方准则缺乏相关规定造成的[1]（因 DIV 为 0）;其他会计准则都处于中度协调/趋同状态。在 B 阶段,准则协调/趋同度最高的是 $M1$（存货）,但未达到高度协调/趋同;协调/趋同度最低的仍是 $M5$,但较 A 阶段有所上升,和其他会计准则一样达到了中度协调/趋同。在 C 阶段,各类会计准则的协调/趋同度普遍提高,尤其是在资产减值方面,两套准则的协调/趋同度与 B 阶段相比提高了 1 倍;从静态来看,6 类准则都达到或接近于高度协调/趋同,存货准则更是达到 80.95% 的相似。

关于 C 阶段 CAS 与 IFRS 资产计价相关准则比较项目协调/趋同度更具体的测量结果(略)显示,75 个比较项目中,有多达 51 个项目达到了高度协调/趋同,这说明我国最新发布的资产计价相关准则与 IFRS 之间的确实现了实质性趋同;但同时也有 8 个项目仍处于低度协调/趋同状态,其中 3 项主要由于一方准则未作出相关规定(表现为 $ABSE$ 指标值大于 DIV 值)：对于长期股权投资中成本法与权益法的转换（$M213$）以及以非货币性交易、债务重组等方式取得的存货成本的计量（$M106$[2]）,

---

[1] 具体的测量结果显示几乎全部是由于当时 CAS 缺乏相关规定造成的。
[2] 此为对应的相关准则比较项目的编号,下同。

表 6-5　各阶段资产计价准则协调/趋同度概览

资产计价会计准则	A 阶段			B 阶段			C 阶段		
	JACC	ABSE	DIV	AD	JACC	ABSE	DIV	AD	JACC	ABSE	DIV	AD
存货 (M1)	0.404 8	0.500 0	0.095 2	1.238 1	0.622 6	0.320 8	0.056 6	0.717 0	0.809 5	0.190 5	0.000 0	0.357 1
长期股权投资 (M2)	0.711 5	0.192 3	0.096 2	0.634 6	0.523 1	0.338 5	0.138 5	0.953 8	0.676 5	0.264 7	0.058 8	0.596 8
固定资产 (M3)	0.424 2	0.393 9	0.181 8	1.287 9	0.486 8	0.355 3	0.157 9	1.157 9	0.637 7	0.260 9	0.101 4	0.782 6
无形资产 (M4)	0.428 6	0.412 7	0.158 7	1.222 2	0.426 5	0.434 8	0.138 7	1.246 4	0.727 3	0.223 9	0.048 8	0.611 9
资产减值 (M5)	0.180 6	0.819 4	0.000 0	1.541 7	0.350 6	0.649 4	0.000 0	1.272 7	0.691 4	0.284 0	0.024 7	0.617 3
借款费用资本化 (M6)	0.400 0	0.360 0	0.240 0	1.280 0	0.518 5	0.148 1	0.333 3	1.111 1	0.807 7	0.115 4	0.076 9	0.461 5
整体	0.412 5	0.471 9	0.115 6	1.218 8	0.474 1	0.408 7	0.117 2	1.095 4	0.705 4	0.240 8	0.053 8	0.603 4

CAS作出了具体规定,而IFRS没有①;关于在编制合并报表时对联营和合营投资的会计处理,IFRS允许在许多情况下豁免采用权益法和比例合并法进行核算和列报,而CAS几乎没有豁免采用权益法的规定,且由于对合营投资只准采用权益法核算而不涉及比例合并的情形(M207)。而其他5个项目处于低度协调/趋同则主要由于两套准则的规定不同(表现为DIV指标值大于ABSE值):CAS要求投资者对单独财务报表中的合营和联营投资采用权益法核算,而IFRS要求按成本或作为可供出售的金融资产核算(M205);关于固定资产和无形资产的后续计量(M309,M410),IFRS允许采用历史成本模式或重估价模式,而CAS只允许采用前者;CAS不再允许转回固定资产等资产上的减值损失,而IFRS仅禁止转回商誉减值损失(M513);IFRS规定的借款费用的基准处理方法是费用化,即全部计入当期损益,而CAS要求必须将其中符合资本化条件的部分计入相关资产成本(M601)。

我们认为,当前CAS与IFRS之间的差异基本上是由我国转型经济下的特殊要求决定的,有的甚至源于CAS更为细致或比IFRS先行一步,这样的差异实属合理。例如M205,M309,M410上的差异主要涉及公允价值的运用,在我国当前尚处于转型经济时期的情况下,财政部认为公允价值的应用范围不宜太广,宜"适度、谨慎、有条件地引入"②,基于这样的原则,目前CAS中主要对存在活跃市场且有公开报价的资产(如股票、债券、基金等)更多地采用了公允价值计量。随着我国资本市场监管体制和资产评估体系等基础制度的进一步健全和完善以及会计人员职业道德素质和职业判断能力的提高,CAS与IFRS在这方面的差异将有望消除。又如,CAS不允许转回大部分资产减值损失(M513)主要是考虑长期资产价值永久性贬损因素以及避免上市公司以此为手段操纵利润;而M106,M201,M213,M307,M408这些比较项目上的差异反映了CAS比IFRS规定更为具体细致的特点,CAS在这些方面没有一味强调与IFRS趋同也是符合中国国情的。

---

① 两套准则在长期股权投资、固定资产和无形资产的初始计量这些比较项目(M201,M307,M408)上的差异也主要是由这一原因导致的。

② 2006年7月原财政部会计司刘玉廷司长在东南地区会计学会第21次学术年会上的讲话。

至于 $M\ 601$，IASB2007 年 3 月底发布的 IAS 23《借款费用》修订版已取消了将借款费用全部费用化这一备选处理方法，由此与 CAS 取得一致。

4 主要研究结论与展望

通过以上定性与定量相结合的分析，关于我国资产计价会计准则（以下简称相关准则）的国际协调和趋同情况，我们可以得出以下主要结论：

第一，1998 年以来，相关准则之间的协调/趋同程度逐步提高且变化显著，其中 B 阶段至 C 阶段协调/趋同度提高的程度远大于 A 阶段至 B 阶段，此结论得到了不同协调/趋同度测量方法（修订 Jaccard 系数法、平均距离法）的共同支持。这表明，至少在本章所考察的会计规范方面，我国的会计改革，尤其是 2006 年新会计准则体系的颁布，在促进我国会计准则的国际趋同方面的确取得了显著成效。

第二，目前绝大部分比较项目已达到高度协调/趋同。但趋同不等于相同，鉴于我国现阶段转型经济特征，CAS 与 IFRS 仍在少数领域存在差异，这些差异主要表现为 CAS 的规定更加详尽，也包括 CAS 比 IFRS 先行一步（如借款费用准则 $M\ 601$），这种程度的差异应属适度及适宜。

第三，从两套准则差异的性质来看，一方准则缺乏相关规定导致的差异（"缺失"）是主因，两套准则规定不同所导致的差异（"分歧"）则居次要地位。

本研究的主要贡献在于：在研究方法上，不仅改进了 Jaccard 系数法，令其更适用于全面衡量准则协调/趋同程度，而且结合 Absence 和 Divergence 两种协调/趋同度指标进一步揭示了准则差异的不同成因，并发现了三者之间的逻辑关系；在研究内容上，以资产计价准则为例，创新性地分阶段对 CAS 与 IFRS 趋同进程进行了直接的实证考察，首次为我国新会计准则体系与 IFRS 的趋同程度提供了相关经验证据，并首次使准则对比点达到精准程度。但是，由于本章的研究范围仅包括资产计价相关的会计准则，且不涉及金融工具、投资性房地产等资产，研究结论是否可推广到整个会计准则体系，尚待更为全面的考察。

参 考 文 献

王建新.2005.我国会计准则制定及其效果评价[M].北京：中国财政经济出版社.

王静,孙美华.2003.我国会计准则的国际协调度研究[C]//中国会计学会."中国会计国际化"专题研讨会论文集.

王治安,万继峰.2006.我国会计国际协调的经验评价[M].成都：西南财经大学出版社.

王治安,万继峰,李静.2005.会计准则国际协调度测量研究[J].当代经济科学,(9)：89-94.

杨钰,曲晓辉.2008.中国会计准则与国际财务报告准则趋同程度——资产计价准则的经验检验[J].中国会计评论,(4)：369-384.

ADHIDARI A, TONDKAR R H. 1995. An examination of the success of the EC directives to harmonize stock exchange disclosure requirements[J]. International Accounting, Auditing & Taxation, 4(2)：127-146.

DING Y, HOPE O, JEANJEAN T, STOLOWY H. 2007. Differences between domestic accounting and IAS: measurement, determinants and implications[J]. Journal of Accounting and Public Policy, (26)：1-38.

DING Y, JEANJEAN T, STOLOWY H. 2005. Why do national GAAP differ from IAS? The role of culture [J]. The International Journal of Accounting, 40(4)：325-350.

FONTES A, RODRIGUES L L, CRAIG R. 2005. Measuring convergence of national accounting standards with International Financial Reporting Standards[J]. Accounting Forum, 29(4)：415-436.

GARRIDO P, LEON A, ZORIO A. 2002. Measurement of formal harmonization progress: the IASC experience [J]. The International Journal of Accounting, 37(1)：1-26.

LAINEZ J A, CALLAO S, JARNE J I. 1996. International

harmonization of reporting required by stock markets[J]. The International Journal of Accounting, 31(4): 405-418.

NOBES C W. 1981. An empirical analysis of international accounting principles: a comment [J]. Journal of Accounting Research, 19(1): 268-270.

RAHMAN A R, PERERA H, GANESHANANDAM S. 1996. Measurement of formal harmonization in accounting: an exploratory study[J]. Accounting and Business Research, 26(4): 325-339.

RAHMAN A, PERERA H, GANESH S. 2002. Accounting practice harmony, accounting regulation and firm characteristics [J]. Abacus, 38(1): 46-77.

第7章 CAS 与 IFRS 总体协调/趋同检验
——协调/趋同度研究

一般认为,会计国际协调/趋同[①]包括形式协调/趋同(准则协调/趋同)和实质协调/趋同(实务协调/趋同)两个方面。形式协调/趋同是实质协调/趋同的基础和前提,是当前国内外会计领域研究的热点问题,也是会计职业发展的重点领域。形式协调/趋同程度的检验无论对会计理论的发展,还是对会计实务的改进都至关重要。由于会计国际协调/趋同程度的量化研究方法存在多例证现象,以致研究结论相互矛盾或难以解释(张国华,曲晓辉,2009)。本章以会计形式协调/趋同度量为研究内容,结合会计准则本身的特性,借助于统计研究方法,探讨会计准则总体协调/趋同度和个体协调/趋同度的测量方法,并以我国会计准则为对象,在对比点、度量方法的选择、度量的内容等方面对该领域方法论和方法创新进行尝试。

2006年2月15日财政部发布1项基本准则和38项具体企业会计准则,标志着中国会计准则(CAS)经过多年的努力,在会计准则国际趋同方面终于取得了重大进展,实现了与国际财务报告准则(IFRS)的实质性趋同。然而,会计准则的实质趋同并不等同于与国际财务报告准则的相同,从单一准则的条款看,CAS 与 IFRS[②]还存在一定的差异,这些差异积聚起来究竟有多大,是否会对实务产生实质性的影响,影响有多大? 会计实质趋同度与会计形式趋同度是否密切相关,相关性有多大? 类似的问题,不仅中国的会计准则制定者和财务报告使用者需要找到答案,该问题同样存在于那些已经采用或以 IFRS 为基础

---

① 协调与趋同两者只是提出的时间和程度不同,都是过程中的表现,非特指情况下本研究对两者不加区别。

② 本研究对现行有效的国际准则统称"国际财务报告准则"(IFRS),但内容涉及 IASC 发布的具体准则仍表述为"国际会计准则"(IAS)。

制定本国准则的国家和地区。回答这些问题,仅从准则的条款比较只能给出一个大致的答案,不够准确,只有从量化的角度进行测量,才能得出令人满意的答案。也就是说,我国的会计准则与国际财务报告准则从总体上看基本已经消除了实质性差异,但单一准则与国际报告准则相比,存在的条款上的差异积聚起来是否会产生很大影响,还有必要采用量化的方法进行深入研究。

1 已有研究评述

会计准则的统一和财务信息的高度可比是会计国际趋同的最终目标,这一目标包括了会计准则统一性(形式趋同)和会计实务可比性(实质趋同)两个方面。形式趋同(formal convergence)可以理解为是实质趋同(material convergence)的基础和保障,是实现实质趋同的手段,而实质趋同则是形式趋同的目标和最终所要达到的结果。虽然受政治、经济、法律、文化等环境因素的制约,趋同的会计准则未必最终产生趋同的会计实务,但至少会计准则的趋同已经向会计的国际趋同迈出了一大步,因此,可以将会计准则的国际趋同程度作为衡量一个国家会计国际化程度的尺度,即国际社会对该国会计国际化程度认可的一个标准。从逻辑上讲,国际趋同的会计准则才有可能产生国际趋同的会计实务,对会计国际趋同的度量首先是会计准则国际趋同的度量,然后才是会计实务国际趋同的度量。但会计国际趋同的进程并未严格循此逻辑,会计趋同度量的研究亦然。

1.1 会计准则国际协调/趋同量化研究的国际进展

国际学术界对会计国际协调/趋同的度量研究是随着国际会计准则委员会国际协调的努力不断取得进展而开始的。最早的文献产生于20世纪80年代初,主要是采用描述性统计方法,考察国际会计准则委员会(IASC)成员国对国际会计准则(IASs)的遵循情况,如Nair等(1981)和McKinnon等(1984)的研究。但是,他们的研究得出了相反的结论。由于混合了会计准则与会计实务两方面的数据,并没有明确区分会计准则协调/趋同与会计实务协调/趋同,相互矛盾的研究结果也是在所难免的。

到了20世纪80年代后期,对会计国际协调/趋同的量化研究开始有所突破,研究者的研究集中在对会计实质协调/趋同的度量上面,主要是测量不同企业对同一交易或事项采用相同会计处理方法的程度,不考虑会计标准是否一致,并产生了 I 指数和 C 指数度量方法(van der Tas,1988)以及对该方法的改进及后续相关的研究,如 Archer 和 McLeay(1995);Archer,Delvaille 和 McLeay(1995);Krisement(1997);McLeay,Neal 和 Tollington(1999);Morris 和 Parker(1998);Aisbitt(2001);Pierce 和 Weetman(2002)等的研究都是对 I 指数和 C 指数的应用和改进。以后的研究者(Murphy,2000;Parker 和 Morris,2001)又提出了 H 指数法和 T 指数法(Taplin,2004),对会计实质协调程度进行度量。这些研究对制定全球统一的会计标准具有重要的参考价值,其研究结果可以帮助准则制定者更为客观地辨别在众多可供选择的处理方法中,实务中普遍认可和接受的是哪一种方法,并将其作为全球公认的标准。与此同时,一些文献在研究实质协调或其影响时,还度量了形式协调状态的经济后果,如 Nair 和 Frank(1981)、Evans 和 Taylor(1982)、Doupnik 和 Taylor(1985)、Yang 和 Lee(1994)测定了国际会计准则的影响,Emenyonu 和 Gray(1992)、Amir 等(1993)、Barth 和 Clinch(1994)从准则对会计数据影响的视角研究了某一国家会计准则对股价的影响,并由此确认了实质趋同的主要驱动因素是形式趋同。Alford 等(1993)、Amir 等(1993),Barth 和 Clinch(1994)的研究发现进一步证实了这一观点,由于国家间会计准则价值相关性的差异,不同国家准则的差异导致了股价和回报的变动。

与会计实质协调/趋同的量化研究相比,会计准则协调/趋同的量化研究起步较晚,到 20 世纪 90 年代后才开始出现最早的研究。随着国际会计标准逐渐为世界各国所接受,研究者意识到会计形式协调/趋同对会计实质协调/趋同的重要性,开始注重研究会计准则对会计数据的影响问题,包括该国是否采用了国际会计准则;如果采用,采用的程度如何;采用国际会计准则的同时是否实现或提高了其财务信息的可比性;等等。从会计准则量化研究发展的进程看,我们可以将其分为两个历史时期:探索期(20 世纪 90 年代初)和方法论研究期(进入 21 世纪以后)。文献中所采用的主要方法是找出准则各具体条款的对比点,在此基础上进行赋值,然后利用统计分析的方法,包括多组判别分析法、距离法和相似系数法等来判定准则的总体趋同程度。

探索期的研究,其研究思路是将股票上市要求和股票交易信息披露要求作为会计规则的源头,分析影响规则的因素和规则方面的差异。如 Adhikari 和 Tondkar(1992)以股票上市要求作为会计规则的根源,对来自不同国家的 35 个股票交易所的信息披露要求进行了回归分析,检验了各国会计规则的差异并分析了导致差异的原因。严格地说,这一研究由于只是对披露协调程度的量化分析,主要从规则及其影响因素的角度分析了各国间存在披露差异的原因,还不是对会计规则之间的直接比较,但这一研究应当说是对国际间会计标准差异量化研究的开端;与 Adhikari 和 Tondkar(1992)的研究相类似,Lainez Gadea 等(1996)的研究也聚焦在国家间信息披露要求的差异度量和分析。他们采用 C 指数法分析和度量了 13 个国家的股票交易信息披露要求,包括定期报告要求和新上市股票额外报告要求,研究发现国家间定期报告要求的强制性程度存在显著差异,额外报告要求不存在显著差异,而且,各国额外报告要求的披露程度均较高。Rahman 等(1996)将研究的内容进一步扩展到披露和计量两个方面,其研究以澳大利亚和新西兰的会计准则、法律和股票上市规则中所规定的披露和计量要求为会计规则的来源,采用多组判别分析法和类马氏距离法,计算和度量了两个相邻国家间披露和计量要求协调水平的分组差异,发现两国间已实现计量要求的高水平协调,但披露要求的协调水平较低。这些度量方法的应用可以说从某种程度上反映了国家间所取得的形式协调/趋同的进展,但由于其度量的主要内容是来自上市规则要求的披露的协调/趋同程度,还不是真正意义上的会计准则协调/趋同程度的测量,而且也很难理解其所比较的术语的相似程度。

　　进入 21 世纪以后,国际学术界对会计准则国际协调/趋同的量化研究取得了较大的进展,并在方法论方面有所突破。Garrido 等(2002)的研究可称作是真正意义上对准则协调程度度量的探讨,并从方法论的角度构建了国际会计准则协调进程的度量研究框架。Garrido 等人(2002)依据国际会计的发展进程将国际会计准则的协调过程分为三个阶段,并分别设定为 A、B、C 三个阶段,在此基础上设定了一个理想的协调期 D 阶段,在 D 阶段设想实现了准则的完全趋同,即每一概念只有一个单一的处理方法,不存在差异。然后识别并选择了 20 个概念作为对比点,对每一会计方法按照要求、基准、允许和禁止 4 个强度进行赋值。根据每一阶段的赋值,采用欧氏距离法分别计量所选的 20 个会计问题在各相邻阶段的距离,最后的度量结果表明随着国际会计准则协调过程三个阶段的发展,国际会计准则的协调度在不断提高。这一尝试虽然较成功地评价了国际会计准则各阶段的进展情况,但Garrido等人(2002)的方法和结论同时也受到了其他学者的质疑,争议的焦点是在其研究设计中没有考虑欧式距离法自身的缺陷和指标之间的相关性,忽略了距离的大小受各指标观测单位的影响等问题。Fontes等人(2005)的方法在一定程度上弥补了Garrido等人(2002)方法的不足。与Garrido等人(2002)的研究有所不同,Fontes等人(2005)的研究内容扩展到单一国家会计准则(葡萄牙)与IAS趋同程度的度量。通过比较,他们找到了葡萄牙会计准则与IAS匹配的43个会计问题,然后分别采用Jaccard系数和Spearman相关系数度量了不同时期两套准则的协调水平。其研究发现,较欧氏距离法相比,Jaccard系数和Spearman相关系数的测量结果要优于欧氏距离法,而且功能比欧氏距离法更强大:Jaccard系数既可用于静态衡量某一时点上的协调水平,也可用于动态衡量协调的进展程度,Sperarman相关系数则加强了这些结果并提供了进一步的协调证据。

1.2 会计准则国际协调/趋同量化研究的国内进展

我国对会计国际协调/趋同的度量研究起步较晚,主要与我国会计准则国际协调/趋同的进程密切相关。随着我国会计国际趋同进程的加快,会计准则形式趋同度量的研究也在近10年开始出现并有所发展。与国际会计协调/趋同的量化研究的过程相类似,最早的中国会计准则国际协调/趋同的量化研究是以财务报告的内容为出发点来研究我国会计准则与国际会计准则存在的差异,主要是通过对我国同时发行A股和B股或A股和H股上市公司的财务报告(国际会计准则和中国会计准则下)所披露的双重净利润和净资产的差异分析,来寻找不同基础编制的净利润和净资产所存在差异的原因,也就是来自会计准则方面的原因,并以此为依据来探讨会计国际化的问题。国内许多学者如李树华(1997)、李东平(2000)、郑侨青(2000)、蒋义宏(2001)、潘琰等(2003)、吴溪和程璐(2003)、徐经长等(2004)、盖地和卢强(2004)、李晓强(2004)、王清刚(2005)、罗胜强(2005)等都是从这一角度来研究会计准则的国际协调/趋同问题的。

少数研究注意到了会计准则协调/趋同本身的度量问题,在介绍国外的会计准则国际协调/趋同量化研究方法的同时,开始探讨新的量化研究方法。这类研究较为初期的是对国外研究方法和进展情况的介绍，如王华等（2000）、魏明海（2003）、王治安和万继峰（2004）、曲晓辉和高芳（2006）等的研究就属于这一类。

更进一步的研究是借鉴国外的研究方法对我国会计形式协调/趋同的度量，诸如李静和孙美华（2003）、王治安等（2005）、王建新（2005）等的研究就是在已有研究方法的基础上对我国会计准则趋同程度的度量。王治安等（2005）在借鉴 Rahman 的马氏距离法的基础上，用平均距离法和配比率法代替类马氏距离法度量了 2003 CAS 的 16 项会计准则的国际协调程度，其研究发现，从总体来看 CAS 与 IFRS 的披露项目协调度和计量项目协调度都处于适度差异水平，并且计量项目的协调度略高于披露项目的协调度。进一步的分析表明，披露项目中没有一个是完全协调的，计量项目中完全协调的准则只有资产负债表日后事项准则一个，其余或多或少地存在差异，协调较差的是债务重组和非货币交易准则。王建新（2005）将中国会计准则与国际财务报告准则的每一准则的对比点按照完全相同、有较少差异、有较大差异和完全不同等4个级别分别赋予分值-2，-1，1，2，采用加权平均法对旧中国会计准则与国际财务报告准则的协调度进行了度量，得出中国会计准则与国际财务报告准则达到了中度协调的结论。上述研究主要是对新准则出台前我国与国际准则协调/趋同的研究。2006 年新准则出台后，只有张国华、曲晓辉（2009）从方法和方法论角度探讨了会计准则国际趋同的量化研究方法，并选择性地进行了检验。

2 度量方法的选择与创新

2.1 已有研究对 CAS 国际协调/趋同度量研究的启示

上述国内外的研究从方法和内容上对 CAS 国际协调/趋同的研究和进一步协调/趋同的重点提供了以下几方面的启示。

首先，度量维度方面的启示。从上述已有研究来看，有的研究是从横向的角度度量某一国家会计准则与国际会计准则的协调/趋同程度，如 Rahman 等（1996）、李静和孙美华（2003）、王治安等（2005）和王建新（2005）的研究就属于此类。还有的研究是从纵向的角度对会计准则在不同时期进展程度的研究，如 Garrido 等（2002）的研究。也有的是将纵向和横向的信息结合起来进行的研究，如 Fontes 等（2005）的研究。

因此,我们认为,对 CAS 国际协调/趋同的度量应当包括纵向和横向两个维度,从横向的角度度量 CAS 与 IFRS 在各个阶段的协调/趋同程度,从纵向的角度度量 CAS 不同发展阶段的进展情况。

其次,度量内容和度量标准方面的启示。由于以往一些研究中混合了会计准则和会计实务两方面的内容,度量的结果难免会产生很大误差,也难以解释,而且在度量标准方面也没有一个统一的认识。因此,若想得到更为科学的结果,首先应当明确研究的对象,即会计准则;然后应当明确研究对象的性质。会计准则的主要内容是对不同的会计事项在会计确认、计量、披露等方面的条款的规定,因此会计准则国际协调/趋同度量的内容应当是会计准则中有关会计确认、计量和披露等条款方面异同的对比和度量。度量的范围不仅包括单一准则的个体协调/趋同度,而且还应包括全部准则的总体协调/趋同度。度量的标准自然是 IFRS 对应条款的相关规定。值得注意的是,IFRS 的发展是一个动态过程,一直处在不断修订和完善中,因此在具体度量时还需要设定一个基准。由于我国新准则修订的基准是 2004 IFRS,因此我们就以 2004 IFRS 作为本研究的衡量基准,分别用新会计准则(2007 年起)、旧会计准则(2007 年前)与 2004 IFRS 进行对比,分别得到新会计准则与 IFRS 的趋同度、旧会计准则与 IFRS 的趋同度,新会计准则、旧会计准则与 IFRS 国际协调/趋同度的差异就是 CAS 的进展情况。由于 CAS 与 IFRS 没有完全实现单一准则项目的一一对应,而且单一准则的规定还存在与其他准则相互衔接的问题,因此,在进行对比时,有关规定以 IFRS 为准,需要参照其他准则相关规定的,以相关准则为准,不再重复对比。具体的研究内容和路线如图 7-1 所示。

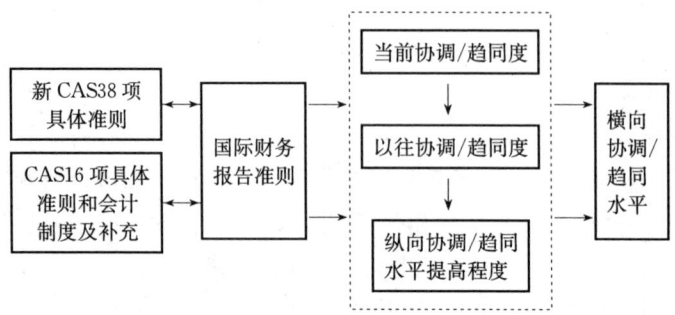

图 7-1 CAS 与 IFRS 协调/趋同度量研究路线图

最后,在方法和方法论方面的启示。如前文所述,会计准则国际趋同是会计实务国际趋同的基础和保障,是实现会计实务国际趋同的手段,会计实务的国际趋同是会计准则国际趋同的目标和结果,因此在对CAS国际趋同程度进行度量时,完全不需要考虑某一会计准则在实务中的应用强度,只需要对会计准则的各对比点进行比较和度量就可以实现研究目标。某一会计准则的具体内容通常包括对某一交易或事项的确认、计量和披露等规范。由于确认和计量往往同时发生,很难分开,而披露的差异并不影响表内数字,因此,在度量时可以把确认和计量作为一个总体——计量总体,把披露作为另外一个总体——披露总体,这样就可以对计量总体和披露总体进行分别度量。根据会计准则的基本内容,为了便于准则间的比较,单一会计准则的对比点可以按照以下特征确定:定义、范围、确认条件、计量标准、计量方法、期末计价、披露等7项;同时按照趋同程度的不同可以将会计准则各对比点的项目进一步分层:完全趋同项目、基本趋同项目、重大差异项目和差异项目等。由于度量时需要以IFRS作为基准,因此对于旧准则中没有的对应项目,需要根据会计制度和其他法规和规章的规定确定对比点的匹配程度。

2.2 度量方法选择的标准

2.2.1 应符合研究对象的特征

如前所述,研究方法的选择取决于研究对象的特征。从统计特征看,会计确认、计量和披露等各种不同的会计处理方法既没有数量表示,也没有次序关系,因此应当归属于名义尺度变量;而CAS与IFRS对同一会计处理方法要求的差异,虽然没有明确的数量表示,但可以通过次序关系表现出来,如计量方法完全相同、基本相同、有较大差异等,可以归属为有序尺度变量。根据统计学的基本原理,名义尺度变量的研究方法不同于有序尺度变量或间隔尺度变量的研究方法,已有文献中所使用的欧氏距离法、马氏距离法或平均距离法等,均属计算间隔尺度变量的方法,这些方法适合于计量那些指标由连续地测量或计数、统计所得到的实值变量,虽然研究者有按照准则规定的强度对会计方法进行划分,包括要求、推荐、允许、不允许等强度,但事实上这些区分完全可以理解为是会计准则所约定的一项条款,而条款本身是没有强度之分的。至于某一会计问题处理方法的使用强度完全取决于实务操作的偏好,而且准则规定的强度与实际应用的强度可能并不完全一致,因此采取主观赋值并计算其距离的方法很难捕获会计准则本身所具有的特性,不是理想的测量方法。此外,这些研究方法也有其自身的缺陷。如欧式距离法,由于其距离的大小受指标的观测单位影响,单独使用时其结果不具有说服力,需配合其他度量方法来使用;马氏距离法虽然其计算不受指标测量单位的影响,并考虑了指标的相关性,但由于马氏距离中的样本协方差矩阵难以确定,因此也不是理想的度量方法;而加权平均法由于趋同项目和差异项目是按照正、负赋值的方式进行的,计算时还会由于相互抵消而影响到计算的正确性,因此也不是理想的度量方法。相比之下,度量相对指标的配比法或 Jaccard 系数法则更适合与对准则趋同程度的度量,因为会计准则国际趋同度量的出发点就是通过对 CAS 与 IFRS 各对比点是否相同的量化比较,来检验其趋同程度,也就是通过量化的指标来反映其配合或不配合的程度。因此,我们认为,用相对指标比用绝对指标更为恰当。相似性可以理解为是一种相对距离,因此,借助于用配比法或 Jaccard 系数法的思路来度量两套准则的趋同程度(匹配度)比采用绝对距离计算法更为恰当。

2.2.2 应符合研究的目的

考虑到会计准则本身自有的特性,我们对各种统计分析方法作了进一步的筛选,发现了与其他统计研究方法相比更适合于对会计准则国际趋同进行度量的研究方法——模糊聚类分析法。该方法是根据研究的样本或指标(变量)之间的亲疏关系(相似性)进行测度的一种统计分析方法。其分析思路是对具有多个观测指标的一批样品,首先找出能够度量样品或指标之间相似程度的统计量,然后以这些统计量为划分类型的依据,把一些相似程度较大的样品(或指标)聚合为一类,把另外一些彼此之间相似程度较大的样品(或指标)又聚合为另一类,关系密切的聚合到一个小的分类单位,关系疏远的聚合到一个大的分类单位,直到把所有样品(或指标)都聚合完毕,把不同类型一一划分出来,形成一个由小到大的分类系统。最后再把整个分类系统画成一张谱系图,用它把所有样品(或指标)间的亲疏关系表示出来(何晓群,1998)。通过分析,我们发现这一研究思路完全符合对会计准则国际趋同度量研究的目的。事实上,每一具体的会计准则都可以理解为一个单独的样品,全部会计准则是由各个具体准则组成的一批样品,每一具体的会计准则又可以进一步划分为多个观测指标,包括前文所述的"定义"、"范围"、"确认条件"、"计量标准"、"计量方法"、"期末计价"、"披露"等,每一观测指标下还有不同的观测点,按照完全匹配、基本匹配、基本不匹配和完全不匹配的标准划分并对每一观点进行赋值,计算出各观测指标的匹配程度,然后以各观测指标的匹配程度作为对会计准则趋同程度归类的依据,就可以把全部会计准则的国际趋同程度有层次地加以归类。同时,根据各观测指标的匹配程度也可以计算出会计准则的总体和个体趋同程度。

2.3 模糊聚类分析法的应用

模糊聚类分析是根据研究对象本身的属性而构造的模糊矩阵,在此基础上根据一定的隶属度来确定其分类关系的方法,它能够将带有模糊性的事务较为清晰地表现出来,该方法被广泛地应用于气象预报、地质、环境、林业、农业科学、经济、教育等多方面的分类中,如利用模糊聚类分析法分析大学生素质(寇业富,2003),通过模糊聚类分析法对各城市的经济发展的综合实力进行归类(吕永霞等,2006),等等。这一方法的基本原理同样适用于对具体会计准则的分层归类。根据模糊聚类分析法的基本原理,我们将中国会计准则国际趋同的度量分为以下5个步骤。

2.3.1 确定单一准则的对比点并赋值

为使 CAS 与国际会计准则的对比具有可比性,我们按照前文所述将单一准则的观测指标确定为 7 项:定义、范围、确认条件、计量标准、计量方法、期末计价和披露。每一观测指标下又可以细分为不同的对比点,按照每一对比点匹配程度的不同分别赋值 1(完全匹配)、0.7(基本匹配)、0.3(基本不同)和 0(完全不同)。具体赋值时,有 50% 以上相同的对比点赋值 0.7,50% 以下的对比点赋值 0.3,两套准则中均没有的对比点视为相同。然后根据对比点的数量及赋值计算出各观测指标的匹配程度,如公式(7-1)。对于各对比点中存在亚对比点的,可以根据亚对比点的匹配情况计算出匹配系数作为该对比点的赋值。

$$D_i = \frac{m_1 + m_2 \times 0.7 + m_3 \times 0.3 + m_4 \times 0}{m_1 + m_2 + m_3 + m_4} \qquad (7-1)$$

其中，m_1 为完全匹配的变量数；m_2 为基本匹配的变量数；m_3 为基本不匹配的变量数；m_4 为完全不匹配的变量数；i 为第 i 个准则项目。

D_i 值越大，趋同度则越高。单一准则和全部准则的综合趋同度都可以采用类似的方法计算。

2.3.2 对原始数据进行变换处理，消除不同量纲对结果造成的影响

变换思想和方法等同于系统聚类分析，有标准化变换、极差变换、对数变换等。

2.3.3 计算模糊相似矩阵

为更进一步将单一准则按照趋同程度不同进行分层，我们还需借助于模糊相似矩阵来进行计算。计算单一会计准则间相似程度的统计量 r_{ij} 的计算方法可以是欧式距离法、数量积法、相关系数法、最大最小法、算术平均法、几何平均最小法、绝对值指数法、绝对值倒数法、绝对值件数法、夹角余弦法等；这里我们采用欧式距离法计算 r_{ij}，建立模糊相似矩阵 R，$R = |r_{ij}|_{n \times n}$，其中，$i, j = 1, 2, \cdots, n$；$n$ 为会计准则的个数。

将矩阵 R 通过褶积计算将其转化为模糊等价矩阵 R'，使 $R = R^{2m}$ 到模糊等价矩阵 R'。

2.3.4 聚类

给出不同的置信水平，求 R_λ 截阵，找出 R 的 λ 显示，得到普通的分类关系 R_λ。当 $\lambda = 1$ 时，每个会计准则自成一类，随 λ 的降低，由细到粗，并逐渐并为一类。

2.3.5 画聚类图

上述过程我们以各准则项目的观测点为特征指标，按照不同的隶属度对其进行了模糊聚类，分层确定出完全趋同的准则集合、基本趋同的准则集合、中度差异的准则集合、基本不同的准则集合和完全不同的准则集合，最后形成一个由小到大的分类系统，根据步骤 4 的聚类结果就可以画出一张会计准则趋同程度的谱系图。

3 总体协调/趋同度的检验

3.1 度量样本集合的确定

新会计准则包括 1 项基本准则和 38 项具体准则，其中基本准

则类似于 IFRS 的编报财务报表的框架，是具体准则制定的理论框架，不作为对比的内容。38 项具体会计准则排除与 IFRS 不匹配的准则 CAS 12 债务重组准则和 IAS 29 恶性通货膨胀经济中的财务报告准则，排除对后续的会计处理不会连续产生影响的时点性会计准则 CAS 38 首次执行企业会计准则，还剩 36 项具体会计准则。由于 CAS 22 金融工具的确认和计量、CAS 23 金融资产转移、CAS 24 套期保值 3 项准则合并起来可以与 IAS 39 金融工具确认和计量准则匹配，在计算时我们将这 3 项准则合并为一个样本。此外 CAS 25 原保险合同、CAS 26 再保险合同两项准则的综合可以与 IFRS 4 保险合同匹配，因此将这两项会计准则合并为一个样本。经过上述调整后，CAS 与 IFRS 的匹配样本最后确定为 33 个，表示为

$$S_N = \{s_1, s_2, \cdots, s_{33}\}$$

其中，S_N 为新会计准则与 IFRS 配对样本集合；s_i 为第 i 项准则，$i = 1, 2, \cdots, 33$。

旧会计准则由于只有 16 项具体准则，对比时为使其与新会计准则的趋同程度具有可比性，我们只选择能够与 IFRS 匹配的准则作为配对样本；同样，由于债务重组准则属于中国特有的会计准则，我们将其排除在外，共得到 15 项可与 IFRS 配对的旧会计准则。即

$$S_O = \{s_1, s_2, \cdots, s_{15}\}$$

其中，S_O 为旧会计准则与 IFRS 配对样本集合，s_i 为第 i 项准则，$i = 1, 2, \cdots, 15$。

新、旧会计准则与 IFRS 配对样本如表 7-1 所示。

表 7-1

新、旧会计准则与 IFRS 配对样本一览表

序号	新 CAS	国际财务报告准则(IFRS/IAS)	旧 CAS
No. 1	CAS 1 存货	IAS 2 存货	CAS 1 存货
		IAS 27 合并财务报表和单独财务报表	
No. 2	CAS 2 长期股权投资	IAS 28 联营中的投资	CAS 2 投资
		IAS 31 合营中的权益	

(续表)

序号	新 CAS	国际财务报告准则(IFRS/IAS)	旧 CAS
No. 3	CAS 3 投资性房地产	IAS 40 投资性房地产 IAS 16 不动产、厂房及设备	
No. 4	CAS 4 固定资产	IFRS 5 持有待售的非流动资产和终止经营	CAS 4 固定资产
No. 5	CAS 5 生物资产	IAS 41 农业	
No. 6	CAS 6 无形资产	IAS 38 无形资产 IAS 16 不动产、厂房及设备	CAS 6 无形资产
No. 7	CAS 7 非货币性资产交换	IAS 38 无形资产 IAS 40 投资性房地产	CAS 7 非货币性资产交换
No. 8	CAS 8 资产减值	IAS 36 资产减值	
No. 9	CAS 9 职工薪酬	IAS 19 雇员福利	
No. 10	CAS 10 企业年金	IAS 26 退休福利计划的会计和报告	
No. 11	CAS 11 股份支付 CAS 12 债务重组	IFRS 2 以股份为基础的支付	CAS 12 债务重组
No. 12	CAS 13 或有事项	IAS 37 准备、或有负债和或有资产	CAS 13 或有事项
No. 13	CAS 14 收入	IAS 18 收入	CAS 14 收入
No. 14	CAS 15 建造合同	IAS 11 建造合同	CAS 15 建造合同
No. 15	CAS 16 政府补助	IAS 20 政府补助会计和政府援助的披露	
No. 16	CAS 17 借款费用	IAS 23 借款费用	CAS 17 借款费用
No. 17	CAS 18 所得税	IAS 12 所得税	
No. 18	CAS 19 外币折算	IAS 21 汇率变动的影响 IAS 29 恶性通货膨胀经济中的财务报告	
No. 19	CAS 20 企业合并	IFRS 3 企业合并	
No. 20	CAS 21 租赁	IAS 17 租赁	CAS 21 租赁
No. 21	CAS 22 金融工具确认和计量 CAS 23 金融资产转移 CAS 24 套期保值	IAS 39 金融工具：确认和计量	
No. 22	CAS 25 原保险合同 CAS 26 再保险合同	IFRS 4 保险合同	
No. 23	CAS 27 石油天然气开采	IFRS 6 矿产资源的勘探和评价	
No. 24	CAS 28 会计政策、会计估计变更和差错更正	IAS 8 会计政策、会计估计变更和差错更正	CAS 28 会计政策、会计估计变更和差错更正
No. 25	CAS 29 资产负债表日后事项	IAS 10 资产负债表日后事项	CAS 29 资产负债表日后事项

(续表)

序号	新 CAS	国际财务报告准则(IFRS/IAS)	旧 CAS
No. 26	CAS 30 财务报表列报	IAS 1 财务报表的列报 IFRS 5 持有待售的非流动资产和终止经营	
No. 27	CAS 31 现金流量表	IAS 7 现金流量表	CAS 31 现金流量表
No. 28	CAS 32 中期财务报告	IAS 34 中期财务报告	CAS 32 中期财务报告
No. 29	CAS 33 合并财务报表	IAS 27 合并财务报表和单独财务报表	
No. 30	CAS 34 每股收益	IAS 33 每股收益	
No. 31	CAS 35 分部报告	IAS 14(IFRS 8)分部报告	
No. 32	CAS 36 关联方披露	IAS 24 关联方披露	CAS 36 关联方披露
No. 33	CAS 37 金融工具列报	IFRS 7 金融工具：披露 IAS 32 金融工具：披露和列报	
	CAS 38 首次执行企业会计准则	IFRS 1 首次采用国际财务报告准则	

3.2 观测指标的确定及赋值

如上文所述，新会计准则与 IFRS 匹配的结果，我们共有 33 项相互匹配的准则项目，按照每个准则项目所共有的特征，我们将"定义"、"范围"、"确认条件"、"计量标准"、"计量方法"、"期末计价"和"披露"7 项准则中的规定作为观测指标，每一观测指标下又分为若干个对比点，如固定资产的折旧方法（计量标准）包括了直线折旧法（平均年限法）、工作量法、双倍余额递减法或年数总和法 4 个对比点，按照完全相同的对比点赋值为 1，基本相同的对比点赋值为 0.7，基本不同的对比点赋值为 0.3，完全不同的对比点赋值为 0 的方式进行赋值，然后采用匹配系数法[见公式(7-1)]就可以计算出固定资产准则计量标准这一观测指标的赋值，依此类推。对于匹配过程中存在的 CAS 中有规定、IFRS 中无规定，或 IFRS 中有规定、CAS 中无规定的对比点，在匹配时均视为不同。

新会计准则与 IFRS 的观测指标及赋值如表 7-2 所示。旧会计准则与 IFRS 的观测指标及赋值如表 7-3 所示。

表 7-2

新会计准则与 IFRS 的观测指标及赋值

序号	si\dj	定义	范围	确认条件	计量标准	计量方法	期末计价	披露
1	No.1 存货	1	0.7	1	0.609	1	0.833	0.629
2	No.2 长期股权投资	0.692	1	0.783	0.65	0.667	0.6	0.415
3	No.3 投资性房地产	1	0.7	0.667	0.833	0.833	0.767	0.85
4	No.4 固定资产	1	1	0.9	0.617	0.833	0.556	0.438
5	No.5 生物资产	0.85	0.7	0.35	0	0.4	0	0.5
6	No.6 无形资产	1	1	1	0.882	0.75	0.75	0.385
7	No.7 非货币性资产交换	1	1	1	0.7	1	1	0.3
8	No.8 资产减值	1	0.7	0.94	1	0.6	0.5	1
9	No.9 职工薪酬	0.429	1	0.4	0.567	0.5	0	0.267
10	No.10 企业年金基金	0.175	0.5	1	0.5	0	1	0.18
11	No.11 股份支付	1	0.5	0.5	0.675	1	1	0.85
12	No.13 或有事项	0.667	0.7	1	0.833	1	1	0.875
13	No.14 收入	1	0.7	1	1	0.88	1	0.667
14	No.15 建造合同	1	1	1	0.925	1	1	0.5
15	No.16 政府补助	0.6	0.7	1	1	1	1	0.1
16	No.17 借款费用	1	0.7	0.733	1	0.85	1	0.667
17	No.18 所得税	1	1	1	1	1	0.5	0.8
18	No.19 外币折算	1	0.7	0.8	0.75	1	0.5	0.75
19	No.20 企业合并	1	0.3	0.567	0.7	0.5	1	1
20	No.21 租赁	1	0.7	0.567	0.522	0.714	0.5	0.293
21	No.22/23/24 金融工具确认和计量、金融资产转移、套期保值	1	1	1	1	1	1	1
22	No.25/26 原保险合同	0.375	0.7	0.386	0.077	0.2	0	0.857
23	No.27 石油天然气开采	0	0.3	0	0.5	0.667	0.5	0.1
24	No.28 会计政策、会计估计变更和差错更正	1	1	0.9	1	1	1	0.588
25	No.29 资产负债表日后事项	1	1	0.8	1	1	1	1
26	No.30 财务报表列报	1	1	0.925	0.957	0.5	1	0.963
27	No.31 现金流量表	0.95	1	0.925	1	0.5	0.5	0.87
28	No.32 中期财务报告	1	1	0.7	0.871	0.671	1	1
29	No.33 合并财务报表	1	0.7	1	1	1	1	0.75
30	No.34 每股收益	0.667	1	0.6	1	1	1	0.8
31	No.35 分部报告	1	0.7	1	1	1	1	0.8
32	No.36 关联方披露	1	1	0.85	1	1	1	0.675
33	No.37 金融工具列报	1	1	1	1	1	1	0.973

表 7-3

旧会计准则与 IFRS 的观测指标及赋值

序号	si\dj	定义	范围	确认条件	计量标准	计量方法	期末计价	披露
1	No.1 存货	1	0.7	1	0.438	0.833	0.833	0.55
2	No.2 投资	0.453	0.3	0.733	0.333	0.667	0.5	0.338
3	No.3 固定资产	0.9	0.7	0.77	0.362	0.833	0.375	0.421
4	No.4 无形资产	0.7	0.7	0.783	0.222	0.633	0.5	0.308
5	No.5 非货币性交易	1	0	0.5	0.15	1	1	1
6	No.6 或有事项	0.429	0.7	0.4	0.617	1	0	0.663
7	No.7 收入	0.7	0.7	1	0.3	0.88	1	0.667
8	No.8 建造合同	1	1	0.833	0.88	1	1	0.667
9	No.9 借款费用	0.667	0.7	0.733	1	0.35	0.667	0.667
10	No.10 租赁	0.93	0.7	0.567	0.264	0.667	0.5	0.273
11	No.11 会计政策、会计估计变更和差错更正	0.667	1	0.767	1	0.925	1	0.8
12	No.13 资产负债表日后事项	1	1	0.467	1	1	1	0.5
13	No.14 现金流量表	0.95	1	0.925	1	0.5	0	0.57
14	No.15 中期财务报告	1	0.7	0.7	0.729	0.5	1	1
15	No.16 关联方披露	0.957	1	0.85	1	1	1	0.675

3.3 数据的变换处理及模糊矩阵的计算

由于表 7-2 和表 7-3 中采用的是匹配系数,已消除了不同量纲结果的影响,因此,不必再进行变换,可以直接进入模糊矩阵的计算。

模糊矩阵的计算方法有很多,包括欧式距离法、数量积法、相关系数法、最大最小法、算术平均法、几何平均最小法、绝对值指数法、绝对值倒数法、绝对值件数法、夹角余弦法等。上述方法中由于夹角余弦法可以较好地反映两个样本间的相似程度,比较适合于本研究目的,因此,我们选用夹角余弦法计算 r_{ij},建立模糊相似矩阵 $\boldsymbol{R} = |r_{ij}|_{n \times n}$。夹角余弦法的计算公式为

$$r_{ij} = \frac{\sum_{k=1}^{m} x_{ik} x_{jk}}{\sqrt{\sum_{k=1}^{m} x_{ik}^2 \sum_{k=1}^{m} x_{jk}^2}} \quad (7-2)$$

根据表 7-2、表 7-3 的数据,采用夹角余弦法得到新准则与 IFRS 的模糊相似矩阵与旧准则和 IFRS 的模糊相似矩阵。为了能够进一步进行模糊分类,上述模糊相似矩阵需要通过褶积计算转化为模糊等价矩阵,使 $\boldsymbol{R} = \boldsymbol{R}^{2m}$。经过 3 次的褶积计算,最后我们得到模糊等价矩阵(7-3)式和(7-4)式。

新会计准则国际趋同模糊等价矩阵

$$R' = \begin{pmatrix} \cdots \end{pmatrix} \quad (7-3)$$

旧会计准则国际趋同模糊等价矩阵

$$R' = \begin{pmatrix}
1 & 0.974 & 0.983 & 0.987 & 0.865 & 0.888 & 0.978 & 0.975 & 0.964 & 0.982 & 0.975 & 0.975 & 0.975 \\
0.974 & 1 & 0.974 & 0.983 & 0.865 & 0.888 & 0.974 & 0.974 & 0.964 & 0.974 & 0.974 & 0.967 & 0.974 \\
0.983 & 0.974 & 1 & 0.983 & 0.865 & 0.888 & 0.978 & 0.975 & 0.964 & 0.982 & 0.975 & 0.967 & 0.975 \\
0.987 & 0.983 & 0.983 & 1 & 0.865 & 0.888 & 0.978 & 0.975 & 0.964 & 0.982 & 0.975 & 0.967 & 0.975 \\
0.865 & 0.865 & 0.865 & 0.865 & 1 & 0.865 & 0.865 & 0.865 & 0.865 & 0.865 & 0.865 & 0.865 & 0.865 \\
0.888 & 0.888 & 0.888 & 0.888 & 0.865 & 1 & 0.888 & 0.888 & 0.888 & 0.888 & 0.888 & 0.888 & 0.888 \\
0.978 & 0.974 & 0.978 & 0.978 & 0.865 & 0.888 & 1 & 0.975 & 0.964 & 0.978 & 0.975 & 0.967 & 0.975 \\
0.975 & 0.974 & 0.975 & 0.975 & 0.865 & 0.888 & 0.975 & 1 & 0.964 & 0.975 & 0.992 & 0.967 & 0.997 \\
0.964 & 0.964 & 0.964 & 0.964 & 0.865 & 0.888 & 0.964 & 0.964 & 1 & 0.964 & 0.964 & 0.918 & 0.964 \\
0.982 & 0.974 & 0.982 & 0.982 & 0.865 & 0.888 & 0.978 & 0.975 & 0.964 & 1 & 0.975 & 0.967 & 0.975 \\
0.975 & 0.974 & 0.975 & 0.975 & 0.865 & 0.888 & 0.975 & 0.992 & 0.964 & 0.975 & 1 & 0.967 & 0.992 \\
0.918 & 0.918 & 0.918 & 0.918 & 0.865 & 0.888 & 0.918 & 0.918 & 0.918 & 0.918 & 0.918 & 1 & 0.918 \\
0.975 & 0.974 & 0.975 & 0.975 & 0.865 & 0.888 & 0.975 & 0.997 & 0.964 & 0.975 & 0.992 & 0.918 & 1
\end{pmatrix} \quad (7-4)$$

3.4 聚类及总体趋同度的计算

根据模糊等价聚类计算式(7-3)和式(7-4),给出不同的置信水平,求 R_λ 截阵,分别得到新会计准则与 IFRS 趋同的动态分层图,见图 7-2,和旧会计准则与 IFRS 趋同的动态分层图,见图 7-3。

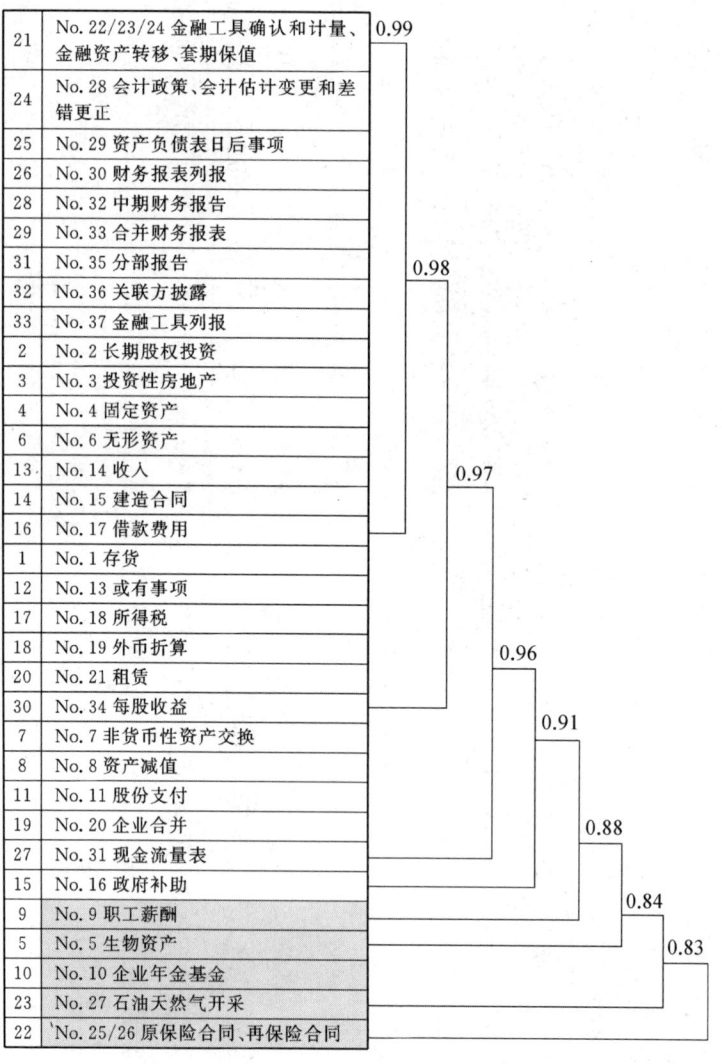

图 7-2 新会计准则国际趋同动态分层图

注:资料来源于张国华(2008)博士后研究工作报告:CAS 国际趋同度研究。

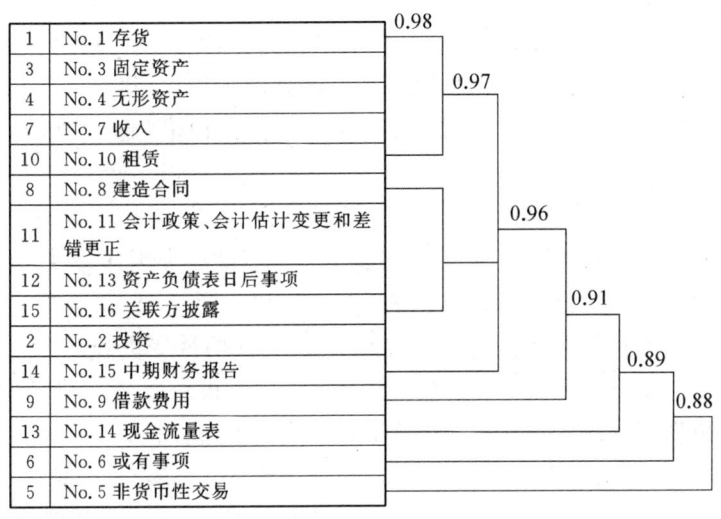

图 7-3 旧会计准则国际趋同动态分层图

注：资料来源于张国华(2008)博士后研究工作报告：CAS 国际趋同度量研究。

同时，根据表 7-2 和表 7-3 的赋值，根据公式(7-1)计算新、旧会计准则与 IFRS 的总体趋同度。

$$\text{新会计准则与 IFRS 的总体趋同度} = \frac{565 \times 1 + 76 \times 0.7 + 21 \times 0.3 + 234 \times 0}{565 + 76 + 21 + 234} = 0.697$$

$$\text{旧会计准则与 IFRS 的总体趋同度} = \frac{224 \times 1 + 56 \times 0.7 + 13 \times 0.3 + 156 \times 0}{224 + 56 + 13 + 156} = 0.595$$

为进一步分析影响会计准则总体趋同度的因素，我们将披露项目剔除，计算出新会计准则总体趋同度。即

$$\text{不包含披露项目的新会计准则总体趋同度} = \frac{446 \times 1 + 56 \times 0.7 + 11 \times 0.3 + 139 \times 0}{446 + 56 + 11 + 139} = 0.749$$

同理

$$\text{不包含披露项目的旧会计准则总体趋同度} = \frac{171 \times 1 + 43 \times 0.7 + 10 \times 0.3 + 91 \times 0}{171 + 43 + 10 + 91} = 0.648$$

4 结论

通过上述模糊聚类计算和对 CAS 整体的国际趋同度的计算，可以

得出以下结论:

第一,CAS从总体上来看已经基本实现了与国际财务报告准则的趋同,总体趋同度接近0.70,而且较旧会计准则相比,新会计准则的国际趋同度提高了10个百分点,说明新会计准则在国际趋同方面取得了较大的进展。

第二,除个别准则外,大部分新会计准则的国际趋同度较高。模糊聚类的结果表明,除特殊行业业务准则和职工薪酬准则外,大部分准则趋同度较高。其中,CAS 22 金融工具确认和计量、CAS 23 金融资产转移、CAS 24 套期保值、CAS 28 会计政策、会计估计变更和会计差错更正、CAS 29 资产负债表日后事项、CAS 30 财务报表列报、CAS 31 中期财务报告、CAS 35 分部报告、CAS 36 关联方披露、CAS 37 金融工具列报、CAS 2 长期股权投资、CAS 3 投资性房地产、CAS 4 固定资产、CAS 6 无形资产、CAS 14 收入、CAS 15 建造合同和 CAS 17 借款费用等 16 项准则表现出高度的趋同(置信度为 0.99)。趋同度最差的是 CAS 25 保险合同和 CAS 26 再保险合同(置信度为 0.83),CAS 27 石油天然气开采和 CAS 10 企业年金基金次之(置信度为 0.84)。此外,CAS 5 生物资产(置信度 0.88),CAS 9 职工薪酬(置信度 0.91)的趋同度也不理想。

第三,同新会计准则相比,具有相同项目的旧会计准则的国际趋同程度普遍低于新会计准则的国际趋同程度。其中,存货、固定资产、无形资产和租赁表现较高的趋同程度(置信度为 0.98),非货币交易(置信度 0.86)、或有事项和现金流量表(置信度为 0.88)的趋同度最差。

上述结果表明,CAS 在国际趋同方面已经取得了较大的进展。由于一些新业务,如企业年金基金、保险合同和再保险合同、职工薪酬等的会计处理在我国刚刚起步,不够成熟,还有些行业如石油天然气开采和生物资产等特殊业务的处理问题也与国际通用的做法存在一定的差距,因此,表现为这些个别会计准则与 IFRS 存在较大差距。此外,通过分析我们还发现,如果将对比点中的披露项目剔除,则 CAS 的国际趋同度会大大提高(不包括披露项目的新会计准则的总体趋同度为 0.749),说明我国会计准则披露项目与 IFRS 的差距较大。今后我国会计准则国际趋同的重点应放在这些差异较大的个别准则和披露项目的趋同方面。当然,消除这些差异还需要从长远入手,不能操之过急,需根据我国的经济环境和技术手段成熟情况来决定消除差异的步伐或保持适当差异的存在。

值得说明的是,会计准则国际趋同度量的结果只是就准则项目的度量,至于其差异的重要程度是否像结果表现出的那样,还需通过财务报告趋同程度的实证研究来检验。由于目前准则中对于会计计量问题还存在多种可供选择的方法,这些方法最终是共存还是趋同,还有待于今后根据准则的实施情况和我国的市场经济发展的成熟度和相关业务发展的成熟度来决定。

总体来看,会计准则国际趋同已成定势,随着美国证券交易委员会(SEC)对美国会计准则与 IFRS 趋同日程表的提出和运行,世界主要经济体和主要会计主体将更多地采用 IFRS。由此,会计准则国际趋同的度量存在迫切需求。我国的上市公司已经从 2007 年起开始实行新准则,2009 年起,所有大中企业也开始实行新准则,与国际准则趋同的努力相比,新准则的实施到底会带来多大程度的国际趋同,非上市公司趋同的成本—效益对比情况如何,以及趋同的会计准则是否带来了会计实务的趋同和会计信息质量的提高等问题都有待于今后会计准则国际趋同进一步的研究来验证。希望通过本章研究的初步尝试,能够促进会计准则国际趋同度量的研究和我国会计准则的建设。

参 考 文 献

盖地,卢强.2004.中国会计准则、制度与国际财务报告准则下利润报告的差异研究——对 B 股上市公司 2002 年年报的分析[J].财经论丛,(4):41-47.

贺华,李彦鹏.2004.基于模糊聚类分析的大学生体育素质综合评估[J].山东体育科技,26(104):98-101.

蒋义宏.2001.深沪 B 股上市公司净利润双重披露差异比较[N].证券市场导报,(1):36-39.

寇业富.2003.大学生素质评价的模糊聚类分析[J].辽宁师范大学学报(自然科学版),26(2):130-133.

李东平.2002.B 股公司境内外报告净利润之差异研究[J].中国会计与财务研究,(3):126-146.

李静,孙美华.2003.我国会计准则的国际协调度研究[C]//中国会计学会编."中国会计国际化"专题研讨会论文集,122-131.

李树华.1997.上市公司境内外审计报告税后净利差异之实证分析[J].会计研究,(12):18-23.

李晓强.2004.国际会计准则和中国会计准则下的价值相关性比较[J].会计研究,(7):15-23.

罗胜强.2005.会计实务国际协调实证研究综述[J].财经理论与实践,26(135):76-81.

吕永霞,吕永成,聂丽.2006.长三角城市经济发展的模糊聚类分析[J].广西科学院学报,22(3):167-170.

潘琰,陈凌云,林丽花.2003.会计准则的信息含量:中国会计准则与IFRS之比[J].会计研究,(7):7-15.

曲晓辉,高芳.2006.我国会计准则国际协调效果量化研究评述[J].会计研究,(2):14-18.

王华,丁友刚,赖红宁.2004.财务报告实务协调化的衡量[J].会计研究,(4):63-65.

王建新.2005.我国会计准则制定及其效果评价[M].北京:中国财政经济出版社.

王清刚.2005.中国会计标准与国际会计标准的差异研究[J].山西财经大学学报,(4):125-131.

王治安,万继峰.2004.会计国际协调的衡量[J].经济观察,(6):104-107.

王治安,万继峰,李静.2005.会计准则国际协调度测量研究[J].当代经济科学,27(5):89-112.

魏明海.2003.会计协调的测定方法[J].中国注册会计师,(4):20-24.

吴溪,程璐.2003.会计双重披露差异与中国会计标准的国际协调研究述评[J].中国注册会计师,(10):20-23.

徐经长,姚淑瑜,毛新述.2004.国际协调:一个新的分析视角[J].会计研究,(4):41-46.

张国华,曲晓辉.2009.会计准则国际趋同度量方法拓展——模糊聚类分析法初探[J].南开管理评论,(1):102-109.

郑侨青. 2000. 国内外会计准则、制度下利润报告的差异研究——上海证券交易市场的实证分析[J]. 上海经济研究,(9): 59-65.

ADHIKARI A, TONDKAR R H. 1992. Environmental factors influencing accounting disclosure requirements of global stock exchanges [J]. Journal of International Management and Accounting, 4(2): 75-105.

AISBITT S. 2001. Measurement of harmony of financial reporting within and between countries: the case of the Nordic countries [J]. European Accounting Review 10(1): 51-72.

ALFORD A, JONES J, LEFTWICH R. 1993. The relative informativeness of accounting disclosures in different countries [J]. Journal of Accounting Research, (31): 183-229.

AMIR E, HARRIS T, VENUTI E. 1993. A comparison of the value relevance of US versus non-US GAAP accounting measures using Form 20-F reconciliations [J]. Journal of Accounting Research, (31): 230-264.

ARCHER G S H, DELVAILLE P, MCLEAY S J. 1995. The measurement of harmonization and the comparability of financial statement items: within-country and between-country effects [J]. Accounting and Business Research, (25): 67-80.

ARCHER G S H, MCLEAY S J. 1995. On measuring the harmonization of accounting practices[R]. Paper presented at the Workshop on International Accounting, Geneva.

BARTH M E, CLINCH G. 1994. International accounting differences and their relation to share prices: evidence for UK, Australian and Canadian firms[R]. Working paper, Harvard Business School.

DOUPNIK S, TAYLOR M E. 1985. An empirical investigation of the observance of IASC standards in western Europe [J]. Management International Review, 25(1): 27-33.

EMENYONU E N, GRAY S J. 1992. EC harmonization: an empirical study of measurement practices in France, Germany and the UK[J]. Accounting and Business Research, 23(89): 49-58.

EVANS T G, TAYLOR M E. 1982. Bottom-line compliance with the IASC: a comparative analysis[J]. International Journal of Accounting, 18(1): 115-128.

FONTES A, RODRIGUES L, CRAIG R. 2005. Measuring convergence of national accounting standards with International Financial Reporting Standards[J]. Accounting Forum, (29): 415-436.

GARRIDO P, LEON A, ZORIO A. 2002. Measurement of formal harmonization progress: the IASC experience [J]. The International Journal of Accounting (37): 1-26.

KRISEMENT V. 1997. An approach for measuring the degree of comparability of financial accounting information [J]. The European Accounting Review, 6(3): 465-485.

LAINEZ J A, CALLAO S, JARNE J I. 1996. International harmonization of reporting required by stock markets[J]. The International Journal of Accounting, (31): 405-418.

MCLEAY S, NEAL D, TOLLINGTON T. 1999. International standardization and harmonization: a new measurement technique[J]. Journal of International Financial Management and Accounting, 10(1): 42-70.

MORRIS R D, PARKER R H. 1998. International harmony measures of accounting policy: comparative statistical properties [J]. Accounting and Business Research, 29(1): 73-86.

MURPHY A B. 2000. The impact of adopting international accounting standards on the harmonization of accounting practices[J]. The International Journal of Accounting, 35(4): 471-493.

NAIR R D, FRANK W G. 1981. The harmonization of international accounting standards: 1973—1979[J]. International Journal of Accounting, 17(1): 61-77.

PARKER R H, MORRIS R D. 2001. The influence of U. S. GAAP on the harmony of accounting measurement policies of large companies in the U. K. and Australia[J]. Abacus, 37(3): 297-328.

PIERCE A, WEETMAN P. 2002. Measurement of de facto harmonization: implications of non-disclosure for research planning and interpretation [J]. Accounting and Business Research, 32(4): 259-273.

RAHMAN A R, PERERA H, GANESHANANDAM S. 1996. Measurement of formal harmonization in accounting: an exploratory study [J]. Accounting and Business Research, 26(4): 325-339.

TAPLIN R H. 2004. A unified approach to the measurement of international accounting harmony[J]. Accounting and Business Research, 34(1): 57-73.

VAN DER TAS L G. 1988. Measuring harmonization of financial reporting practice[J]. Accounting and Business Research, 18(70): 157-169.

VAN DER TAS L G. 1992. Evidence of EC financial reporting practice harmonization: the case of deferred taxation [J]. European Accounting Review, 1(1): 69-104.

WALTON P. 1992. Harmonization of accounting in France and Britain: some evidence[J]. Abacus, 28(2): 186-199.

YANG D C, LEE C M. 1994. An empirical analysis of Pan-Pacific accounting practices in the 1970s[J]. Advances in International Accounting, (6): 133-145.

第8章 公允价值准则理论分析与检验

当前,在会计准则制定上,无论美国的财务会计准则委员会,还是国际会计准则理事会,都正在由传统的历史成本会计向公允价值会计转变。毫无疑问,这种转变会对国际财务会计理论和实务界产生深远影响。为了加强我国会计准则与国际财务报告准则的协调与趋同,我国颁布的企业会计准则体系(见《企业会计准则2006》及《企业会计准则——应用指南》)大量地引入了公允价值计量属性。公允价值计量的广泛运用,无论是在会计理论界与实务界之间,还是在会计准则制定者与相关监管机构之间,都引起了激烈的争论。

本章首先沿着公允价值会计的发展历程,全面系统地阐述国外关于公允价值会计的实证研究及其经验证据;接着,分析了我国运用公允价值的发展、现状及其动因,并在此基础上重点考察了公允价值在《债务重组》准则中的运用所引起的市场反应,以及公允价值的运用是否会影响上市公司会计信息的质量;然后,针对社会各界对公允价值相关性与可靠性的担忧,从资本市场投资者的角度对我国公允价值信息披露的价值相关性进行实证检验;最后,还分析了公允价值会计对我国银行业乃至整个金融体系的影响与冲击,并在此基础上采用事件研究法检验我国金融业上市公司对我国4项金融工具会计准则是如何作出反应的。

1 公允价值会计的发展历程及其经验证据

1.1 公允价值会计的起源

从现有文献来看,公允价值会计应该最早起源于法德的会计模式。发达国家的现行会计模式主要是由两种主要模式演变而来的。最早的系统化会计规范是在欧洲大陆发展起来的,始于1673年的法国。政府当时要求引入采用公允价值计量的年度资产负债表,以作为保护经济实体免于破产的手段。这种基于国家控制经济实体的会计模式后来被其他国家所效仿，并且被纳入了 1807 年的拿破仑商法典。这种属于"成文法"体系的会计模式在德国 1870 年统一之后又得到了极大的发展，但是，其重心从市场价值转向了历史成本①。

会计的另一种主要模式，称为盎格鲁-撒克逊模式，它是发源于英国的工业革命时期。在英国的普通法系下，由于政府尽可能地少立法，从而给实务操作以及法院判决留下很大的解释空间。在这种背景下，英国把"真实与公允"②作为评价财务报表的最高原则，并且当时的"真实和公允"是按法律上的判决来行事的。英国这种以资本市场为目的的会计模式后来被美国所采用。美国在其公认会计原则中并没有明确提出"真实与公允"的观点，但在美国注册会计师协会（AICPA）的有关审计准则和职业道德守则中规定：注册会计师在审计意见书中必须说明，企业财务报表是否符合公认会计原则，能否公允地揭示企业的财务状况、经营成果和财务状况的变动。

20 世纪初，财务会计发展的中心从英国转移到了经济实力迅速发展的美国。美国当时的财务会计处于一种相对缺乏管制的状态，财务报告和审计在大多数情况下都是一种自愿行为。当时一种普遍存在的会计实务就是，经常性对资本资产进行评估增值，并把增值部分计入当期损益。不幸的是，这种会计实务被一些上市公司所蓄意操纵或滥用，从而成为导致 1929 年美国股票市场崩溃的直接原因。会计界从这场经济危机中获取的主要教训之一就是，资产评估增值所产生的价值迅速地消逝掉，历史成本的基础地位因而凸显出来。

对资本资产采用公允价值计量这种会计实务的寿终正寝与经济危机之后建立的证券交易委员会（以下简称为 SEC）有关。在 20 世纪 30 年代中后期，SEC 并不鼓励，但也不禁止上市公司对其固定资产进行评估增值③。到 20 世纪 40 年代，SEC 通过实施财务报表信息向其登

---

① Richard（2005）详细介绍与分析了公允价值概念在法国与德国的会计中的演变历程。
② 从现有的文献来看，我们还看不出来"真实和公允"与公允价值之间存在直接的关系。
③ SEC 成立之后签发了一份不足通知书（letter of deficiency），要求上市公司提供有关资产评估增值的额外信息。由于这种披露要求经常会延误登记程序，因此，许多公司选择采用历史成本。直到 20 世纪 40 年代末，几乎没有上市公司再重估其资产，不过有些公司仍在报表附注中披露了其固定资产的重估价值（Walker，1992）。

记报告制度而完全取消了固定资产评估增值的选择权。到20世纪50年代,在财务报表附注中披露公允价值的会计实务也被禁止了。SEC的上述一系列禁止行为,都是间接通过SEC内部的实施程序来实现的,而并没有发布任何一项关于禁止固定资产采用公允价值计量的正式公告(Warker,1992;Herrmann等,2002)。直到1965年,会计原则委员会(APB)发布了APB第16号意见书,正式规定企业不得对固定资产进行评估增值,以反映超过其成本的市场价值或现行价值[①]。

第二次世界大战以后,价格的波动与通货膨胀一直困扰着发达国家。因此,价格的变动与通货膨胀对企业财务状况和经营成果的影响是否应当反映在财务报表中,一直是会计学术界争论的话题。这种争论可以追溯到20世纪20年代,当时就有一些会计人员认为企业所持有的个别资产和负债的公允价值应当予以确认,并且这种未实现的持有利得和损失也应当反映在净收益中。由于通货膨胀使得企业资产遭受了购买力损失,而使负债获取了购买力收益,因此,一部分会计人员主张确认通货膨胀所引起的货币购买力的变化。但是,这种主张遭到了其他会计人员的强烈反对。一种源于1929年经济大萧条经验的观点认为,对公允市价的估计和对通货膨胀的计量是不可靠的,因此,对它们进行估计并不一定能改善对企业经营业绩的计量。1940年,佩顿和利特尔顿(Paton和Littleton)在其著作《公司准则绪论》中对历史成本进行了理论上的阐释,从而进一步巩固了历史成本的基础地位[②]。

由上可见,SEC在其成立之后的一个相当长的时期,采用的政策是,反对在企业确定净收益时偏离历史成本。这种立场是针对上市公司在20世纪20年代进行大量没有确凿证据的资产评估增值所作出的反应,因为这种会计实务使得SEC担忧这些高度主观的信息可能会误导投资者。但是,这种长期政策直到20世纪70年代才被SEC所放弃,原因在于美国当时出现了严重的通货膨胀(Zeff,1995)。

1.2 现行成本的推行与实施

在20世纪70年代,西方国家的会计准则制定者十分关注通货膨

[①] Walker(1992)认为,之所以在1965年之前一直没有发布一项正式的禁止令,原因在于SEC内部对此存在不同的意见。

[②] 20世纪80年代以后,通货膨胀问题得到有效的控制,从而使得这场争论变得无声无息。这场争论与目前对公允价值的争论具有很多类似之处。

胀对财务报告的影响,并试图寻求各种方法来解决,其中最为突出的当属美国。1973年和1974年,美国以消费价格指数计算的通货膨胀率分别高达8.8%和12.2%,比过去的20年都要严重,从而导致了会计学界重新开始了关于历史成本会计在通货膨胀经济环境下的缺陷问题的大争论。那些担心历史成本信息会误导投资者的会计学者建议在财务报告的附注中披露重置成本信息。作为回应,美国FASB于1974年发布了关于建议在报表附注中披露价格水平的会计信息的讨论备忘录和征求意见稿。美国SEC于1976年发布了会计系列公告第190号(以下简称为ASR 190),要求上市公司从1976年起在10-K报告的附注中披露重置成本信息,包括存货和生产能力(productive capacity)的重置成本、重置成本下的折旧费用和销售成本以及确定上述金额所采用的方法。SEC认为,与单独按历史成本编制的财务报表相比,这种披露要求能够帮助投资者获取更多的有关企业现行经济资源的相关信息。ASR 190的颁布在当时引起极大的争议[①]。

时隔3年之后,FASB最终于1979年发布了第33号会计准则公告《财务报告与变动的价格》(以下简称 SFAS 33),要求在报表附注中披露有关价格水平的会计信息(SFAS 33称为不变美元会计)以及与ASR 190类似的信息(FAS 33称为现行成本会计)。SFAS 33与ASR 190十分相似,但更为全面。于是,SEC于同一年废止了ASR 190,而支持采用SFAS 33。美国关于重置成本和现行成本的上述披露要求引起美国会计学者的广泛关注,并由此引发了有关历史成本与现行成本之间的广泛争论。广大会计学者不断采用各种方法试图为SEC和FASB的这种披露要求提供经验证据,但是,这些证据使会计学界大失所望,并且这些证据取得了惊人的相似结果。

Beaver等(1980)采用事件研究法检验了披露重置成本企业在ASR 190的建议日、采用日和第一次报告日的股票价格行为。他们发现,重置成本的披露要求并没有向市场传递新信息。由于存在模型设定误差的可能,他们经过多方的验证仍然得到类似的检验结果。Gheyara等(1980)采用4种测试方法检验了ASR 190所要求的重置成

[①] 英国也采用了类似的、但更为全面的通货膨胀调整会计,参见英国标准会计实务第16号。

本的信息披露(报告企业在1977年年初披露的1976年的重置成本)是否向市场投资者传递了新信息,但他们仍然没有发现重置成本的信息含量,说明了重置成本信息对于资本市场投资者的投资决策来说并不具有有用性。Ro(1980)分别从遵循成本效应(the effect of compliance costs)和信息效应(the effect of information)两个角度检验了ASR 190关于重置成本披露要求对报告企业股票回报率的影响,但是,他没有发现遵循成本效应提供了证据,信息效应也只是提供了微弱的证据。他的检验结果表明,报告企业遵循ASR 190所承担的成本并不足以高得使报告企业的股票回报率向下调整,ASR 190所要求的重置成本披露也没有像SEC宣称的那样,向投资者传递了新的有用信息。Watts和Zimmerman(1980)在总结上述经验证据时认为,发表在同一期刊的3篇文章都没有提供经验证据,以支持SEC关于重置成本披露要求所带来的收益超过其成本的论断。尽管这些研究可能存在方法上的难题,但是,这些研究采用了各种各样的方法,并且又取得实质上完全一致的结论,因此,这3篇文章的结果是令人信服的,使得人们对SFAS 33所带来的益处也感到怀疑,并且他们对未来的研究能否发现重置成本对股价的显著影响并没有十分的把握。

但是,会计学者并没有放弃为重置成本寻求经验证据的努力。Beaver等(1982)以1976—1978年的ASR 190所要求披露的数据为样本,检验了重置成本下的盈余对股票回报率的增量解释力,他们发现,基于重置成本的盈余相比于基于历史成本的盈余并不具有增量解释力,但是,基于历史成本的盈余在包括基于重置成本的盈余之后仍具有显著的解释力,因此,他们的经验证据表明基于重置成本的盈余只是基于历史成本的盈余的一种断章取义(a garbled version)。Freeman(1983)试图为重置成本信息缺乏信息含量的经验证据提供另一种解释。他发现,按公认会计原则计算的盈余的行业趋势,与企业特定的对行业平均水平的偏离相比,已经提前反映于股价之中,并且基于现行成本的盈余的行业趋势已经被市场所预期。因此,如果现行成本所产生的经济影响具有行业特征,并且是可预测的话,则一定不会发现ASR 190和SFAS 33披露要求的信息含量。

在寻求ASR 190披露要求信息含量的经验证据的努力失败之后,会计学者把注意力转向了SFAS 33。Schaefer(1984)检验了SFAS 33

的时间顺序上,并不十分严格,各阶段的工作也是交叉进行的。

1.3.2.1 第一个阶段,按公允价值披露金融工具阶段

为了规范财务报告中因金融创新而出现的具有紧迫性的新问题,有关金融工具的会计问题于 1986 年就列入了 FASB 的议事日程。但是,由于对金融工具如何按公允价值进行确认与计量是一个十分复杂的问题,因此,FASB 采取了一种从易到难的策略,其重点首先放在公允价值的信息披露上。FASB 于 1990 年 3 月和 12 月分别发布了 SFAS 105《具有表外风险的金融工具和信息风险集中的金融工具的信息披露》和 SFAS 107《金融工具公允价值的披露》。为了符合成本—效益原则,FASB 于 1996 年 12 月又发布了 SFAS 126《对一些不公开招股实体的金融工具的特定披露要求的豁免》,允许总资产不超过 1 亿美元的不公开招股实体对 SFAS 107 有关金融工具的公允价值披露要求具有选择权。

在这个阶段,最为重要的准则是 SFAS 107,它要求所有实体披露金融工具的公允价值信息。不论是在资产负债表中已确认的,还是未确认的金融工具,不论是具有市场报价的金融工具,还是无市场报价的金融工具,只要可以估计出它们的公允价值,均应予以披露。如果无法估计公允价值,则要求披露与金融工具价值估计相关的描述性信息。为此,SFAS 107 取代"市场价值"而采用了"公允价值"术语,因为不是所有金融资产或负债都能从金融市场上直接获取市场价值信息。

综上所述,在这个阶段,FASB 主要着手解决金融工具公允价值的信息披露问题,而公允价值作为新的计量属性,并没有成为确认金融工具的主要计量手段。由于公允价值只是作为一种披露的计量手段,因而在当时也就没有引起太大的争论。

1.3.2.2 第二个阶段,按公允价值确认金融工具阶段

FASB 于 1991 年出版了其成员撰写的研究报告《套期会计处理:基础问题的探索性研究》,并于 1991 年发布了讨论备忘录《金融工具的确认与计量》,这两个文件是 FASB 考虑金融工具确认与计量的参考依据,为金融工具的确认与计量奠定了基础。自此,FASB 于 1993 年发布了 SFAS 114《债权人贷款减值的会计处理》与 SFAS 115《对某些债务性及权益性证券投资的会计处理》,并于 1994 年 10 月发布了 SFAS 118《债权人贷款减值的会计处理——收入确认和披露》。另外,FASB

于1996年6月发布了SFAS 125《金融资产的转让和服务以及债务解除的会计处理》。

在这个阶段,SFAS 115的颁布与实施,被视为是迈向按公允价值确认所有金融工具(全面公允价值模式)的第一步,因为它扩大了采用公允价值进行确认和计量的证券范围。但是,SFAS 115的颁布与实施在当时引起了极大的争论。SEC与FASB极力支持按公允价值确认金融工具,认为公允价值会计将极大提高会计信息的相关性,使会计信息更能反映金融资产和负债的真实价值。但是,由于银行业受到金融工具会计准则的冲击最大,所以银行界及其监管机构强烈反对按公允价值确认金融工具。首先,在该准则颁布之前,证券投资须在财务报表中按公允价值予以披露,因而双方争论的焦点集中在按公允价值进行确认与按公允价值进行披露之间的差异是否重要。尽管公允价值的确认与披露在信息含量上应该是等价的,但是,银行界人士却不以为然,原因在于,如果确认的金额被银行监管机构用来确定管制资本,则从披露到确认的变化会直接影响到银行的资本状况。其次,尽管SFAS 114扩大了按公允价值进行确认的证券范围,但是,它要求把证券投资分为三大类:交易性证券、可供出售的证券和持有至到期的证券,要求对前两者采用公允价值进行确认,而对后者采用历史成本进行确认,并对它们之间的转换作了严格限制。银行界担心这种分类及其转换限制会极大影响银行的证券投资组合政策。最后,双方关注的是该准则所引起的银行收益及资本的波动性。由于银行界及其监管机构强烈反对采用公允价值确认金融工具,因此,作为妥协,FASB在SFAS 115中采用了混合公允价值模式(Mixed Fair Value),即部分金融资产采用公允价值,而金融负债仍沿用历史成本。尽管如此,银行界还是对这种混合模式进行猛烈的抨击。由于银行是采用有机整体的方式来管理其投资组合的,而并不是采用完全隔离的方式对其银行账户与交易账户进行管理,并在实务中,银行通常采用交易账户来对银行账户中的利率风险进行套期保值,所以混合公允价值模式忽略了证券投资公允价值的波动能被那些套期项目公允价值的变化所抵消的事实,从而会引起银行收益及其资本的不必要波动。

综上所述,在这个阶段,公允价值开始正式成为金融工具确认的计量手段。但是,由于公允价值计量模式会对财务报表产生前所未有的所要求披露的基于现行成本的盈余是否提供了相对于当期股利和基于历史成本的盈余的增量信息含量,检验结果表明,一旦控制了当期股利和基于历史成本的盈余的信息含量之后,基于现行成本的盈余的信息含量就消失了。Bublitz等(1985)以 1978—1983 年的相关数据为样本,重新检验了强制的基于重置成本和现行成本的披露信息相对于基于历史成本的盈余是否具有增量解释力,并力图在技术和方法上有所突破。他们发现,ASR 190 所要求披露的重置成本信息相对于基于历史成本的盈余变量而言并没有增量的解释力,与前人的结果是一致的,但是,SFAS 33 所要求披露的现行成本信息相对于基于历史成本的会计变量具有显著的增量解释力。由于先前的研究主要是从横断面的分析方法上来考察现行成本的增量信息含量,因此,Bernard 等(1987)运用时间序列的方法来检验基于现行成本的盈余相对于基于历史成本的盈余的增量信息含量。他们发现,尽管在横断面上,基于现行成本的盈余根本不存在增量信息含量,但是,在时间序列的分析中,发现了在少数行业中,基于现行成本的盈余具有增量信息含量,而在大多数行业中,基于现行成本的盈余与基于历史成本的盈余本质上具有相同的信息含量。

综上所述,针对历史成本在通货膨胀环境下所固有的缺陷,美国 SEC 和 FASB 极力推行上市公司进行现行成本的表外披露,但是,大量的经验研究并没有为现行成本的继续推行提供强有力的证据支持,使得现行成本在披露阶段就寿终正寝了。FASB 最终于 1986 年发布了 SFAS 89,废除了现行成本的披露要求,其依据在于现行成本并不能提供价值相关的信息[①]。

然而,面对历史成本所固有的缺陷,会计界并不丧气,仍在继续寻求新的计量属性,于是公允价值正式闪亮登场。

1.3 公允价值的发展与运用

20 世纪 80 年代以来,以自由竞争和金融自由化为基调的金融革命席卷了整个西方发达国家,它们纷纷放宽或取消对利率的管制,致使

---

① 有些人认为,该披露要求被废除的原因在于,美国的通货膨胀得到了有效的控制,因价格上涨导致虚假利润的风险已经不存在了,例如,常勋(2004)认为,20 世纪 80 年代中期以来,全球性的持续通货膨胀已被发达国家和新兴发展中国家所遏制,因此,历史成本计量模式又保住了其作为单一计量模式的地位。

汇率、利率以及证券价格发生了难以预计的波动,使得企业和投资者开始广泛地寻求某种可以规避市场风险的工具,客观上促成了衍生金融工具的出现与发展。衍生金融工具的出现与迅猛发展在一定程度上使得传统的历史成本计量模式毫无用武之地,从而促使公允价值在公认会计原则中得以广泛运用。

1.3.1 公允价值会计的提出

1990年9月,美国证券交易委员会(SEC)时任主席理查德·C·布雷登在参议院银行、住宅及都市事务委员会作证时指出,历史成本财务报告对防范和化解金融风险来说于事无补,并首次提出了应当以公允价值作为金融工具的计量属性。而公允价值的提出最早可以追溯到美国1898年史密斯与阿迈斯一案的高等法院判例。在该判例中,高等法院决定投资者应予容许按投资财产的公允价值,而不是按历史成本来获得公正的利润。该判例后来被1944年联邦电力委员会与霍普天然气公司的案例所推翻。会计上正式提及公允价值可追溯到美国注册会计师协会(AICPA)于1953年发布的第43号会计研究公告。此后不久,SEC、FASB以及AICPA举行联席会议,决定由AICPA下属的会计准则委员会(ACSEC)负责研究和制定有关公允价值会计准则,后来"六大"会计师事务所的高层人士认为,由ACSEC制定这方面的准则名不正言不顺,而且可能与FASB在立场上发生冲突,因此,经协商,FASB于1991年10月正式接手制定这方面的准则。

1.3.2 美国公允价值会计的发展历程

公允价值与金融工具会计的发展是紧密相关的,应该说,公允价值作为一种计量属性,是随着金融工具会计的不断制定和完善而得以广泛采用的。本章在回顾国外文献之前有必要从有关金融工具会计准则的过程来介绍美国公允价值会计的发展轨迹,因为大部分实证研究主要是围绕金融工具会计来检验公允价值的经济后果的。

从FASB制定金融工具会计准则的过程来看,FASB主要经历了四个阶段。第一个阶段,FASB主要解决的是金融工具的公允价值披露问题;第二个阶段,FASB主要考虑金融工具按公允价值进行确认与计量的问题;第三个阶段,FASB主要关注与衍生金融工具及套期活动相关的会计问题;第四个阶段,FASB的主要目标就是按公允价值计量所有金融工具。这四个阶段彼此是紧密相连,并不相互排斥。在发展冲击,特别是对银行业乃至整个金融体系产生重大影响,由此引起了准则制定者与银行界之间的激烈争论,最终导致 FASB 在推行公允价值的过程中,与各方相关利益集团达成妥协,形成了混合公允价值计量模式。尽管如此,这种混合模式仍然受到金融界的批评。

1.3.2.3 第三个阶段,衍生金融工具及套期会计阶段

随着衍生金融工具的广泛使用以及套期活动的不断拓展,人们对衍生金融工具与套期活动会计问题的关注不断增加。很多人认为会计准则制定并没有跟上金融创新发展与变化的步伐。尽管衍生金融工具对于市场参与者来说是非常有效的风险管理工具,但是,由于相关会计准则的缺乏所导致的不确定性阻碍了他们对衍生工具的使用,因此,包括 SEC 在内的相关团体及人士强烈要求 FASB 迅速解决衍生金融工具及套期活动的会计问题。鉴于改进有关衍生金融工具及相关活动的财务报告问题的紧迫性,FASB 于 1993 年 12 月决定加强对衍生金融工具的信息披露,并于 1994 年 10 月发布了 SFAS 119《衍生金融工具和金融工具公允价值的披露》,该准则对 SFAS 107 进行了修订,要求金融工具的公允价值与账面价值信息同时对外呈报,旨在允许投资者比较公允价值与其相应的账面价值,从而提高公允价值的相关性和可靠性。为最终解决衍生金融工具的确认与计量问题,FASB 于 1998 年 6 月发布了 SFAS 133《衍生工具和套期活动的会计处理》,完全取代了 SFAS 105 与 SFAS 119,并要求该准则适用于 1996 年 6 月 15 日以后的所有会计年度。考虑到衍生工具交易的复杂性以及这些工具作为套期工具的广泛性,FASB 在该准则颁布之前组建了衍生工具执行小组(Derivatives Implementation Group,DIG),以帮助解决执行该准则所可能面临的问题。尽管如此,包括财务报告编制者与审计师在内的实务界还是强烈要求推迟采用该准则。他们认为,他们在运用该准则时,需要更多的时间去学习、理解和执行该准则的条款,另外,企业也需要更多的时间去完成信息系统的修正。于是,FASB 最终于 1999 年发布了 SFAS 137《衍生工具和套期活动的会计处理——对 SFAS 133 生效日期的推迟》,把生效日期推迟到 2000 年 6 月 15 日以后的会计年度。

SFAS 133 的颁布与实施也引起实务界的担忧。最大的担忧涉及会计信息的可比性问题。首先,衍生金融工具采用什么样的方法来进行会计处理,取决于它们是否被指定为套期工具,以及指定何种套期工

具。其次,一项资产或负债一旦被确认,可能会被采用何种的方式进行处理,取决于这项资产或负债是否为套期关系的一部分。因此,尽管不同公司取得的可能是同一种资产或负债,但他们在不同报表中所反映的结果不会是一样的。另外,尽管套期会计在一定程度上解决了一些由混合公允价值模式所引起的问题,但是,套期会计及相关指南是相当复杂的,并依赖于大量的详细规则,因此,SFAS 133因其复杂性以及以规则为基础的执行指南而受到许多人的批评。

从上可以看出,在这个阶段,FASB在面临着衍生工具及套期活动本身的复杂性以及公允价值计量的技术难题时,再一次采取了从披露到确认,从易到难的策略,并且在执行该准则的过程中又面临着来自实务界的执行压力。

1.3.2.4 第四个阶段,按公允价值确认所有金融工具阶段

由于混合公允价值模式所存在的固有缺陷以及套期会计的复杂性,所以FASB所确定的最终目标是,按公允价值在资产负债表中确认所有金融工具。FASB在1999年12月所发布的《初步意见:以公允价值报告金融工具与某些相关资产和负债》中建议,完全按公允价值确认所有的金融工具,建立全面的公允价值模式(Full Fair Value)。由主要工业化国家会计准则制定者的代表所组成的金融工具联合工作组(JWG)也提出同样的意见,要求所有金融工具在初始确认时采用公允价值计量,并且在后续确认时也采用公允价值予以重新计量;另外,还要求金融工具公允价值变化所产生的利得和损失立即确认为当期收益。

该项建议引起了强烈的反应,特别是银行界及其监管机构极力反对完全按公允价值计量全部金融工具的建议。银行界在20世纪90年代中期一直攻击混合公允价值模式的做法,但是,在有关全面公允价值模式的建议被提出来以后,银行界转而开始为把部分金融工具的公允价值变化确认为全面收益的做法辩护,认为这种做法是银行报告其经营业绩的最优手段。并反过来开始攻击全面公允价值模式,认为采用全面公允价值模式将会引起银行收益及其资本的过度波动,并且这种波动性并不能如实地反映银行所承担的经营风险。然而,在众多的反对意见中,对于FASB来说最为棘手的问题是公允价值如何计量的技术性问题。当金融工具存在活跃的交易市场,具有可观察的市场价格,则其公允价值很容易确定,不会存在争议。但是,当金融工具缺乏活跃

交易市场时，由于估计公允价值的估价技术和方法不够成熟，其估计所依据的假设存在大量的人为主观判断，因而所估计出的公允价值的可靠性备受质疑。

近年来，FASB在改进公允价值计量问题上作出了不懈的努力。FASB于2000年2月发布了第7辑财务会计概念公告——《在会计计量中使用现金流量信息和现值》，确立了公允价值作为一种新计量属性的地位，并专门介绍了公允价值的估值技术——现值技术，在公允价值会计的发展历程中，其意义不同寻常。为了全面解决公允价值计量问题，FASB于2004年6月发布了《公允价值计量》征求意见稿，初步建立了一个确定公允价值的系统方法。经过2年多的讨论与争论，FASB最终于2006年9月发布了第157号财务会计准则公告——《公允价值计量》，为公允价值的计量提供一份统一的框架与指南。

综上所述，在这个阶段，FASB着手准备推行全面公允价值模式。为了实现这种模式，FASB面临的最为紧迫而又非常棘手的问题，就是公允价值估值的技术难题，这成为推行全面公允价值会计的关键因素。

1.4 公允价值会计的经验证据

公允价值的推广，特别是在金融工具会计中的广泛应用，引起了会计界、实务界以及金融界的广泛争议，很多会计学者以受公允价值会计影响最大的商业银行为研究对象，检验了公允价值的一系列经济后果，为公允价值的运用提供了经验证据。按照研究对象的不同，这些经验证据可划分下列4类。

1.4.1 公允价值的可靠性与相关性的检验

关于公允价值的争论基本上围绕着公允价值信息的相关性与可靠性而展开。如前所述，几乎没有人会怀疑公允价值信息的相关性。为此，许多会计学者试图为历史成本与公允价值信息的价值相关性提供经验证据。

Barth(1994)以美国银行20年的有关数据为样本，采用估价模型和收益资本化模型检验了证券投资公允价值信息以及证券投资基于公允价值的投资收益，与相对应的历史成本信息相比，是否具有增量信息含量。其检验结果表明，证券投资的公允价值信息相比其历史成本信息具有增量信息含量，而且历史成本信息相比公允价值信息并不具有显著的增量信息含量。但是，对于证券投资基于公允价值的投资收益的发现则完全相反,公允价值相对于历史成本的增量信息含量的显著性取决于估计模型的设定,在有些设定下,证券投资的公允价值投资收益并没有显著的增量信息含量,而历史成本下的投资收益相对于公允价值总具有增量信息含量。因此,尽管证券投资的公允价值估计对于投资者在估价银行股票来说是相关的并且是可靠的,但是,基于公允价值的投资收益并不如此。对此,Barth 作出了两种解释:一种解释为,尽管披露的公允价值信息存在的估计误差很小,以致使证券投资的公允价值信息存在价值相关性,但是,当采用连续 2 年的公允价值来计算证券投资的公允价值投资收益时,2 年的估计误差结合起来所产生的影响会使证券投资基于公允价值的投资收益变得不再具有增量信息含量;另一种解释为,证券投资的投资收益可能被其他资产和负债的未实现损益(比如套期活动中的被套期工具)所抵消掉。Barth 所作的进一步研究表明,第一种解释比第二种更为可信。

Ahmed 和 Takeda(1995)以 152 家美国银行为样本,检验了证券投资的未实现投资收益的估价影响是否捕捉了其他资产和负债因利率变化所引起的冲销影响,并且还检验了证券投资的已实现投资收益是否受到管理当局操纵及其监管资本激励的影响。检验结果表明,表内其他资产和负债的利率敏感程度不仅显著地影响银行股票的回报率,而且如果将其纳入模型中作为解释变量时,也会使未实现投资收益的估价影响达到显著水平,这与 Barth(1994)关于未实现投资收益的估价影响并不显著的第二个解释是一致的。另外,他们的检验结果还表明,已实现投资收益的回归系数在正常时期显著为正,但是,当银行处于较低的资产会计回报率或较低的资本充足率时期(在确认这些投资收益之前)时,已实现投资收益的回归系数显著较低,该结果即使在控制税收筹划的影响之后仍然存在,该发现与关于投资者在对已实现投资收益估价时会考虑银行管理当局操纵利润和监管资本的动机的观点是一致的。

Nelson(1996)以美国 200 家最大商业银行 1992—1993 年期间所披露的公允价值信息为样本,检验了银行权益市值与按 SFAS 107 所要求披露的公允价值信息之间的相关性,发现只有证券投资的公允价值才具有价值相关性,而贷款、存款、长期债务和表外金融工具的公允价值与其账面价值的差异并不具有价值相关性,但是,在控制净资产回报率(ROE)和账面价值增长率之后,证券投资的公允价值信息不再具有相关性。

Eccher,Ramesh 和 Thiagarajan(1996)以美国上市银行 1992 年与 1993 年的相关数据为样本,检验了 SFAS 107 所要求披露的金融工具公允价值信息是否具有价值相关性。他们发现证券投资的公允价值在控制了其他金融工具公允价值之后仍具价值相关性,但披露的其他金融工具公允价值信息的信息含量却是不明朗的。他们发现,尽管人们担心贷款估价可能存在人为的计量误差,但净贷款的公允价值披露还是具有价值相关性,只是与证券投资的公允价值信息相比,其价值相关性较弱。该发现表明,尽管非流通资产的计量误差比流通资产的计量误差要大得多,但并不像公允价值会计批评者所担心的那么严重。他们还发现,尽管银行长期债务在统计上是显著的,但其回归系数具有未预期的符号;银行吸纳的存款和表外金融工具的公允价值并不具有价值相关性。另外,他们还检验了公允价值信息能在多大程度上与历史成本信息相互替代或相互补充。1992 年样本数据的检验结果表明,公允价值信息披露与历史成本会计下的信息披露相互具有增量的价值相关性,但是,1993 年样本数据的检验结果表明,除了证券投资的公允价值信息披露除外,其他公允价值信息披露都不具有增量价值相关性。从总体上看,他们的结果表明,SFAS 105 与 SFAS 107 所要求的公允价值信息披露使得财务报表成为能提供更为广泛的价值相关信息的来源,其结果还表明,历史成本信息与公允价值相比,能在绝对量和增量上提供更多的价值相关的信息。既然转向公允价值会计可能会消除一些价值相关的历史成本信息,因此,他们的检验结果对于正在为银行评估这两种会计计量方式的会计准则制定者和银行监管机构而言,是至关重要的。

Lys(1996)在重新分析了 Eccher,Ramesh 和 Thiagarajan(1996)的检验结果后发现,公允价值信息披露偏离了投资者对金融资产与负债的市场价值的估计,由此认为用于估计公允价值的程序与方法低估了所持金融资产的公允价值,而高估了所承担的金融负债的公允价值。

Barth,Beaver 和 Landsman(1996)以 136 家美国银行 1992—1993 年的相关数据为样本,检验了 SFAS 107 所要求披露的公允价值信息的价值相关性,结果发现证券投资、贷款与长期债务的公允价值估计都具有价值相关性,但银行吸纳的存款和表外项目的公允价值信息并不具有价值相关性。他们针对 Eccher,Ramesh 和 Thiagarajan(1996)与 Nelson(1996)的检验结果,特别关注了银行贷款公允价值信息的信息含量问题。与先前的检验结果相反,他们的结果始终表明,贷款的公允价值信息总具有增量信息含量,但贷款的公允价值估计并没有完全反映贷款的违约风险与利率风险。另外,他们还发现当银行监管资本更高时,贷款公允价值估计的价值相关性更强。

Venkatachalam(1996)以 99 家美国银行 1993—1994 年的相关数据为样本,检验了银行表外衍生金融工具的公允价值信息披露的价值相关性。其检验结果表明,在控制了银行所有表内资产和负债项目公允价值信息的影响之后,衍生金融工具的公允价值信息披露仍具有价值相关性,该结果与先前研究得出的有关表外项目价值相关性的经验证据完全相反。另外,他还发现,表外衍生金融工具的公允价值信息与其名义价值信息相互具有增量信息含量。

Khurana 和 Kim(2003)以美国银行 1995—1998 年的相关数据为样本,检验了公允价值是否比历史成本具有更强的信息含量。他们的检验结果表明,金融工具的历史成本信息与股票价值的关联度同其公允价值信息与股票价值的关联度并没有什么区别。但是,对于那些规模较小的和那些信息环境不够透明的银行样本来说,历史成本比公允价值具有更强的信息含量。进一步的研究表明,造成该结果的原因是受银行贷款与存款历史成本信息的影响。由于贷款与存款并不能像证券投资那样能在完善的活跃市场上流通转让,因而在对这些金融工具的公允价值进行估计时,其估价方法以及估价所依据的假设存在更多的主观判断;相反,由于可供出售的证券投资能在完善的活跃市场上进行交易,具有可观察的市场价格,所以其公允价值信息比历史成本信息具有很高的价值相关性。从总体上看,他们的研究结果表明,当以客观的市场交易价格确定公允价值时,所估计的公允价值更具有价值相关性,而当客观的市场交易价格并不存在时,其估计的公允价值信息缺乏价值相关性。

由于银行大多数贷款期限长,并缺乏流通转让的市场价格,所以银行管理当局对贷款公允价值的估计比对其他大多数金融工具的公允价值估计具有较强的操纵能力。为此,Nissin(2003)分别以美国 157 家银行的1994年相关数据和155家银行的1995年相关数据为样本,检验了贷款公允价值估计与影响银行管理当局做出高估公允价值决策的因素之间的相关性,以提供贷款公允价值估计可靠性的证据。其检验结果表明,银行高估贷款公允价值的程度是与银行监管资本、资产成长性以及贷款的流动性和账面价值总额呈现负向的相关关系,而与信用损失比率的变化成正向的相关关系,从而证实了银行管理当局确实操纵了公允价值的估计,并且这种操纵的方向和程度是可预测的。

从这部分经验证据来看,尽管他们的检验并没有取得完全一致的结果,但是,我们至少可以得到以下几点启示:首先,经验证据表明,尽管公允价值信息具有价值相关性,但并不意味着历史成本就完全失去了其全部的价值相关性,因此,简单要求企业把公允价值作为财务报表的主要计量属性,并不一定会提高银行会计信息的有用性。其次,大多数经验证据表明,银行证券投资的公允价值信息披露具有信息含量,而贷款、长期债务和表外金融工具等金融工具的公允价值信息披露并不具有价值相关性,大多数学者把其归因于公允价值估计的可靠性问题。当以客观的市场交易价格作为公允价值估计的基础时,其可靠性就高,从而其公允价值信息披露就具有价值相关性;而当金融工具并不存在活跃的交易市场时,依靠估价模型与相关假设所估计出的公允价值信息对于投资者来说并不具有信息含量。因此,公允价值会计的成败关键在于公允价值估计的可靠性,美国FASB发布的旨在详细规范如何计量公允价值的会计准则《公允价值计量》正是朝这个方向努力的第一步。

1.4.2 采用公允价值会计准则所引起的市场反应的检验

当美国FASB颁布了大量运用公允价值的会计准则(主要有SFAS 105,SFAS 107,SFAS 115和SFAS 133)之后,有些会计学者采用事件研究法来检验市场投资者是如何对这些准则作出反应的。Cornett,Razaee和Tehranian(1996)与Beatty,Chamberlain和Magliolo(1996)分别检验了美国FASB发布SFAS 105,SFAS 107与SFAS 115对银行股价的影响,以反映资本市场投资者如何对公允价值会计作出反应。

Cornett,Rezaee和Tehranian(1996)以美国416家银行1989—1993年的相关数据为样本,检验了与公允价值相关的23件事件对金融机构股价的影响。其检验结果表明,在选择的与公允价值会计相关的23件事件中,有7件事件产生了显著的负面股价反应,并且这7件事件向资本市场传递了采用公允价值的概率会增加的信息,而5件事件产生了显著的正面股价反应,并且这5件事件向市场传递了采用公允价值的概率会降低的信息,因此,市场投资者认为公允价值会计的实施会对商业银行价值产生损害。另外,他们还发现,对事件的股价反应程度的大小与银行核心资本比率呈现出负向的相关关系,而与投资组合账面价值占总资产的比例以及投资组合市场价值与其账面价值之差占总资产的比例呈现出正向的相关关系。

Beatty,Chamberlain和Magliolo(1996)以美国195家上市银行和94家上市保险公司1990—1993年的相关数据为样本,检验了采用SFAS 115所引起的未实现证券投资利得与损失从披露到确认的变化,对于某些财务报表使用者来说是否至关重要。他们假定股价反应会揭示这种变化,为此,他们比较了由于法律限制而预期会对监管产生影响的银行股价反应与预期不会对监管产生影响的保险公司的股价反应。他们发现,银行对于预期采用SFAS 115可能性增大的一系列事件呈现出负面的市场反应,而保险公司则没有发现有显著的市场反应,该发现证实了关于SFAS 115所引起的从披露到确认的变化对于银行监管机构来说是非常重要,而对其他利益相关者不重要的观点。他们还发现,对于那些可能会增加按公允价值计量与投资证券在期限相匹配的负债的可能性的事件,银行呈现出正面的市场反应,从而支持了银行及其监管机构关于部分公允价值会计(partial fair value accounting)会降低银行权益的准确性的论断。另外,他们的研究结果还表明,那些证券投资交易越频繁的,投资期限越长,对市场利率变化套期越充分的银行,受到该准则负面影响的程度越深。

Lys(1996)在重新分析了Cornett,Razaee和Tehranian(1996)与Beatty,Chamberlain和Magliolo(1996)的经验证据后认为,会计准则公告所引起的这些股价反应是准则变化所导致的银行监管变化带来的,而不是由SFAS 115使得债务契约变得更具有约束性而带来的。

上述经验证据表明,资本市场投资者认为公允价值会计会对银行及其监管产生重大影响,所以对采用公允价值的会计准则的颁布与实施做出了充分的反应。因此,会计准则制定者在考虑颁布与实施有关公允价值会计的会计准则时,应充分考虑这些准则对资本市场的影响,特别要考虑对银行业的冲击。

1.4.3 公允价值会计对银行收益、资本以及银行监管的影响检验

由于公允价值会计不仅反映了银行的特有状况,而且还反映了一般的市场状况,所以公允价值会计的批评者担心,采用公允价值会计会对银行业及其金融体系产生不利的影响。他们认为：首先,基于公允价值的银行收益会比在历史成本下的收益更具有波动性。由于引起的波动性并不能反映银行经营的内在经济波动性,所以会导致资本分配的无效率,并且投资者会要求更高的风险溢价,进而提高了银行的资本成本；其次,采用公允价值会计,可能会使银行违反资本监管要求的可能性增大,从而导致过多的监管干预,或者会使银行管理当局采取减少监管干预风险的不当行为；最后,对于持有至到期的债券投资而言,合同现金流量是固定的,这些证券投资的公允价值变化对估价银行权益来说是不相关的,所以这种变化不应成为银行收益的一部分。为此,许多会计学者对公允价值批评者反对的理由寻找经验证据。

Barth,Landsman 和 Wahlen(1995)以 137 家美国银行 1971—1990 年财务报告数据为样本,对公允价值会计批评者的担心进行了实证检验。他们发现：首先,对证券投资的利得与损失采用公允价值计量所得到的银行收益确实比基于历史成本的收益具有更大的波动性,但是,银行股价并没有反映这种增加的波动性,证实了投资者并不把基于公允价值的收益波动性当作一种比基于历史成本收益波动性更好的替代变量,因此,这种增加的收益波动性并不一定反映银行经济风险的增加。其次,如果在样本期间采用证券投资的公允价值信息来确定银行监管资本的话,与历史成本相比,银行会更频繁地违反资本监管要求。尽管在公允价值会计下所发生的违反情况更有助于预测未来违反监管资本的发生,但与公允价值会计相关的监管风险的潜在增加,并没有反映在银行股价中。他们将其解释为,投资者可能相信,如果资本监管要求由公允价值会计来决定,银行监管机构可能会改变其监管策略,以考虑公允价值与历史成本之间的收益差异所造成的不同影响。最后,引起证券投资公允价值变化的利率变化通过对利息收入的收益乘数反映在银行股价中,表明市场利率的波动对于估价银行权益是相关的。因此,从总体上看,银行界关于证券投资公允价值会计的担心并没有得到实证检验。

按丹麦金融监管机构所设定的会计要求,丹麦银行编制其财务报表的方式非常接近全面公允价值会计模式,并且银行监管也接近这种模式。具体来说,对于具有市场流通性的金融工具,按市场价值予以确认;对于非流通性的工具,采用计提准备的方式,以弥补因信用质量恶化或利率变动而引起的预期损失。为此,Bernard,Merton 和 Palepu(1995)检验了公允价值会计能在多大程度上增加丹麦银行收益与资本的波动性。他们发现,公允价值的调整从整体上确实会引起丹麦银行收益与资本波动性的增加。

Yonetani 和 Katsuo(1998)采用与 Barth,Landsman 和 Wahlen(1995)类似的方法,以 87 家日本银行的 1988—1996 年度数据为样本,检验了公允价值会计是如何影响银行收益的波动性,以及这种相对于历史成本会计的增量波动性是否会反映在股价中,并且他们还检验了由公允价值会计所引起的监管风险的增加是否也会反映在股价中。结果发现,基于证券投资公允价值的银行收益,比基于证券投资历史成本的收益,产生的波动性更大,但是,提供的经验证据并不支持关于公允价值会计引起的银行收益更大的波动会使投资者要求更高的风险溢价,从而提高了银行资金成本的推断。另外,结果还发现,投资者在对资本充足率较低的银行股票定价时,公允价值引起的相对于历史成本的收益增量波动性也被当作一种风险,因而对资本监管要求所采用的会计公式的选择就显得十分重要。

Hodder,Hopkins 和 Wahlen(2003)以 206 家美国银行 1995—2000 年的财务报告为样本,计算了净收益、综合收益(包括部分金融工具的公允价值变化)和全面的公允价值收益(包括所有金融工具的公允价值变化)这 3 种替代收益指标的波动程度,并检验了这些不同波动程度指标的风险相关性(risk-relevance)。他们发现,对于平均每家银行而言,综合收益的波动程度是净收益的 2 倍,而公允价值收益的波动程度是净收益的 5 倍;衡量银行利率风险的长期利率贝塔系数与公允价值收益的波动程度的相关程度,比其与净收益或综合收益的波动程度的相关程度更高。并且还发现,全面的公允价值收益相比于净收益和综合收益的增量波动程度,与银行股价呈现出负向的相关关系,意味着全面公允价值收益的波动程度向资本市场传递了增量的风险因素。他们的研究结果还表明,全面的公允价值收益的波动程度更能反映银行的内在风险,并与资本市场在对银行股票定价所要考虑的风险更为相关。

Burkhardt 和 Strausz(2004)假定,银行从历史成本转向公允价值会计会减少市场投资者与银行之间的信息不对称,对公允价值与历史成本对银行的投资行为、违约风险、投资价值和监管的影响进行了研究,其研究结果表明,公允价值会计会增加银行资产的流动性,并且会强化负债的道德风险,因此,更需要对银行加强监管,并且,如果负债率非常高的银行从历史成本转向公允价值,则会增加银行违约的概率,并会减少社会福利。

从这部分经验证据来看,采用公允价值会计确实会引起银行收益及其资本波动性的增加,但是,当前投资者并不认可波动性的增加是向资本市场传递银行增量风险的信号,其中的缘由可能是各国监管机构并没有把公允价值引起的损益变化纳入到资本充足率中去。如果各国监管机构最终接受公允价值会计,将其纳入银行资本监管要求中,则公允价值确实会增加银行的监管风险。

1.4.4 公允价值会计对银行投资组合的影响检验

美国 FASB 于 1993 年发布了 SFAS 115《对某些债务性及权益性证券投资的会计处理》,该准则扩大了按公允价值计量的证券范围,对部分金融资产采用公允价值,而金融负债仍沿用历史成本(即为混合公允价值模式)。在此之前,银行的许多证券投资采用历史成本进行确认,而对其公允价值要求进行披露。SFAS 115 的颁布与实施引起极大的争议。其批评者认为,如果会计上按公允价值所确认的金额被当作监管资本,则公允价值从披露到确认的根本变化会直接影响到银行的经济状况。由于银行是采用一种有机整体的方式来管理其资产和负债的,而并不是单独对资产或负债进行管理,并在实务中经常会运用套期保值活动来控制其所承担的各项风险,所以混合公允价值模式忽略了证券投资公允价值的波动能被套期项目公允价值的变化所抵消的事实,从而会引起银行收益及其资本的不必要波动。而且,银行为试图减少这种模式所带来的银行收益及其资本不必要波动性所做出的努力,会导致银行投资组合政策的变化,如证券投资比例的下降,投资期限的减少等。另外,银行界还认为,混合公允价值模式并没有消除管理当局操纵财务报表的机会。

Ernst 和 Young(1993,1994)先后作了两次问卷调查。在首次问卷调查中,超过一半的回复者认为,如果他们采用SFAS 115,他们会改变他们的投资行为。在随后的第二次问卷调查中,60%的回复者宣称,由于采用SFAS 115的影响,他们实际上已经改变了他们的投资策略。在首次问卷调查中,有超过95%的回复者宣称他们会缩短债务证券投资的期限,大约40%的回复者认为他们会增加套期活动。另外,还有一些回答者认为他们可能会减少证券投资的比例。在随后的第二次问卷调查中,回复者说他们已经缩短了投资组合的期限,并减少了抵押证券和抵押衍生金融工具的持有比例,而那些宣称会增加套期活动的人降至10%。

Beatty(1995)以369家美国银行从1993年第二季度至1994年第一季度的投资组合数据为样本,检验了银行试图减少报告权益的波动性而作出的努力是否会影响到证券投资资产的比例、证券投资的期限以及归类为可供出售组合的证券的比例,其结果证实了银行界以及监管机构采用SFAS 115的影响的担忧。他们发现,在SFAS 115实施期间银行所持的证券投资的比例下降了,期限缩短了,并且当银行平均杠杆率和权益的平均回报率下降时,其归为可供出售类的证券所持比例会下降,这些都说明了对采用SFAS 115所引起的银行权益波动的担忧导致了银行投资组合管理实务的变化。他们的检验结果还表明,在SFAS 115下,银行的投资组合管理实务受到减少报告权益波动性与保持影响银行收益的弹性的双重目的的影响。

Rezaee和Lee(1995)为了检验混合公允价值会计(SFAS 115被视为混合公允价值会计)对银行业的影响,对美国500家银行的CFO进行一项调查研究,其结果表明,CFO对逐步采用公允价值会计所引起的财务和管理方面的影响的共同感觉呈现出消极的态度。

Carey(1995)认为,由于混合公允价值会计只要求对证券采用公允价值,而负债的会计处理并没有发生变化,所以它与历史成本会计一样会使银行资本计量不当,并以美国银行1984—1989年的相关数据为基础,采用银行失败预测模型为混合公允价值会计所产生的影响提供了经验证据,其检验结果表明,这种新会计模式并不会减少银行失败的比率,并且还有证据表明,该模式所带来的净收益非常小,其方向具有不确定性。

DeMarzo和Duffie(1995)认为,企业管理当局十分关心他们套期活动的会计后果,因而这些结果势必会影响他们是否采用套期工具以及选择什么样的套期工具。他们证明了风险最小(完全套期)是在套期活动不被披露时的均衡政策,但是,如果要求披露套期活动的话,最终的均衡是管理当局不参与套期活动。

Cocco 和 Ivancevich(1996)证明了金融工具划分类别的差异能对如每股收益、债务权益比例和流动比例等主要财务比率产生影响,而这些财务比率对于投资和信贷决策是十分重要的。因此采用 IAS 39 可能会导致公司之间信息的不可比性问题,尽管这些公司可能持有相同的金融工具。

以上经验证据表明,公允价值会计,特别是混合的公允价值会计,确实改变了商业银行的投资组合管理实务。如果他们所证实的银行投资组合管理实务的变化持续存在下去,将对银行业乃至整个金融体系产生重大影响。因此,在决定把公允价值作为财务报表的主要计量手段之前,需要对公允价值所产生的影响进行不断深入的研究。我们认为,随着国际财务报告准则中公允价值的采用越来越广泛以及我国会计准则标准与国际财务报告准则协调趋势的不断加强,对于公允价值会计在我国的应用及其前景也需要进行不断地研究,特别是采用公允价值会计对我国银行及其整个金融系统的影响应作出充分的估计,从而使公允价值会计实施的风险与成本最小化。

2 公允价值会计在我国的发展及其现状

2.1 公允价值会计在我国的发展历程

自改革开放以来,我国的经济体制经历了从计划经济向有计划的商品经济,进而向社会主义市场经济的转变。为了与经济环境相适应,我国对会计体制进行了大刀阔斧的改革,积极寻求与国际会计惯例的协调。我国制定会计准则时在公允价值的运用上,呈现出反复波动的态势。公允价值在我国的发展与运用大体可分为 4 个阶段。

2.1.1 历史成本占绝对主导地位的阶段(1992—1997 年)

长期以来,我国各类会计规范很少明确规定采用公允价值。1992 年 11 月,我国发布了《企业会计准则——基本准则》,确定了历史成本计量模式的主导地位[①]。该准则规定:"各项财产物资应当按取得时的

[①] 《企业会计准则——基本准则》被普遍认为是我国的财务会计概念框架,是用于指导具体会计准则制定的。

实际成本计价。物价变动时,除国家另有规定外,不得调整其账面价值。"因此,在这个阶段,我国只在《基本准则》中规定了实际成本(即历史成本)一种计量属性,这是区别于西方各国和国际会计准则委员会的概念框架的一大特色①。

我国当时采用历史成本计量模式与我国当时的经济环境是一致的。我国当时会计核算的主要目标是为了满足企业向国家报告受托责任的需要。国家是国有企业的主要或唯一的所有者,国有企业股份制改造才刚刚起步,上市公司只占国有大中型企业的极小部分,并且即使在上市公司中,国家也基本上控制了半数以上的股份。在资本市场不完善、股权高度集中的环境中,决策有用性难以占主导地位,会计核算主要是为了满足企业向国家报告受托责任的需要。财务报表也主要向各级财政机关和主管机关报送,以监督企业遵守财经纪律,保证社会主义财务的完整。当时把会计目标定位于企业向国家报告受托责任的履行情况(曲晓辉,2000),就决定了历史成本计量属性的主导地位。

2.1.2 培养公允价值观念的阶段(1998—2000年)

随着我国对外开放的深入和社会主义市场经济的发展,我国对会计计量属性的认识在实践中不断深化,其选择也逐渐向国际会计惯例靠拢。公允价值作为计量属性,首次正式出现在1998年6月颁布的《企业会计准则——债务重组》,并在后来所发布的《企业会计准则——非货币性交易》和《企业会计准则——投资》得到广泛的运用。1998年6月发布的《企业会计准则——投资》明确指出,随着我国市场经济的进一步发展和会计人员素质的普遍提高,在会计准则中逐渐地采用公允价值,培养公允价值观念,也是十分必要的。公允价值在这三项准则中的广泛运用为在我国会计准则中建立公允价值概念和目标,推动我国会计的国际协调起到了积极的作用。由此可见,在此阶段,我国对于公允价值的运用是持一种积极态度的。

2.1.3 回避公允价值计量的阶段(2001—2005年)

在这阶段,我国主要强调真实性和谨慎性原则,因而尽量回避公允

---

① 美国FASB的第6辑概念公告《企业财务报表项目的确认和计量》以及国际会计准则理事会的《编制和呈报财务报表的框架》都提出财务报表可以在不同程度上以不同的方式结合采用历史成本、现行成本、现行市价、可变现净值和未来现金流量现值等计量属性。

价值计量。2001年1月,我国发布并修订了8项会计准则,取消公允价值在《企业会计准则——债务重组》、《企业会计准则——非货币性交易》和《企业会计准则——投资》三项准则中的运用,并改按账面价值计量。值得注意的是,在这个阶段,由公允价值向账面价值的转变,并非表明我国对公允价值的态度开始发生转变,而主要是为了规范我国资本市场的会计秩序,遏制资本市场中利用债务重组、资产置换等包装上市的违法违规行为而加以规定的,因此,此次改革具有非常强的针对性。从对公允价值的强调重新回到对历史成本的选择,不是偶然的,这与我国当时的经济环境紧密相关,应站在我国会计目标定位的高度来认识这种转变。

2.1.3.1 资本市场上的会计丑闻

在此阶段,上市公司滥用会计政策泛滥成灾,盈余操纵手段层出不穷。其中,滥用公允价值计量属性也成为一项重要手段。为了防范企业滥用公允价值操纵利润,财政部修订了《企业会计准则——债务重组》及《企业会计准则——非货币性交易》准则,回避了公允价值计量,以减少上市公司粉饰财务报表的可乘之机。

2.1.3.2 当时经济环境的限制

在此阶段,修订会计准则和会计制度中尽量回避公允价值计量属性,是符合我国当时实际情况的,是由我国市场经济发展的现状所决定的。公允价值广泛应用的基本条件是要具有健全而成熟的生产资料市场、产权交易市场、发达的专业评估技术以及娴熟而讲求诚信的资产评估机构等。如果这些基本条件不具备,则公允价值的使用必然会受到限制。在这些基本条件尚不具备的经济环境中过多地采用公允价值,可能会适得其反。由于当时我国各种要素市场不成熟,公允价值经常难以获取,从而会导致企业在采用公允价值时存在一定的随意性。因此,在此阶段回避采用公允价值,是我国会计准则制定者面对我国市场经济发展不完善以及会计人员素质不高等现状而作出的权宜之计。

2.1.3.3 会计目标的定位

计量属性的选择与确定要考虑会计目标的变化和要求。当前关于会计目标主要有两大流派,即受托责任观与决策有用观。受托责任观要求所选择的计量模式应能恰如其分地反映管理当局对受托责任的履行情况,所以倾向于采用历史成本,力求真实反映企业的经营业绩与资产使用情况,强调会计信息的可靠性。而决策有用观认为会计信息的根本目标是要对会计信息使用者的决策有用,而决策总是面向未来的,因此,关于未来的信息一般要求采用公允价值,以强调会计信息的相关性。国际会计准则和国际财务报告准则的制定者,主要是以发达国家的经济环境为背景,而其会计目标会更多地侧重于决策有用性,在他们制定会计准则时,重点关注的是向会计信息使用者提供与决策相关的有用信息,是立足于全球资本市场对跨国上市和发行证券的财务信息需求的决策导向的。这种以决策有用性为导向的会计目标就决定了公允价值会在国际会计准则和国际财务报告准则得以广泛运用。对于我国会计目标的定位,存在诸多争议,大多数学者倾向于给出暂时性的倾向性结论,即当前以受托责任观为主,兼顾决策有用性。因此,在我国当时的经济环境下,广泛地采用公允价值并不符合我国会计目标的定位。

2.1.3.4 公允价值估值技术的现状

当被计量资产或负债存在活跃市场时,则其交易价格就是公允价值,但是,当被计量资产或负债缺乏活跃交易市场时,由于当前估计公允价值的估值技术和方法不够成熟,其估计所依据的假设存在大量的人为主观判断,因而所估计出的公允价值是不可靠的,并且容易被企业管理当局操纵。因此,在公允价值会计全面付诸实施之前,还有公允价值的估值技术亟待研究与解决[①]。

如前所述,由于我国在某些领域目前仍缺乏较为规范的公开而且活跃的市场,造成我国的公允价值更多采用估值技术[②]来估计。但是,这些估值技术在实践中运用起来非常困难,并且这些估值技术的运用

---

① 为了增强公允价值计量的一贯性和可比性,美国 FASB 从全局出发,于 2004 年 6 月发布了一份征求意见稿《公允价值计量》,试图为公允价值的估值技术提供一份统一的框架与指南。在经过两年多的讨论与研究之后,FASB 最终于 2006 年 9 月发布了第 157 号财务会计准则公告(SFAS 157)《公允价值计量》。IASB 于 2006 年 11 月也发布了一份讨论稿《公允价值计量》,以加强与美国公认会计原则的协调和趋同。

② FASB 在 SFAS 157 中根据参照信息的优先秩序把公允价值的估值技术分为三个层次:第一层次的估值技术的参照信息为市场信息,它反映的是在计量日,相同资产或负债在活跃市场上的报价。第二层次的参照信息是指不包括在第一层次中的,对于资产或负债可观察的、直接或间接的市场信息,比如,活跃市场中有类似资产或负债的报价;在非活跃市场中有相同资产或负债的报价;能直接观察到资产和负债的报价以外的市场信息;除了能直接观察到的资产和负债的报价以外的市场信息,还能通过相互作用或其他方式被市场数据所证实。第三层次的参照信息是不可观察的资产或负债的信息。不可观察信息在可观察信息不能得到,在计量日资产或负债的市场活动很少的情形下使用。当前,IASB 并没有提供一套统一的估值技术框架。在我国缺乏活跃交易市场的情况下,公允价值计量更多地依赖于估值技术的第二层次和第三层次。

在很大程度上是取决于会计人员的主观判断和估计,而其可信度在一定程度上受到质疑,也会给企业留下相当的利润操纵空间。因此,在市场化程度不高的现阶段,我们不应过分强调公允价值的计量作用,而应在有把握的情况下逐步采用(冯淑萍,2003)。

2.1.4 大范围采用公允价值的阶段(2006年至今)

2006年3月15日,财政部发布了包括1项基本准则和38项具体准则在内的企业会计准则体系,加强了我国会计准则与国际财务报告准则的协调与趋同。在新会计准则体系中,一个最大的变化就是导入公允价值计量属性。新会计准则体系在金融工具4项准则、投资性房地产、非同一控制下的企业合并、债务重组和非货币性交易等方面均采用了公允价值计量,这相对于先前的会计实务都是一种革命性的变化。这些变革将大幅改变我国现行的会计核算体系,改变了以前我国会计史上以历史成本为主要依据的计价基础,出现了公允价值与历史成本共存的局面。

2.2 在我国会计准则中运用公允价值的动力

会计计量属性的选择必须符合我国现实的经济发展环境。一般而言,市场经济越发达,资本市场越完善,财务会计决策有用观的目标就会越来越明确,财务会计对公允价值的依赖性也就会越强。我国现实的经济发展环境已经为公允价值的应用做好了铺垫。

2.2.1 我国市场经济的发展和完善是推行公允价值会计的基础和前提

由于公允价值是一个市场基础概念,它无论是在初始计量还是在新起点计量,都是基于市场对资产或负债的现时评价,因此,公允价值是市场经济的产物,市场经济的发达程度就决定了公允价值运用的程度与深度。自改革开放以来,我国的经济体制经历了从计划经济向有计划的商品经济,进而向社会主义市场经济的转变。社会主义市场经济的建立和发展成为我国推行公允价值会计的基础和前提,并随着我国市场经济的不断发展与完善,公允价值运用的范围也会越来越广泛。2003年中共中央作出了关于《完善社会主义市场经济体制若干问题的决定》,标志着我国的市场经济已经由初创转向完善,我国的市场经济地位已经确立,从而也决定了公允价值在我国会计准则的运用是大势所趋。

2.2.2 资本市场的发展和壮大为公允价值在我国的应用注入了无限动力

资本市场的发达和完善程度是推动公允价值计量的重要因素。我国证券市场自20世纪90年代初正式建立以来取得了长足的进步,资本市场初具规模,市场基础设施不断完善,法律法规体系日趋健全,市场监管体系逐步完善,市场规范化程度不断提高,机构投资者队伍不断壮大。随着资本市场的日益发展与壮大,我国会计目标的定位逐步从受托责任观向决策有用观转变,会计信息的价值相关性越来越受到了重视,这种向决策有用观转变的趋势就决定了公允价值应当在我国会计准则中得以广泛的运用,这为我国进一步推行公允价值会计注入了无限动力。

2.2.3 公司治理的加强和法制建设的完善为公允价值的应用提供了保障

英美等西方国家证券市场发达,其健全的公司治理结构对企业董事会形成了有力的外部约束,因而相关的公允价值不仅易于取得,而且利用公允价值操纵盈余的空间也相对较小。此外,这些国家的会计准则较为完善,会计造假的空间很小,法制也比较健全,对舞弊行为惩罚力度较大,会计造假的成本很高,这在一定程度上遏制了造假案件的发生。在我国资本市场快速发展的带动下,我国在公司治理方面也取得了显著成效。当前我国实施的股权分置改革,在很大程度上改善了上市公司的治理水平,有利于我国资本市场健康发展的新机制正在形成。另外,新修订的《证券法》已相当完备,它的颁布与实施进一步加强了对投资者特别是中小投资者权益的保护力度,加强了对上市公司、证券公司的监管力度。因此,我国公司治理的不断加强和完善以及法制建设的逐步推进,为在我国会计实务中拓展公允价值的应用范围奠定了坚实的基础。

2.2.4 新交易和新工具的不断涌现是推动公允价值应用的直接动力

金融创新是推动公允价值计量的重要因素(常勋,2004)。自我国改革开放以来,我国在开发衍生金融工具方面做出了不断的尝试和努力,已产生了数量众多、特征各异的衍生金融工具,比如国债期货、人民币外汇期货、股指期货、认股权证和可转移债券等。随着我国社会主义市场经济的进一步完善以及市场化程度的日益加深,利率和汇率等系统风险逐步加大,各类经济实体对能有效规避系统性风险的金融衍生工具产生了越来越强烈的需求。另外,随着我国金融业的进一步对外开放,我国金融市场将不可避免地要与国际金融市场接轨,衍生金融工具交易也将不可避免地被引入。由于衍生金融工具不要求初始净投资,或者要求很少的净投资,历史成本对其无能为力,只有公允价值才能对其进行准确的确认和计量。因此,衍生金融工具的新交易和新工具的不断涌现,直接推动了公允价值在我国的运用。

2.2.5 不断加强与国际财务报告准则的协调和趋同是我国采用公允价值的重要推动力量

自我国加入 WTO 以来,发达国家不断设置各种壁垒拒绝承认我国的完全市场经济地位,并且诉诸各种反倾销诉讼,使我国遭受了重大经济损失。比如,2004 年欧盟在评估我国完全市场经济地位时,就设置了独立于双边协定和 WTO 规则之外的条款:必须建立一个符合国际会计准则的、账目清楚的会计记录,该会计记录应当由独立的机构根据国际会计准则进行审计。诸如此类的"霸王条款"是推动我国会计准则与国际会计惯例协调与趋同的最为直接的外在动力。IASB 作为促进会计准则国际协调与趋同的民间机构,一直在推行公允价值计量模式,并且公允价值日益成为国际财务报告准则的一种主要计量模式。因此,不断加强与国际财务报告准则的协调和趋同成为我国采用公允价值计量的重要推动力量。

2.3 公允价值在我国会计准则的运用现状

在新会计准则体系中,一个最大的变化是广泛应用了公允价值计量,这相对于原先的会计实务都是革命性的变化,主要体现在下列各项会计准则中。

2.3.1 基本会计准则

我国新颁布的《企业会计准则——基本准则》第一次明确提出了我国财务报告的目标:第一,反映企业管理层受托责任的履行情况;第二,有助于使用者做出经济决策。由此可见,我国当前仍把反映企业管理层的受托责任放在财务报告目标的第一位。这基本体现了财务会计信息不仅可作为投资人增加持有和抛售股份决策的参考,而且更为重要的是利用它可以对企业高级管理阶层受托经营的资源进行必要的监督(其中包括奖惩和人事调动),以保证国有企业的资金不致流失,所有委托经营的企业的资产都可保值、增值。可见,真实可靠的财务会计信息才能起到保护投资者利益的作用(葛家澍,2006)。

会计属性的自由选用,不但影响财务报表的可比性,而且有可能会为财务欺诈、会计造假打开一个方便之门(葛家澍,2006)。《企业会计准则——基本准则》第43条再一次强调了会计信息的可靠性,要求一般按历史成本计量,如果采用其他计量属性,应当保证所确定的会计要素的金额能够取得并可靠计量。由此可见,该基本准则虽然提出了公允价值计量属性,但是,仍在强调公允价值计量的可靠性,因而历史成本仍然占据主导地位。

2.3.2 债务重组

新债务重组准则规定,对于债务重组时转出资产、债权人因放弃债权而享有的股权以及修改债务条件后的债务均采用公允价值计量,且与原账面金额之间的差额计入当期损益。其具体运用为:(1)当以非现金资产清偿债务时,非现金资产由账面价值调整为公允价值,债务人转让非现金资产公允价值与其账面价值之间的差额作为资产转让损益,计入当期损益;债权人应将受让的非现金资产按其公允价值入账。(2)当债务重组方式为债权转为股本时,股权按公允价值作价,债务人应将股权公允价值与其实收资本(股本)之间的差额确认为资本公积;债权人应将享有的股权公允价值确认为长期投资。由此可见,该准则重新引入了公允价值,并且涉及不存在活跃交易市场的非现金资产的公允价值,但是,对公允价值的具体估值方法并没有作出明确的规定。

2.3.3 非货币性交易

新非货币性交易会计准则重新引入了公允价值的概念,但该准则明确规定了采用公允价值计量的条件(即该项交换具有商业实质),并要求换入资产或换出资产的公允价值能够可靠计量。该准则也规定商业实质的内涵,即满足下列条件之一的非货币性资产交换具有商业实质:换入资产的未来现金流量在风险、时间和金额方面与换出资产显著不同;换入资产与换出资产的预计未来现金流量现值不同,且其差额与换入资产和换出资产的公允价值相比是重大的。这两个限定条件能在一定程度上限制企业通过采用非货币性资产交换的方式来操纵盈余的行为。由于该准则涉及大量非货币性资产的公允价值估计问题,特别是那些并不存在活跃交易市场的非现金资产的公允价值计量,因此,

该准则十分强调公允价值要能可靠地计量,并且其执行指南进一步作出了下列规定:

符合下列情形之一的,表明换入资产或换出资产的公允价值能够可靠地计量:

1) 对于存在活跃市场的存货、长期股权投资、固定资产、无形资产等非货币性资产,应当以该资产的市场价格为基础确定其公允价值。

2) 对于同类或类似资产存在活跃市场的存货、长期股权投资、固定资产、无形资产等非货币性资产,应当以同类或类似资产市场价格为基础确定其公允价值。

3) 换入资产或换出资产不存在同类或类似资产的可比市场交易,应当采用估值技术确定其公允价值。该公允价值估计数的变动区间很小,或者在公允价值估计数变动区间内,各种用于确定公允价值估计数的概率能够合理确定的,视为公允价值能够可靠计量。

上述规定实质上把公允价值的估计分为三个层次,其可靠性是逐步在下降的,特别是第三层次的估计的可靠性最差。这种分层次的公允价值估值方法基本上与国际会计准则和美国公认会计准则是一致的。但是,与它们相比,我国会计准则关于公允价值计量的估值技术在实务中缺乏可操作性,从而难以保证公允价值计量的可靠性。

2.3.4 4项金融工具会计准则

在新会计准则体系中,公允价值的广泛运用,更多的是体现在新发布的4项金融工具会计准则上,即《企业会计准则第22号——金融工具确认和计量》、《企业会计准则第24号——套期保值》、《企业会计准则第23号——金融资产转移》和《企业会计准则第37号——金融工具列报》。与国际财务报告准则相一致,我国新颁布的金融工具会计准则实际上采用的也是在金融工具分类基础上的混合计量模式。该准则根据企业购买和持有金融工具的意图和能力把金融资产区分为以公允价值计量且其变动计入当期损益的金融资产、持有至到期投资、贷款和应收款项以及可供出售金融资产,把金融负债区分为以公允价值计量且其变动计入当期损益的金融负债和其他金融负债,并明确规定以公允价值计量且其变动计入当期损益的金融资产、可供出售金融资产和以公允价值计量且其变动计入当期损益的金融负债在后续计量时仍采用公允价值。

另外,《企业会计准则第 22 号——金融工具确认和计量》对公允价值的估值技术也作出了规定:

1) 存在活跃市场的金融资产或金融负债,活跃市场中的报价应当用于确定其公允价值。活跃市场中的报价,指易于定期从交易所、经纪商、行业协会、定价服务机构等获得的价格,且代表了在公平交易中实际发生的市场交易的价格。

2) 金融资产或金融负债没有现行出价或要价,且最近交易日后经济环境没有发生重大变化的,企业应当采用最近交易的市场报价确定该金融资产或金融负债的公允价值。最近交易后经济环境发生了重大变化时,企业应当参考类似金融资产或金融负债的现行价格或利率,调整最近交易的市场报价,以确定该金融资产或金融负债的公允价值。

3) 金融工具不存在活跃市场的,企业应当采用估值技术确定其公允价值。运用估值技术得出的结果,应当反映估值日在公平交易中可能采用的交易价格。估值技术包括参考熟悉情况并自愿交易的各方最近进行的市场交易中使用的价格、参照实质上相同的其他金融工具的当前公允价值、现金流量折现法和期权定价模型等。

4) 采用估值技术确定金融工具的公允价值时,应当尽可能使用市场参与者在金融工具定价时考虑的所有市场参数,包括无风险利率、信用风险、外汇汇率、商品价格、股价或股价指数、金融工具价格未来波动率、提前偿还风险、金融资产或金融负债的服务成本等,尽可能不使用与企业特定相关的参数。

5) 企业采用未来现金流量折现法确定金融工具公允价值的,应当使用合同条款和特征在实质上相同的其他金融工具的市场收益率作为折现率。

6) 金融工具的交易价格应当作为其初始确认时的公允价值的最好证据,但有客观证据表明同样金融工具公开交易价格更公允,或采用仅考虑公开市场参数的估值技术确定的结果更公允的,不应当采用交易价格作为初始确认时的公允价值,而应当采用更公允的交易价格或估算结果确定公允价值。

与其他会计准则相比,这 4 项金融工具会计准则对公允价值的估值技术规定最为详细,明确把公允价值的估计方法区分为存在活跃市场的情形和不存在活跃市场的情形,但是,该准则对公允价值的估值技术也只是作出了原则性的规定,并且在会计实务中运用缺乏可操作性。

2.3.5 投资性房地产

在投资性房地产的后续计量中,我国新准则规定了历史成本模式和公允价值模式。但是,与国际财务报告准则相比,我国的投资性房地产会计准则增加了采用公允价值模式的前提条件,只有在有确凿证据表明投资性房地产的公允价值能够持续可靠取得的情况下,才可以对投资性房地产采用公允价值模式进行后续计量,即同时需要满足两个条件:(1) 投资性房地产所在地有活跃的房地产交易市场,以及(2) 企业能够从房地产交易市场上取得同类或类似房地产的市场价格及其他相关信息,从而对投资性房地产的公允价值作出合理的估计。这两个条件实质上只允许采用活跃市场的价格作为公允价值的估计,而禁止了采用其他具有较多主观假设的估值技术来确定公允价值。由于其他估值技术通常含有较多的假设,与参照活跃的交易市场价格来确定公允价值相比,具有较大的主观性,也很容易产生争议。因此,这两个条件在一定程度上提高了投资性房地产采用公允价值计量的可靠性。

2.3.6 非同一控制下的企业合并

我国《企业会计准则第 20 号——企业合并》按照合并双方是否处于同一控制下,把企业合并分为处于同一控制下的企业合并和非同一控制下的企业合并。由于处于同一控制下的企业合并,不一定是合并方和被合并方双方完全出于自愿的交易行为,其合并对价也不是双方讨价还价的结果,并不代表其公允价值,因此,对于这种企业合并,仍采用历史成本计量模式,以避免利润操纵行为。对于非同一控制下的企业合并,该准则规定,购买方在购买日对作为企业合并对价付出的资产、发生或承担的负债应当按照公允价值计量,公允价值与其账面价值的差额,计入当期损益。另外,该准则也规定,购买方在购买日对合并成本进行分配,应当确定被购买方可辨认净资产(包括资产、负债以及或有负债)的公允价值,并强调可靠计量。可以看出,在该准则中,公允价值在应用范围上是十分广泛的,不仅包括资产,还包括负债和或有负债;不仅包括存在活跃交易市场的资产,还包括需要采用其他估值技术来估计公允价值的资产。

2.3.7 生物资产

该项准则对于我国来说是一项全新的会计准则,主要用于规范与农业生产相关的生物资产的相关处理。该准则规定,对生物资产应该按照初始的取得成本进行计量,而在后续的计量中,如果有确凿证据表明生物资产的公允价值能够持续可靠取得的,应当对生物资产采用公允价值进行计量。采用公允价值计量的,应当同时具备下列条件:(1)生物资产所在地有活跃的交易市场。(2)能够从交易市场上取得同类或类似生物资产的市场价格及其他相关信息,从而对生物资产的公允价值作出合理估计。同样,这两个条件也只是允许采用活跃市场的价格作为公允价值,而限制了采用其他估值技术来确定公允价值。

由上可见,公允价值在我国新会计准则体系中的应用是十分广泛的,在采用公允价值的准则范围方面基本上与国际财务报告准则是一致的,而在公允价值的使用范围上,新企业会计准则体系作出了审慎的改进,充分地考虑了我国的国情,并且每份会计准则在采用公允价值时都强调公允价值能够可靠计量,从而为公允价值的运用设定了一项前提条件。值得注意的是,尽管有些会计准则(比如,投资性房地产)只把采用公允价值限定在具有活跃市场的资产上,但是,大量的会计准则(比如,金融工具会计准则和非共同控制下的企业合并)仍会涉及那些并不存在活跃市场的资产的公允价值计量问题,因而如何运用公允价值估值技术成为推行这些会计准则的难点。当前,我国还处于树立公允价值的理念阶段,还没有考虑其现实的可操作性,具体如何进行公允价值的计量操作已成为我国会计界的一大难题。另外,由于新会计准则体系从2007年才开始采用,因此,公允价值会计对我国会计实务的实际影响以及所引起的经济后果,有待于进一步的实证检验与评估。

3 公允价值与会计信息质量

3.1 研究的问题

随着我国市场经济的深入发展和市场机制的不断完善,许多国有企业可能因经营不善等原因而陷入财务困境,难以偿还到期债务,因而债务重组行为屡见不鲜。这种债务重组行为可以通过调整企业的债权债务关系,促进企业制度创新,优化国有企业资产结构与产权结构,重建市场运行的微观基础,使企业形成自我调整资产负债水平的机制,提高社会资源的配置效率。为此,财政部于1998年6月发布了《企业会计准则——债务重组》,并首次采用了公允价值计量属性。但是,人们对公允价值的运用提出了质疑,担心上市公司通过公允价值计量达到其操纵盈余的目的。

在颁布的《企业会计准则——债务重组》指南中,确定非现金资产公允价值的原则为:如果债务人以非现金资产清偿债务或债务转化为资本,则涉及债务人转让的非现金资产和债权人因放弃债权而享有的股权公允价值的确认问题。对于债务人用于偿债所转让的非现金资产的公允价值确定原则,会计准则规定为:如该项资产存在活跃的市场,该资产的市场价格即为其公允价值;如该项资产不存在活跃的市场,但与该资产类似的资产存在活跃的市场,该资产的公允价值可以比照相关类似资产的市场价格确定;如该项资产和与该项资产类似的资产均不存在活跃市场,该资产的公允价值可以按其他技术手段来确定,如专业评估人员的评估结果、未来现金流量的现值等。对于债权人因放弃债权而享有的股权的公允价值按以下原则确定:如债务人为上市公司,该股权的公允价值按对应股份的市价总额确定;如债务人为其他企业,该股权的公允价值按评估确定价或双方协议价确定。但是,由于我国当时各项要素市场尚不完善,因此,执行该项会计准则可能会出现这样一种结果:由于公允价值计量存在较大的主观性,其操纵的空间很大,上市公司可能会通过债务重组的公允价值计量来操纵会计数据,从而使其对外报告的会计信息缺乏可靠性[①]。

进一步来讲,人们对公允价值可靠性的担忧主要是集中在那些并不存在活跃交易市场的资产上,因为债务重组交易所涉及的大量资产都不存在活跃的交易市场,因而其公允价值计量必须依赖于存在较大主观性的估值技术,而当时我国并没有为公允价值计量制定出一份具有可操作性的应用指南。另外,如前所述,这些并不存在活跃市场的资产的公允价值计量是否具有可靠性,先前研究提供了相互冲突的经验证据(Barth,1994;Khurana 和 Kim,2003;等)。因此,我们可以预期,上市公司管理当局可以通过公允价值计量所存在的弹性空间来操纵会计数据,因而提出本节研究的第 1 个假设。

---

① 上市公司还可能利用债务重组本身来操纵利润(即交易构造)。但是,不管用哪一种手段,其盈余可靠性的下降都会导致盈余价值相关性的降低。

假设1：在《企业会计准则——债务重组》采用公允价值计量的期间，与未发生债务重组上市公司的会计信息相比，发生债务重组的上市公司的会计信息质量要低。

《企业会计准则——债务重组》在实施2年（1999年和2000年）之后被修订，突出的变化表现为两个方面：首先是该准则基本放弃了公允价值计量属性，重新改为历史成本；其次是要求由债务重组而获取的收益不能计入当期损益，而是计入资本公积。一般认为，这种改公允价值为账面价值，同时又不确认债务重组收益的做法能有效地遏制上市公司通过公允价值计量而操纵盈余的行为，从而会提高盈余信息的质量，由此提出第2个假设。

假设2：在《企业会计准则——债务重组》回避公允价值之后，发生债务重组的上市公司的会计信息质量不会低于未发生债务重组上市公司的会计信息质量。

3.2 研究设计

3.2.1 样本选择与数据来源

在样本选择上，本章以《企业会计准则——债务重组》颁布与修订前后3年（1999年、2000年和2001年）在上海和深圳证券交易所上市的公司为研究样本。在确定上市公司每年是否发生债务重组时，我们通过阅读其财务报告附注的相关说明的方式来确定，并采用手工方式收集其因债务重组计入当期损益的金额。而有关财务方面的数据来自上海万德资讯科技有限公司提供的Wind数据库。

3.2.2 模型设定

较为恰当地检验会计信息价值相关性的方法，应当通过财务报告信息反映或汇总影响股票价格的信息的能力来衡量（Francis等，1999；Fan等，2002），因此，我们首先通过建立股票收益对盈余的报酬模型来反映会计信息的价值相关性[①]。

[①] 在报酬模型中，究竟是采用盈余水平还是采用盈余变化作为盈余的替代变量，两者之中何者与回报率更为相关，存在一定的争论，而且不同的研究者采用不同的样本，得出的结论也各不相同。Easton等（1991）对此做了总结性的评论，认为之所以会出现不同的结论，实际上是与盈余的性质密切相关的，如果盈余是永久性的，那么采用盈余变化比较好，如果盈余是暂时性的，那么采用盈余水平较优。为了检验债务重组对盈余价值相关性的影响，我们认为采用盈余水平作为盈余的替代变量较为合适。

$$Return_{i,t} = \beta_0 + \beta_1 EPS_{i,t} + \beta_2 Dum + \beta_3 EPS_{i,t} \times Dum$$
$$+ \sum_{i=1}^{4} C_{i,t} + \omega_{i,t} \qquad (8-1)$$

其中：$Return_{i,t}$ 为公司 i 的普通股在 t 期的累计回报率[①]；$EPS_{i,t}$ 为公司 i 在 t 期经期初权益市场价值调整后的每股盈余；Dum 在公司 i 在 t 期发生了债务重组时取 1，否则为 0。

此外，为了控制其他因素对盈余价值相关性的影响，本章在上述报酬模型中引入了下列控制变量：

1) 公司的成长机会（$Growth$）。Collins 等（1989）认为，成长机会更有可能与未来盈余水平或盈余的持续性（earnings persistence）成正向关系。公司的成长机会越多，盈余预期增长或盈余一致性也越大，盈余与价值之间的相关关系也越强。因此，我们预期，具有更多成长机会的公司，盈余的价值相关性会更强。本章以上市公司当年的市净值来度量公司的成长机会。

2) 公司的规模（$Size$）。规模大的公司很容易受到资本市场参与者（包括财务分析师和新闻媒体）的重点关注，因此，规模大的公司与规模小的公司相比，更难以掩盖其盈余操纵行为，进而财务报告的信息含量就高。然而，根据会计准则制定的政治成本理论（Watts 和 Zimmerman，1978），规模大、政治敏感性强的公司更可能滥用会计准则赋予的弹性空间，以减少政治成本，从而降低了盈余信息的价值相关性。因此，我们很难断定公司规模到底会对盈余的价值相关性起到一个什么样的影响。本章以公司上一年末总资产的自然对数来度量公司的规模。

3) 公司的财务杠杆（Lev）。Smith 等（1992）指出，财务杠杆可以作为公司投资机会集的代理指标。缺乏投资机会的成熟企业往往具有较高的杠杆率，其盈余的信息含量也更多。因此，相较于低杠杆率公司，高杠杆率公司的盈余对收益的敏感度也更高。因此，我们预期，高财务杠杆比率的公司，盈余的价值相关性

[①] 在确定年度累计回报率时，本章分别计算了从 t 期的 5 月到 $t+1$ 期的 4 月之间和从 t 期的 1 月到 t 期的 12 月之间的累计回报率，并且还采用两种方法计算累计回报率：一种方法是直接相加各月的回报率，另一种方法是各月回报率加 1 之后连乘，再减去 1。但是，不管采用何种方法来计算累计回报率，最终的检验结果都是类似的，因而本章只报告了一种结果。

越强。本章以上市公司当年的资产负债率作为公司财务杠杆的代理指标。

4) 公司的系统风险(Beta)。如前所述,规模大、政治敏感性强的公司更可能滥用会计准则赋予的弹性空间,以减少政治成本。既然这些成本与公司的风险大小是显著相关的,则面临高风险的上市公司具有更强的激励去滥用会计准则赋予的弹性空间(Warfield 等,1995),从而损害了盈余信息的价值相关性。因此,我们预期,公司的风险越大,盈余信息的价值相关性越弱。本章采用贝塔系数作为公司风险的替代变量,以财务报告年度上一年5月至当年4月共计1年作为计算窗口,通过每家上市公司各周前复权的收益率对上证A股指数收益率的回归而得出。

另外,研究会计信息价值相关性的模型还有价格模型,Kothari 和 Zimmerman(1995)建议同时采用两种模型,因而本章也采用了价格模型。由于 Ohlson(1995)的价格模型能够揭示会计盈余和净资产在股票定价中的不同作用,因此,使用该模型可以检验修订《企业会计准则——债务重组》(即回避公允价值)是否会影响到盈余和净资产的定价作用。价格模型具体如下:

$$P_{i,t} = \partial_0 + \partial_1 BV_{i,t} + \partial_2 EPS_{i,t} + \partial_3 BV_{i,t} \cdot Dum + \partial_4 EPS_{i,t} \cdot Dum + \omega_{i,t} \quad (8-2)$$

其中,$P_{i,t}$ 为公司 i 在 t 年度末的收盘价格[①];$BV_{i,t}$ 为公司 i 在 t 年度末的每股净资产;$EPS_{i,t}$ 为公司 i 在 t 年的每股收益;Dum 为虚拟变量,其取值与报酬模型相同。

3.2.3 描述性统计

本章首先对所涉及的研究变量进行了描述性统计,具体结果见表8-1。另外,本章把每个报告年度的上市公司分为两组:一组为当年未发生债务重组的上市公司(A组);另一组为当年发生债务重组的上市公司(B组),并对两组上市公司的主要研究变量平均值进行比较与检验,具体结果如表8-2所示。

[①] 本章分别采用财务报告年度末和次年4月月末的收盘价,但是,两种方法的检验结果基本上是一致的,因此,本章只报告了采用财务报告年度末收盘价的检验结果。

表 8-1

主要研究变量的描述性统计

变量	年度	Return	P	EPS	BV
均 值	1999	0.220	11.082	0.262	2.398
	2000	0.700	16.846	0.214	2.690
	2001	−0.217	12.196	0.170	2.597
中 值	1999	0.136	9.600	0.247	2.225
	2000	0.613	15.350	0.221	2.550
	2001	−0.241	11.220	0.200	2.410
标准差	1999	0.411	5.481	1.292	2.235
	2000	0.516	7.300	0.256	1.321
	2001	0.182	4.920	0.368	1.390
最大值	1999	4.072	56.450	41.830	65.710
	2000	4.400	68.910	1.600	9.968
	2001	1.721	50.640	1.596	10.850
最小值	1999	−0.489	2.580	−6.170	−7.730
	2000	−0.288	3.850	−1.467	−8.790
	2001	−0.896	3.050	−4.708	−6.358
样本数	1999		780		
	2000		874		
	2001		1 008		

表 8-2

主要研究变量在两组上市公司的比较与检验结果

年 度	组 别	Return	P	EPS	BV
1999	A 组	0.215	10.936	0.187	2.481
	B 组	0.289	9.582	0.139	1.983
	两者差异	−0.074	1.354*	0.048	0.498**
	比较 t 值	(−1.284)	(1.943)	(1.143)	(2.869)
2000	A 组	0.689	16.326	0.201	2.720
	B 组	0.798	14.853	0.110	2.062
	两者差异	−0.109*	1.473***	0.091***	0.656***
	比较 t 值	(−1.934)	(3.603)	(4.392)	(8.158)
2001	A 组	−0.218	12.023	0.129	2.797
	B 组	−0.200	10.881	0.044	2.167
	两者差异	−0.018	1.142***	0.085**	0.630***
	比较 t 值	(−1.012)	(3.387)	(2.197)	(5.442)

*,**,*** 分别表示检验在 1%,5%和 10%的水平上统计显著(双尾检验);A 组,当年未发生债务重组的上市公司样本;B 组,当年发生了债务重组的上市公司样本。

从表 8-2 中可以看出,在 1999 年,两组上市公司在年度累计回报率和每股收益上均不存在显著差异;在 2000 年,未发生债务重组上市公司的每股收益与发生债务重组上市公司的每股收益相比要高,并且其差异额在 1% 的统计水平上是显著的,说明了未发生债务重组上市公司的经营业绩优于发生债务重组的上市公司,然而,未发生债务重组上市公司的年度累计回报率与发生债务重组上市公司的年度累计回报率相比要低,并且其差异额在 10% 的统计水平上是显著的。对于 2001 年来说,未发生债务重组上市公司的每股收益与发生债务重组上市公司的每股收益相比也要高,其差异额在 5% 的统计水平上是显著的,但年度累计回报率并没有显著的差异。另外,在每个报告年度,未发生债务重组上市公司的每股市场价值和每股账面价值都显著地高于发生债务重组上市公司的每股市场价值和每股账面价值。

3.2.3 报酬模型的回归结果与分析

为了检验公允价值在《企业会计准则——债务重组》会计准则的运用是否会影响上市公司的盈余质量,本章首先就 1999 年和 2000 年的相关数据分别对模型(1)进行回归,具体回归结果见表 8-3 和表 8-4。

表 8-3

公允价值对盈余质量影响的回归结果(1999 年)

变量	预期符号	模型(1)	模型(2)	模型(3)
常数项	?	0.209***	0.206***	0.161***
		(13.974)	(13.332)	(9.053)
EPS	+	0.700***	0.622***	17.153***
		(3.168)	(2.782)	(3.584)
Dum	?		0.023	0.071
			(0.381)	(1.212)
EPS·Dum	?		2.649**	1.723
			(2.054)	(1.352)
EPS·Growth	+			0.072**
				(2.489)
EPS·Size	?			−1.900***
				(−4.418)

(续表)

变量	预期符号	模型(1)	模型(2)	模型(3)
$EPS \cdot Lev$	—			0.603
				(0.934)
$EPS \cdot Beta$	—			7.429***
				(4.698)
模型 F 值		10.078***	5.124***	11.088***
调整后的 R^2		0.012	0.016	0.083
样本量		780	780	780

注：括号内的数字为经 White(1980)异方差修正后的 t 统计量。**，*** 分别表示显著性水平为 10%，5%和 1%(双尾检验)。

表 8-4

公允价值对盈余质量影响的回归结果(2000 年)

变量	预期符号	模型(1)	模型(2)	模型(3)
常数项	?	0.670***	0.660***	0.646***
		(34.623)	(31.691)	(29.761)
EPS	+	1.460***	1.428**	39.950***
		(2.624)	(2.374)	(5.728)
Dum	?		0.102*	0.110*
			(1.752)	(1.883)
$EPS \cdot Dum$	?		0.922	−0.302
			(0.574)	(−0.173)
$EPS \cdot Growth$	+			−0.002
				(−1.582)
$EPS \cdot Size$	?			−2.848***
				(−5.142)
$EPS \cdot Lev$	—			−1.266
				(−0.852)
$EPS \cdot Beta$	—			−3.612***
				(−2.376)
模型 F 值		6.884***	3.723**	6.641***
调整后的 R^2		0.007	0.009	0.043
样本量		874	874	874

注：括号内的数字为经 White(1980)异方差修正后的 t 统计量。*，**，*** 分别表示显著性水平为 10%，5%和 1%(双尾检验)。

从1999年度的回归结果(见表8-3)来看,EPS·Dum 前的回归系数在5%的统计水平上显著为正(2.649),在引入4项控制变量之后,其系数仍为正(1.723),尽管并不显著。该检验结果表明,在《企业会计准则——债务重组》采用公允价值的期间,与未发生债务重组上市公司的盈余相关性相比,发生债务重组上市公司的盈余的价值相关性要高。从2000年度的回归结果(见表8-4)来看,EPS·Dum 前的回归系数在模型(2)中为正,在模型(3)为负,但是,它们都不显著。该结果表明,在《企业会计准则——债务重组》采用公允价值的期间,与未发生债务重组上市公司的盈余质量相比,发生债务重组上市公司的盈余质量并不一定就低。另外,本研究又把1999年和2000年合并起来进行回归,所得到的检验结果是类似的(具体结果见表8-5)。

表8-5

公允价值对盈余质量影响的回归结果(1999年和2000年)

变量	预期符号	模型(1)	模型(2)	模型(3)
常数项	?	0.207*** (12.268)	0.201*** (11.806)	0.166*** (8.982)
EPS	+	0.847*** (3.782)	0.762** (3.317)	27.275*** (6.674)
Dum	?		0.066 (1.583)	0.080* (1.948)
EPS·Dum	?		1.987* (1.953)	1.255 (1.196)
EPS·Growth	+			−0.002* (−1.884)
EPS·Size	?			−2.147*** (−6.235)
EPS·Lev	−			−1.324*** (−2.624)
EPS·Beta	−			0.741*** (0.696)
时间效应		控制	控制	控制
模型F值		226.231***	115.698**	66.704***
调整后的R^2		0.214	0.217	0.241
样本量		1 655	1 655	1 655

注:括号内的数字为经White(1980)异方差修正后的t统计量。*,**,***分别表示显著性水平为10%,5%和1%(双尾检验)。

最后，我们对2001年的数据进行回归，具体回归结果见表8-6。从回归结果来看，出人意料的是，$EPS \cdot Dum$前的回归系数在5%的统计水平上显著为负(-0.732)，在引入4项控制变量之后，其系数仍为负(-0.163)，尽管并不显著。该检验结果表明，在《企业会计准则——债务重组》回避公允价值之后，发生债务重组上市公司的盈余质量与未发生债务重组上市公司的盈余质量相比要差，与我们的假设2完全相反。其原因可能在于，资本公积的增加同样可以给上市公司带来经济利益，上市公司仍通过利用债务重组会计准则来增加资本公积，以用于弥补亏损或者发放股票股利，从而降低了其盈余信息的质量。

表8-6

公允价值对盈余质量影响的回归结果(2001年)

变量	预期符号	模型(1)	模型(2)	模型(3)
常数项	?	-0.227*** (-42.895)	-0.229*** (-39.322)	-0.233*** (-39.595)
EPS	+	1.059*** (6.173)	1.331*** (6.153)	13.795*** (3.832)
Dum	?		0.005 (0.321)	0.003 (0.273)
$EPS \cdot Dum$	?		-0.732** (-2.054)	-0.163 (-0.342)
$EPS \cdot Growth$	+			-0.011 (-1.074)
$EPS \cdot Size$	?			-0.664** (-2.518)
$EPS \cdot Lev$	—			-0.411*** (-3.114)
$EPS \cdot Beta$	—			-3.621*** (-5.081)
模型F值		38.015***	14.115**	11.643***
调整后的R^2		0.035	0.038	0.069
样本量		1 008	1 008	1 008

注：括号内的数字为经White(1980)异方差修正后的t统计量。**，***分别表示显著性水平为10%，5%和1%(双尾检验)。

3.3 价格模型的回归结果与分析

为了进一步检验公允价值在《企业会计准则——债务重组》的运用是否会影响上市公司的会计信息质量，本研究又采用价格模型分别对 1999 年、2000 年和 2001 年样本进行回归，具体回归结果见表 8-7、表 8-8 和表 8-9。从 1999 年度的回归结果（见表 8-7）来看，EPS · Dum 前的回归系数为正，BV · Dum 前的回归系数为负，但都不显著。该结果表明，公允价值在《企业会计准则——债务重组》的运用并没有损害到会计信息的质量。2000 年度的回归结果（见表 8-8）也是类似的[①]。但是，从 2001 年的回归结果来看（见表 8-9），EPS · Dum 和 BV · Dum 前的回归系数都显著为负，表明在《企业会计准则——债务重组》回避公允价值之后，发生债务重组上市公司的会计信息质量与未发生债务重组上市公司的会计信息质量相比要差，也与假设 2 是完全相反的。

表 8-7

公允价值对会计信息质量影响的回归结果（1999 年）

变　　量	预期符号	模型(1)	模型(2)
常数项	?	8.592 *** (17.819)	9.503 *** (20.471)
EPS	+	5.300 *** (7.549)	5.880 *** (8.748)
BV	+	0.560 *** (2.707)	0.113 (0.563)
EPS · Dum	?		0.459 (0.192)
BV · Dum	?		−0.520 (−1.491)
模型 F 值		75.543 ***	36.862 ***
调整后的 R^2		0.146	0.153
样本量		872	872

注：括号内的数字为经 White(1980)异方差修正后的 t 统计量。 *** 分别表示显著性水平为 10%，5% 和 1%（双尾检验）。

---

① 将 1999 年和 2000 年合并起来进行回归，所得到的检验结果也是类似的，具体结果在本章中没有给出。

表 8-8

公允价值对会计信息质量影响的回归结果(2000 年)

变量	预期符号	模型(1)	模型(2)
常数项	?	12.430*** (34.673)	14.172*** (40.052)
EPS	+	6.591*** (9.347)	7.973*** (11.578)
BV	+	1.101*** (7.962)	0.219 (1.552)
EPS·Dum	?		−3.329 (−1.583)
BV·Dum	?		−0.305 (−1.204)
模型 F 值		177.221***	63.371***
调整后的 R^2		0.149	0.123
样本量		2 016	2 016

注：括号内的数字为经 White(1980)异方差修正后的 t 统计量。 *** 分别表示显著性水平为 10%,5%和 1%(双尾检验)。

表 8-9

公允价值对会计信息质量影响的回归结果(2001 年)

变量	预期符号	模型(1)	模型(2)
常数项	?	8.673*** (26.024)	9.680*** (29.361)
EPS	+	1.794*** (4.197)	2.527*** (5.573)
BV	+	1.166*** (9.921)	0.729*** (6.162)
EPS·Dum	?		−1.640* (−1.923)
BV·Dum	?		−0.317** (−2.114)
模型 F 值		119.104***	39.898***
调整后的 R^2		0.180	0.134
样本量		1 004	1 004

注：括号内的数字为经 White(1980)异方差修正后的 t 统计量。 *, **, *** 分别表示显著性水平为 10%,5%和 1%(双尾检验)。

3.4 研究小结

本节检验了公允价值在《企业会计准则——债务重组》中的运用是否会影响上市公司会计信息的质量。检验结果显示,公允价值在《企业会计准则——债务重组》的运用并没有降低债务重组上市公司的会计信息质量,并且进一步的结果还表明,在回避公允价值在《企业会计准则——债务重组》的运用之后,发生债务重组的上市公司的会计信息质量与未发生债务重组上市公司的盈余质量相比要差。据此可以推断公允价值在《企业会计准则——债务重组》的运用并不会影响上市公司的会计信息质量,在会计准则中回避公允价值虽然能在一定程度上杜绝上市公司直接通过公允价值计量而进行盈余操纵的行为,但并没有达到预期效果。

4 公允价值会计准则颁布的市场反应

4.1 研究背景

自20世纪80年代以来,金融市场以及金融机构的发展变化使得金融机构传统会计计量模式的缺陷暴露无遗,促使人们更加坚定地支持公允价值计量模式。首先,随着金融管制的放松以及由此引起的频繁不断的利率波动,利率风险日益成为银行以及其他金融机构关注的重要因素。其次,美国银行失败以及存款信用危机事件的不断涌现,使得提供关于银行资本状况的更为准确、更为及时的信息显得尤为重要。由于银行传统会计计量模式并没有反映银行所承受的利率风险,并且也不能有效防止旨在虚增银行资本的滥用会计行为的发生,因此,强烈支持采用公允价值计量的呼声越来越高。另外,银行在金融体系的角色变化也推动了公允价值计量的采用。许多银行从传统的贷款组合逐渐转向投资银行业务,并且对于贷款这样的资产,传统上银行一般会将其持有至到期,但是,许多银行目前不断将其予以证券化,以便让其流通转让。

正是在这种背景下,无论是FASB,还是IASB,在制定会计准则时正不断地从传统的历史成本计量模式向公允价值计量模式转变。FASB在1999年12月所发布的《初步意见:以公允价值报告金融工具与某些相关资产和负债》中建议,完全按照公允价值计量金融工具。由主要工业化国家会计准则制定者和IASC的代表所组成的金融工具联合工作组(JWG)也提出了同样的意见。这些建议引起了激烈的争论,特别是金融界极力反对完全按公允价值计量所有金融工具的建议,他们担心广泛地采用公允价值计量会对金融稳定性产生不利影响。尽管如此,IASB 和 FASB 对金融工具会计所确定的最终目标,仍然是在资产负债表中按照公允价值全面计量所有金融工具[①]。

为了加强我国会计准则与国际财务报告准则的协调与趋同,我国于 2006 年 2 月 15 日发布了包括 1 项基本准则和 38 项具体准则在内的企业会计准则体系,其中包括 4 项金融工具会计准则。这 4 项金融工具会计准则的颁布与实施使得人们非常关注公允价值计量对我国金融业所产生的影响。在当前我国国有商业银行陆续进行股份制改造并实施上市的大背景下,深入分析公允价值计量对我国金融业的影响与冲击具有很强的现实意义。

4.2 公允价值对金融业的影响与冲击

4.2.1 公允价值会计对金融业的影响与冲击：理论分析

公允价值计量的最大优势在于,它能及时反映因市场风险所产生的利得和损失以及因信用质量发生变动所产生的影响[②],能更加真实公允地反映商业银行等金融机构的财务状况和经营成果,从而会减少金融不稳定性事件的发生。例如,在美国发生的储蓄与贷款协会危机[③],如果该协会采用公允价值计量,则美国银行监管机构能及时发现它所存在的问题,从而会采取适当措施以防患于未然。其优势还在于,在传统的历史成本计量下,一种普遍的会计滥用行为就是利得交易行为(gain trading),该行为虚增了银行的现行收益以及银行资本的账面价值,而公允价值计量能够有效地消除银行的利得交易行为以及其他类似行为。

---

① 当前,不论是美国的公认会计原则,还是国际会计准则,采用的仍然是混合公允价值计量模式(即部分金融工具采用公允价值,部分金融工具采用摊余成本)。我国颁布的 4 项金融工具准则实质上采用的也是混合公允价值计量模式,基本上与 IAS 32 和 IAS 39 是一致的。

② 在传统的计量模式下,计提减值准备主要是为了反映借款人信用风险上升所产生的不利影响,而公允价值计量则不仅反映了借款人信用风险上升和下降所产生的影响,而且还体现了利率风险和外汇风险等其他各种风险因素。

③ 美国储蓄与贷款协会危机产生的部分原因在于,其存款负债的利率高于抵押贷款的利率(固定)。在传统的历史成本计量模式下,负的净利息收益开始只是逐渐地显示出来,尽管它最终会暴露该协会处于无力还债的状况。但是,公允价值会计会及时地把这种状况显示出来,因为相关利率的变化会引起固定利率抵押贷款的真实经济价值低于其存款负债的价值。

然而，自20世纪90年代以来，社会各界关注更多的是公允价值计量对金融业乃至整个金融体系的影响与冲击，并存在诸多争论，其中主要是围绕着下列几个问题展开。

4.2.1.1 银行收益及其资本的波动性问题

对公允价值计量的批评主要集中于银行收益及其资本波动性的增加上。首先，批评者攻击当前公允价值计量的不对称性，即部分金融工具采用公允价值，而部分金融工具仍采用历史成本（摊余成本）[①]。这种混合计量模式与当今商业银行的具体投资组合政策是不相适应的。由于银行是采用有机整体的方式来管理其投资组合，而不是采用完全隔离的方式对其交易账户和银行账户进行管理，并且在具体实务中，银行通常会使用交易账户来对其银行账户所承担的利率风险进行套期保值，所以混合公允价值模式的这种不对称性会引起银行收益及其资本不必要的人为波动[②]。其次，银行界认为，公允价值计量所引起的波动性增加并不一定能反映银行经营的内在经济波动性，与银行核心经营业务的基本目标不存在任何关系，而且还提高了银行的资金成本，因为波动性的增加会向资本市场传递额外风险的信号，因而投资者会要求更高的风险溢价，进而提高了银行的资金成本。另外，批评者还指责混合公允价值计量模式会导致银行投资组合的不利变化。例如，银行可能会减少长期债券的持有，转而增加持有波动性较小的短期债券。最后，银行收益及其资本波动性的增加可能会使银行违反资本监管要求的可能性增大，从而会引起过多的监管干预或者会迫使银行作出旨在减少资本监管干预的不当行为（Yonetani 和 Katsuo，1998；Hodder，Hopkins和Wahlen，2003；等）。

4.2.1.2 金融负债的计量问题

银行及其监管机构对公允价值计量的另一种批评，则涉及公允价值计量对银行自身信用风险的处理。首先，当银行自身的信用状况发生变化时，公允价值计量对银行负债计量所造成的影响是违背常识和

---

① 对于银行业而言，主要是指交易账户（trading book）采用公允价值计量，而银行账户（bank book）仍采用摊余成本计量。

② 针对上述指责，会计准则制定者专门制定了套期会计，以消除混合计量模式的上述缺陷。如果完全实现了全面公允价值计量模式（即所有的金融工具都采用公允价值计量），则上述缺陷就不会再存在了。

直觉的①。当发行债务的银行的信用状况恶化时,由于当初发行债务时的利率与按照目前条件发行债务的利率相比要低,所以银行金融负债的公允价值会减少,其结果是银行收益及其资本会相应地增加(假设资产保持不变);相反,如果银行信用状况好转,则银行金融负债的公允价值会增加,银行收益及其资本的公允价值会减少。如果只是从股权投资者的角度来看,在银行破产或失败时,公允价值计量对银行自身信用风险的处理是恰当的,因为在有限责任下,违约风险的增加会引起股东看跌期权(put option)价值的增加。但是,这种处理方法并没有考虑银行债权人的利益。银行作为一种金融机构是高杠杆经营的,而这种只考虑股权投资者的利益而忽视银行存款人以及其他债权人利益的会计处理方法是很难为人们所接受的。其次,采用公允价值计量金融负债也是与银行的监管要求相抵触的。银行监管的出发点是保护存款人利益,更强调银行承担风险、吸收损失的能力,因此,银行监管机构不会接受因银行自身信誉风险下降所引起的负债重新估价而产生的银行储备,也不会将其作为监管资本。最后,对自身的信用风险采用公允价值计量也会阻碍银行自身风险管理制度的建立与发展,因为银行信用等级的上升会导致银行收益及其资本的下降。

4.2.1.3 公允价值计量的可靠性问题

反对公允价值计量模式的更多批评,主要集中在执行公允价值计量模式的难度和成本上,特别是全面公允价值模式。许多银行界人士认为,尽管混合公允价值计量模式不是最合意的,但至少是可行的,因为它只要求对那些公允价值容易确定的证券投资采用公允价值,而全面公允价值计量模式要求对许多没有活跃交易市场的金融工具采用公允价值。他们认为,对于没有活跃交易市场的金融工具来说,需要借助

---

① 当前对此有两种相关的解释:(1)债务的价值等于发行债务的企业在合同中约定支付债权人的未来现金流量的折现价值,而折现率取决于发行债务企业的信用风险。当发行债务企业违约的可能性越来越大时,该债务的风险会增大,相应的折现率就会越高。而如果债务的名义利率不加以调整以反映这种风险的话,债务的价值就会下降。由此可以看出,债务价值的下降实质上是财富从债权人向债务人发生了转移,债权人在购买债务时就已经承担了利率可能会太低的风险。(2)债务包含了发行债务企业所享有的把企业财产以等于债务名义价格的协议价格方式支付给债权人的期权,这种期权的价值会随着企业财务状况的恶化而增加,从而会减少债务的价值。因此,在公允价值计量下,在发行债务企业财务状况恶化的期间,确认企业负债的减少,同时增加当期收益,这种会计处理方式实质上说明了在此期间财富从债权人向债务人发生了转移。

各种估值技术才能估计公允价值,并且在估计过程中存在大量的主观判断,其可靠性备受质疑。例如,在采用现值技术估计贷款公允价值时,银行必须估计贷款的预期未来现金流量,确定恰当的折现期限和选择适当的折现率。这个估价过程对于某些具有约定现金流量和固定期限的贷款和存款可能比较容易,但是,对于其他项目,比如具有提前偿付选择权的贷款,估计其公允价值是相当困难的。

因此,金融界及其监管机构对公允价值计量的最大担忧,来自公允价值本身估计的可靠性问题。当金融工具存在活跃的交易市场,具有可观察的市场价格,则其公允价值很容易确定,不会存在争议。但是,当金融工具缺乏活跃交易市场时,由于当前估计公允价值的估值技术和方法不够成熟,其估计所依据的假设存在大量的人为主观判断,因而难以保证所估计出的公允价值是可靠的。公允价值估计的主观判断过多,很容易被银行管理当局所利用,为其操纵利润及其银行资本提供了更多的弹性空间。为此,美国联邦储备委员会特别关注,在公允价值的可靠性问题还没有得到适当解决之前,能否在财务报表中把公允价值计量扩展到非流动资产(比如银行贷款),并且认为,在把公允价值计量扩展至财务报表非流动资产项目中之前需要更多的研究、指导和检验,现在这种扩展还为时过早。

4.2.1.4 顺周期性(pro-cyclicality)问题

从保持金融稳定的角度来看,采用公允价值计量的另一项成本就是,助长了银行信贷的内在周期性,并且会导致经济周期更为明显。其原因在于,在经济增长时期,银行利润及其资本的较为明显的增长会促使银行信用的过度扩张,为以后程度更深的、更持久的经济衰退留下祸根。新的监管资本要求与公允价值计量的同时运行也可能会导致累积性的顺周期性后果。许多银行及其监管机构(包括欧洲中央银行)担心,公允价值计量在经济衰退期可能会导致资本监管要求更为严格,对银行发放贷款的积极性产生不利影响,进而延缓了经济的复苏。如果信用风险的上升与资产价格下降同时发生,则要求完全采用公允价值计量的银行会面临着双重压力,因为一方面资本监管要求会越来越严,而另一方面,资产价格的下降会使银行利润下降。巴塞尔监管委员会以及各国监管机构表示,商业银行应当收集有关数据,以便进一步评估计量模式从历史成本向公允价值的转变对银行经营行为乃至银行体系稳健性的影响,并调整相应的监管政策和规定。因此,应当深入地研究新的资本监管要求与公允价值计量两者之间的相互作用,从而找出应对之策。

4.2.1.5 银行的传统角色与定位问题

银行界认为,公允价值计量对银行充当长期信用提供者的能力产生了影响,并且对整个银行业的财务根基造成潜在破坏。按照JWG的建议,银行来自其核心经营业务(存贷款业务)的盈余不是按照存贷利差以及本利是否如期收回来计算的,而是按照基于机会成本的经济模型来计算的,这显然与银行的传统角色是有本质区别的。与这种经济模型相适应的会计模式(即公允价值计量模式)显然也不同于与银行传统角色相适应的历史成本计量模式,并且也会使银行的会计模式与其他行业会计模式的差别越来越大。更为重要的是,要求银行会计以理论的经济价值为基础,而不是以实际的现金流量为基础,在不进行大量的研究和测试工作之前,将会使银行承担大量人们所不愿看到的风险。

商业银行传统角色的主要目标在于,建立能长期获取利差的投资组合,并形成自己的顾客群。在日常的经营活动中,银行会注重信贷质量的长期决策,培育与顾客的长期关系。银行与顾客的交易一般都是建立在长期基础上的,并且它是在整个合同期限内获取价值的,而并不会太注重合同价值的短期变化,尽管银行也需要对这种短期变化进行监控。但是,公允价值计量会严重削弱银行作为长期信贷提供者的地位,并会促使银行放弃其传统角色。其原因在于,在公允价值计量模式下,银行不会再对信贷扩张抱有"贷而持有"(lend and hold)的态度,而是面临着套期或证券化的刺激,或者干脆直接把风险转移给客户(比如,签订浮动利率或短期贷款合同),从而使其资产结构与负债的构成相匹配。由于利率的短期变化会直接反映在当期损益,因此,银行在其信贷决策中会采取更为短视的政策,以规避利率短期变动的风险,从而更注重短期结果,而牺牲了长期的客户关系以及投资需求[①]。

---

① 对公允价值计量的不同观点实质上反映了人们对银行业的不同看法。在全面的公允价值计量下,银行被视为资产和负债的组合,与一般的投资基金没有什么区别,因为它最为关心的是净资产价值(net asset value),也就是股东在某时点上出售银行所能获得的价值。因此,全面公允价值计量模式更为强调投资者(特别是股东)的权益,其财务报表的目标就是为投资者决策提供相关的信息。但是,传统的观点更倾向于认为,银行是一个提供长期信用的持续经营实体,因而更多地强调银行与客户的关系以及银行中介的生存能力,它更强调所有利益相关者的利益(特别是债权人),认为银行应继续发挥它在流动性和期限转换方面的作用(ECB,2004)。

另外,尽管利率风险的管理对于任何银行来说都是至关重要的,但是,每家银行都自主地决定利率风险在多大程度被套期以及选择什么样的套期工具。银行界认为,这些套期活动与银行的传统存贷业务是分开的,并且,因这些套期活动而产生的损失与利得,都不应当对银行贷款业务的业绩产生影响。当然,贷款业务肯定会考虑到利率变化的风险,但是,如果用公允价值来计量贷款业务的话,则信贷与利率因素就会搅和在一起,利率的短期变化就不可避免地对银行基于长期战略眼光的信贷投资组合产生影响。

4.2.2 公允价值会计对我国金融业影响的预期

上述分析只是从理论上探讨了公允价值计量对金融业的影响与冲击,但是,我国具有与发达国家完全不同的经济和金融环境。因此,公允价值计量除了对我国金融业以及金融体系产生上述影响之外,其影响和冲击也具有其独特之处。

我国新企业会计准则体系的亮点之一在于,比较全面地导入了公允价值计量属性,并且公允价值运用得还十分广泛,这种从历史成本向公允价值的转变将会对我国上市公司的财务状况与经营成果产生重大影响,特别不能小视有关金融工具的4项会计准则的颁布与实施对我国金融业上市公司的影响。从总体上看,这4项金融会计准则的颁布与实施对增强我国金融业上市公司财务报告的质量和透明度会起到积极的促进作用,能为我国投资者、债权人等众多利益相关者提供更加有助于其决策的信息。公允价值计量与历史成本计量相比,具有很多概念性的优势。公允价值计量是根据当前的市场状况对资产和负债的真实经济价值进行计量,从而能及时反映金融业上市公司资产和负债的市场价值变化,并能在利润表和资产负债表中得以体现[1]。公允价值计量能更加真实公允地揭示我国金融业上市公司的经营业绩、财务状况和风险管理信息,有利于增加市场约束和透明度,并能及早地发现和处理金融危机。衍生金融工具按照公允价值纳入表内核算,这也使得

---

[1] 新颁布的《企业会计准则第22号——金融工具确认和计量》规定,以公允价值计量且其变动计入当期损益的金融资产或金融负债公允价值变动形成的利得或损失,应当计入当期损益;可供出售金融资产公允价值变动形成的利得或损失,除减值损失和外币货币性金融资产形成的汇兑损益外,应当直接计入所有者权益,在该金融资产终止确认时转出,计入当期损益。

我国金融上市公司所从事的高风险金融投资能及时地反映在其财务报表中,使得我国金融监管机构可以更直接地获取相关信息,为更好地履行其监管职责提供了条件;同时,也使市场投资者可以更直接地了解金融业上市公司衍生金融工具的情况,增强了上市公司财务报告的透明度。此外,公允价值计量必将对金融业上市公司会计实务和风险管理产生深远的影响,促使银行管理者进一步完善风险管理体系,健全内部控制制度,全面提升上市公司经营管理水平。

然而,公允价值在金融业上市公司财务报告中的运用是一项系统工程,面临着许多不确定性因素,机遇与挑战同时存在。

4.2.2.1 公允价值的估值技术

如前所述,当金融工具不存在活跃的交易市场时,公允价值计量须依赖估值技术。而计量公允价值时所使用估值技术的目标在于,确定被计量资产或负债在计量日出于正常商业考虑所进行的公平交易中的交易价格。该估值技术应最大限度地使用市场输入变量,且最小限度地使用主体特有输入变量。但是,我国金融市场不发达也欠规范,利率和汇率还未完全市场化,生产要素市场还不够成熟,即使那些有效的交易市场,也缺乏足够的深度与广度[①]。因此,我国在运用估值技术计量公允价值时缺乏相应的市场参考标准。另外,我国当前缺乏一份详细规范公允价值计量技术,并具有很强可操作性的执行指南。这些都会对公允价值计量的可靠性以及金融业上市公司财务报告的可比性和透明度产生重大不利影响。

4.2.2.2 金融资产的分类及其计量

我国金融工具会计准则要求金融业上市公司的管理当局根据其购买和持有金融资产的意图和能力把其划分为以公允价值计量且其变动计入当期损益的金融资产、持有至到期投资、贷款和应收款项与可供出售的金融资产。因此,上市公司持有金融资产的意图和能力不同,会决定金融资产分类的不同,进而会影响金融资产的计量基础。尽管我国会计准则对4类金融资产之间的转换作出了诸多限制,但是,上市公司仍在一定程度上可以操纵金融资产的分类,从而也就操纵了计量基础。

另外,我国金融工具会计准则赋予了上市公司管理当局一种"公允

---

① 因为如果市场交易者过少或者缺乏深度,则市场可能存在被操纵的风险。

价值选择权"(fair value option),该选择权允许管理当局对任何金融资产或金融负债按照公允价值计量,并且把公允价值的变动计入当期损益①。从增强我国金融业上市公司财务报告透明度的角度来看,该公允价值选择权的引入在我国当前的经济环境下并不合理。首先,如前所述,在我国当前的会计环境下,还缺乏有效的机制能保证公允价值可靠计量,因此,上市公司在计量金融工具时所拥有选择公允价值的自由度,以及缺乏对所采用估值技术的有效监控,都会严重地影响财务报告的可靠性和透明度。其次,由于公允价值的不可靠性,再加上并不是所有金融机构对同一种金融工具都会选择公允价值计量,因此,金融上市公司财务报告信息的可比性会受到严重的损害。从金融稳定性的角度来看,公允价值选择权的影响取决于这种选择权在多大程度上被我国金融上市公司所采用。

4.2.2.3 财务报表项目的波动性

随着我国经济环境的不断变化,公允价值计量可能会增加我国金融上市公司财务报表项目的波动性。在引入公允价值计量之后,我国上市公司的财务状况和经营成果将与我国变化多端的资本市场和宏观经济环境更为紧密地联系在一起,资本市场和经济环境的任何变化(比如,发生未预期的利率变动、金融资产信用质量严重恶化、资本市场权益价格大幅度调整以及房地产泡沫突然破灭)都会立即通过公允价值计量反映到金融业上市公司的财务报表中来,从而加剧了我国金融业上市公司收益和资本的波动性。例如,在利率大幅度变动时,公允价值计量与历史成本计量模式相比,能更为迅速地反映资产价值的变动。在金融资产信用质量严重恶化时,资产的公允价值会相应减少,而在传统的历史成本计量模式下,计提的减值损失则比较保守(朱海林等,2004)②。

4.2.2.4 银行的监管问题

首先,公允价值计量的实施在影响银行会计资本的同时,往往也会

---

① 为了防止企业滥用公允价值选择权以操纵盈余,我国颁布的《企业会计准则第22号——金融工具确认和计量》对公允价值选择权的运用作出一些限制性的规定。IAS 39 也作出了类似的规定,但是,这种选择权还是受到欧洲银行界的强烈反对。

② 现行会计准则在金融资产的减值准备计提上采用的仍是"已发生损失"模型,而公允价值计量则更接近"预计损失"模型,因此,当金融资产信用质量严重恶化时,传统计提减值准备的方法相比于公允价值计量,更为保守。

影响银行的监管资本，使得会计资本与监管资本在性质和数量上产生新的不一致，并且会引起商业银行资本充足率的波动，从而增加了银行监管机构对我国商业银行的审慎资本监管难度[①]。采用公允价值计量会使我国上市银行违反资本监管要求的可能性增大，从而会导致银行监管机构对其进行过多的管制干预以及诱发商业银行做出旨在减少管制干预的不正当行为。其次，衍生金融工具按照公允价值计量纳入表内核算，不仅要求银行具有完善的风险管理政策、金融工具估值技术以及有效的内部控制制度，而且对我国商业银行的风险监管提出了更高的要求。另外，我国金融工具会计准则虽然要求上市银行在采用公允价值计量金融工具时必须披露确实的理由、事实或依据，但是，上市银行在提供这些理由、事实和依据时会存在大量的主观分析和判断，并且在不同的时点会发生较大的变化，因此，银行监管机构很难判断和评价上市银行的真实业绩和银行资本状况。最后，公允价值计量对银行监管人员素质也提出了更高的要求，因为公允价值计量涉及大量的专业判断，监管人员要在短期内全面掌握这些专业技术是相当困难的。

值得注意的是，针对金融界以及金融监管机构的担忧，美国 FASB 在制定公允价值计量准则时所采取的策略是一种从易到难、从公允价值的表外披露到公允价值表内确认的循序渐进的发展步骤，而当前我国为寻求会计的国际趋同而采取了一种一步到位的制定策略，因此，我们更应当充分估计公允价值计量对我国金融业乃至整个金融系统所产生的影响和冲击，以使我国实施公允价值计量的风险与成本最小化。

由上述分析可知，公允价值在我国新会计准则体系的引入，特别是在金融工具准则中的广泛运用，会对我国金融业产生重大冲击与影响。因此，本节将在上述分析的基础上采用市场事件研究法来检验我国金融业上市公司对我国 4 项金融工具会计准则是如何作出反应的。

[①] 我国于 2004 年颁布的《商业银行资本充足率管理办法》规定，交易账户中的所有项目均应按市场价格计价。该规定所说的交易账户与新准则所规定的交易性金融资产比较类似，但是，指定为以公允价值计量且其变动计入当期损益的金融工具以及可供出售金融资产因公允价值变动而引起的利得和损失，是否纳入资本充足率的分子之中，我国目前尚无明确的规定。如果将其纳入，则我国商业银行资本充足率的波动性会增大。当前，巴塞尔协议所界定的资本充足率公式只是部分采用了公允价值的概念，因为它只允许把投资证券的未实现利得包括在资本充足率中（分子）。

4.3 研究设计

4.3.1 检验方法

市场事件研究法认为,会计准则的变化与股价变动不相关,除非采用这种变化后的会计准则会引起实际的经济后果(比如现金流量的变动)。如果假定市场投资者对某特定交易熟知所有可能的会计准则,如果他们能获知当前对现行会计准则的批评以及会计准则制定者对这些批评的回应等相关信息,那么他们会修订他们的先前预期,并会估计出会计准则变化所带来的成本和收益。如果对某类企业所产生的成本或收益会导致企业现金流量的全面变动,则这种新信息会导致实际的经济后果。因此,关于公允价值会计的新信息也会导致实际的经济后果,因为与公允价值会计相关的会计准则的颁布与实施会引起金融机构资产和负债管理策略的变化以及金融监管机构实施的监管干预概率的变化等,所有这些变化都会引起金融机构预期现金流量的变化,进而影响到股东财富。

为了充分利用现有数据,本章采用类似于 Leftwich(1981)和 Cornett 等(1996)的两阶段方法,以检验金融工具公允价值会计准则的颁布对我国金融业上市公司股票价格的影响。在第一阶段,本章将计算出每一个事件公告日金融业上市公司组合的平均非正常回报,以检验投资者的市场反应。该阶段的检验能够证实公告事件是否会导致金融业上市公司的投资者对未来预期予以修订。在第二个阶段,本研究将在第一阶段确定使投资者预期发生显著变化的事件窗口进行横截面回归,这阶段的回归可以检验金融业上市公司的哪些特征会影响到公允价值准则所产生的影响[①]。

对于估计某一法规变化事件所产生的经济影响,通常所采用的方法是累加回归模型(比如市场模型或者资本资产定价模型)所产生的股票回报残差。本研究在第一阶段将采用由 Schipper 和 Thompson(1983)所推崇的两步多变量回归方法,原因在于政策事件研究具有下列特点:(1)对于某一特定政策变化,具有多个事件公告日。(2)受到影响的公司股票回报残差在横截面上具有高度的相关性,因为对于所

---

① 由于在本章所涉及的时间区间,我国股票市场只有 10 家金融业上市公司,因此,我们并没有进行有效的横截面回归分析,而只采用了简单的相关性分析。

有受到影响的公司来说,每一个公告事件发生在同一天,并且受到影响的公司一般处于同一行业,或者在其他方面具有相同点。(3)样本规模比较小,本研究只有10家金融业上市公司。另外,这种回归方法为检验一系列假设提供了一个框架,在有效利用现有数据方面具有多种优势。

在这一阶段,第一步首先通过普通最小二乘法把每家金融业上市公司的股票回报率对整个市场回报率和事件虚拟变量进行回归。当处于事件窗口之内时,虚拟变量等于1,否则取0。由于该信息公告日的确切时间并不知道,因此,每一个事件窗口取公告日当天、前两天和后两天的交易日($t=-2, t=-1, t=0, t=1, t=2$)。多变量回归方程具体如下:

$$Re_{jt} = \partial_j + \beta_j MR_t + \sum_{k=1}^{K} g_{jk} D_{kt} + \eta_{jt} \qquad (8-3)$$

其中,Re_{jt}为金融业上市公司j在t交易日的股票回报率($t=1,2,\cdots,T$);T为从2005年7月1日至2006年6月30日期间的交易日回报率观察总数;MR_t为在t交易日按市值加权平均的市场回报率;∂_j为金融业上市公司j的截距系数;β_j为金融业上市公司j的风险系数;g_{jk}为事件k对金融业上市公司j的影响;K为所研究事件的个数(在本研究为4个);D_{kt}:$D_{kt}=1$,当在第k个公告事件的研究窗口之内(即$t=-2, t=-1, t=0, t=1, t=2$)时;$D_{kt}=0$,其他;$\eta_{jt}$为随机游走的干扰项,假定是符合正态分布,并独立于市场回报率和公告事件变量。

我们采用这些回归方程的残差来估计出残差的完全方差—协方差矩阵[①]。该矩阵的每个要素为各家金融业上市公司回归残差的方差以及各家金融业上市公司回归残差之间的协方差。然后,采用该方差—协方差矩阵来估计金融业上市公司组合的权重。具体程序如下:

1) 估计样本中每家金融业上市公司的方程(8-3),并计算出其残差。

2) 估计出各金融业上市公司残差之间的协方差。

---

① 我们检验了每个回归方程残差的异方差问题,发现该问题并不存在。

$$\sigma_{ij} = \text{cov}(\eta_i, \eta_j) \qquad (8-4)$$

其中，η_i，η_j 分别为公司 i 和公司 j 的残差。

3) 残差的完全方差—协方差矩阵定义如下：

$$\boldsymbol{\delta} = \begin{bmatrix} a_{11} & \mathrm{K} & a_{1j} \\ \mathrm{M} & \mathrm{O} & \mathrm{M} \\ a_{j1} & \mathrm{L} & a_{jj} \end{bmatrix}$$

其中，j 为金融业上市公司的个数。

4) 求矩阵 $\boldsymbol{\delta}$ 的逆矩阵 $\boldsymbol{\delta}^{-1}$。

5) 最后求出金融业上市公司组合的权重 $J \times 1$ 向量 $\boldsymbol{P}$：

$$\boldsymbol{P} = (1/\delta^{-1}1)^{-1}\delta^{-1}1 \qquad (8-5)$$

其中，"1"为各元素是 1 的 $J \times 1$ 列向量。上述方法能确保组合权重的合计数等于 1。

在第二步，我们采用上述组合权重来估计出金融业上市公司组合的回报率，并对市场回报率和事件虚拟变量进行回归，具体回归方程如下：

$$Re_{pt} = \partial_p + \beta_p MR_t + \sum_{k=1}^{K} g_{pk} D_{kt} + \eta_{pt} \qquad (8-6)$$

回归系数 g_{pk} 就可以用来量化公告事件对整个金融业上市公司股票组合回报率的影响。

为了检验上市银行的各项特征对各事件公告日的股票市场价格的影响，本章在第二阶段将对金融业上市公司采用横截面测试。在对第一阶段所确定的每个重大事件公告的回归中，以金融业上市公司的 5 天累计非正常回报率作为被解释变量，本章还是以所有重大事件公告的 5 天累计非正常回报率总合计数作为被解释变量。具体计算如下：

$$AR_j = \sum_{k=1}^{K} AR_j^k \times s \qquad (8-7)$$

其中，AR_j^k 为金融业上市公司 j 在事件 k 的 5 天累计非正常回报率；AR_j 为金融业上市公司 j 在所有事件中的符号调整后的 5 天累计非正常回报率；K 为研究事件的个数（本章为 4 个）；s 为对于第一阶段产生的非正常回报率为负的事件,取—1;对于第一阶段产生的非正常回报率为正的事件,取+1。

本章所关注的金融业上市公司特征主要有上市公司的证券投资规模和上市银行的资本充足率。公允价值会计所产生的经济后果取决于金融机构所承受的利率波动风险,由此而产生的投资组合价值变化以及股东财富的变化。

由于当前金融工具会计准则采用的是一种混合公允价值计量模式,要求把金融资产分为 4 大类①,并对其中一部分采用公允价值计量,且其变动计入当期损益。如果上市公司的证券投资②规模越大,归类为按照公允价值计量且其变动计入当期损益的金融资产可能就会越多。因此,我们预期,那些证券投资规模较大的上市公司,相比证券投资规模较小的公司而言,受公允价值会计影响的程度越大,其股票价格的波动更大,事件公告日的非正常回报率更高。

如前所述,公允价值会计会增强上市银行收益和资本的波动性,这种增强的波动性会改变金融机构满足现存债务和发行新债等条款的能力,从而严重影响金融机构的财务状况。另外,在银行资本监管不断加强的条件下③,那些资本充足率较低的上市银行,相对于那些资本充足率较高的银行来说,其抵抗银行收益波动性的承受能力要小得多。基于上述原因,我们预期那些资本充足率较低的上市银行会更为关心公允价值会计产生的经济后果,在事件公告日,其股票价格的波动更为剧烈,非正常回报率更高。

4.3.2 事件研究窗口

为了全面考察金融业上市公司对公允价值会计准则颁布所作出的反应,本研究采取了多个事件研究窗口,具体如下:

1) 2004 年 9 月 29 日,财政部发布了《金融机构金融资产转让会计

---

① 我国《企业会计准则第 22 号——金融工具确认和计量》规定,金融资产应当在初始确认时划分为下列 4 类:(1) 以公允价值计量且其变动计入当期损益的金融资产,包括交易性金融资产和指定为以公允价值计量且其变动计入当期损益的金融资产。(2) 持有至到期投资。(3) 贷款和应收款项。(4) 可供出售金融资产。其中,以公允价值计量且其变动计入当期损益的金融资产和可供出售金融资产要按照公允价值计量。

② 此处主要是指资产负债表中的短期投资。

③ 根据《巴塞尔协议》对资本充足率的要求,资本充足率的最低标准为 8%,其中核心资本率不得低于 4%。

处理暂行规定(征求意见稿)》。

2) 2005年9月2日,财政部印发了《金融工具确认和计量暂行规定(试行)》(财会[2005]14号),要求自2006年1月1日起,在金融业上市公司或拟上市的商业银行范围内试行。

3) 2005年9月23日,财政部发布了《企业会计准则——金融工具确认和计量》、《企业会计准则——金融资产转移》、《企业会计准则——套期保值》、《企业会计准则——金融工具列报和披露》4项会计准则的征求意见稿。

4) 2006年2月15日,财政部举行了会计审计准则体系发布会,发布了39项企业会计准则,包括《企业会计准则第22号——金融工具确认和计量》、《企业会计准则第23号——金融资产转移》、《企业会计准则第24号——套期保值》、《企业会计准则第37号——金融工具列报》,并要求自2007年1月1日起在上市公司施行。

4.3.3 样本选择与数据来源

在样本选择上,本节以2004年7月1日至2006年6月30日期间在上海和深圳证券交易所上市的金融公司为研究样本,共有10家金融业上市公司,其中上市银行5家,详见表8-10。有关财务方面的数据来自上海万德资讯科技有限公司提供的Wind数据库。

表8-10

研究样本

证券代码	上市公司名称
000001	深发展
000562	宏源证券
000563	陕国投
600000	浦发银行
600015	华夏银行
600016	民生银行
600030	中信证券
600036	招商银行
600643	爱建股份
600816	安信信托

4.4 检验结果与分析

4.4.1 单个上市公司的检验结果

表 8-11 为每家金融业上市公司在 2004 年 7 月 1 日至 2006 年 6 月 30 日期间[①]通过方程式(8-3)回归而估计的单个回归系数。从表 8-11 中可以看出,除了正式发布金融工具 4 项会计准则之外,在其他事件公告日 10 家金融业上市公司的平均回归系数[②]均为负值,特别是在《金融机构金融资产转让会计处理暂行规定(征求意见稿)》发布时,负值达到最高(-0.013),并且在 1% 的统计水平上是显著的(t 值为 -3.901)。值得注意的是,在正式发布金融工具 4 项会计准则时,平均回归系数在接近 10% 的水平上显著为正(0.006),表明金融业上市公司对其作出了正面的反应,其原因在于财政部于 2006 年 2 月 15 日发布了包括 1 项基本准则和 38 项具体准则在内的企业会计准则体系,该准则体系可能对金融上市公司而言是一项好消息。因此,在其公布日无法单独确定金融业上市公司对公允价值会计准则颁布所作出的反应,因而本研究将在后文的分析中不再包括该事件日。

4.4.2 金融业上市公司组合的检验结果

为了全面检验金融业上市公司对公允价值会计准则的颁布所作出的反应,本章在金融上市公司组合的基础上对模型(8-6)进行回归,具体回归结果见表 8-12。从表 8-12 中可以看出,在《金融机构金融资产转让会计处理暂行规定(征求意见稿)》发布时,回归系数在 1% 的统计水平上显著为负(-0.011),在发布《金融工具确认和计量暂行规定(试行)》和 4 项金融工具会计准则征求意见稿时,回归系数均为负,但不显著。然而,在正式发布企业会计准则体系时,回归系数在 10% 的统计水平上显著为正,说明了市场投资者认为其发布是一项利好消息。由此可见,上述检验结果基本上与单个金融上市公司的回归结果是一致的。另外,为单独考察上市银行对公允价值会计准则的颁布是如何作出反应的,本章又在上市银行组合的基础上对模型(8-6)进行了回归(见表 8-12 的第二个回归结果),其检验结果基本上是一致的。

---

① 扩大研究期间的长度(比如,从 2004 年 1 月 1 日到 2006 年 12 月 31 日),并不影响本章的结论。

② 这些平均值可以理解为,把这 10 家金融业上市公司作为等权(equal-weighted)组合而得出的参数估计。

表 8-11　在公允价值准则颁布期间单个金融机构的系数估计

股票代码	∂	β	(1)	(2)	(3)	(4)	F值	Adj-R^2
000001	−0.000 (−0.543)	0.917*** (16.197)	−0.008 (−0.941)	−0.004 (−0.518)	0.001 (0.142)	0.006 (0.696)	53.174	0.350
000562	0.002 (1.192)	1.052*** (11.391)	−0.012 (−0.873)	0.000 (0.034)	−0.004 (−0.289)	−0.005 (−0.344)	26.714	0.210
000563	0.001 (0.934)	1.268*** (14.317)	−0.024* (−1.793)	0.003 (0.241)	0.005 (0.372)	−0.005 (−0.356)	42.254	0.299
600000	0.001 (0.869)	0.801*** (14.817)	−0.011 (−1.332)	−0.007 (−0.868)	−0.005 (−0.554)	0.012 (1.514)	45.421	0.314
600015	0.000 (0.142)	0.789*** (21.153)	−0.014** (−2.504)	−0.001 (−0.164)	0.001 (0.251)	0.011* (1.942)	92.032	0.485
600016	0.001 (1.222)	0.878*** (19.392)	−0.008 (−1.164)	−0.001 (−0.139)	−0.003 (−0.401)	0.018*** (2.647)	77.541	0.442
600030	0.002* (1.812)	1.243*** (16.554)	−0.009 (−0.822)	−0.011 (−1.003)	0.017 (0.154)	0.004 (0.392)	55.042	0.358
600036	0.001* (1.683)	0.714*** (16.448)	−0.005 (−0.739)	−0.008 (−1.214)	−0.009 (−1.384)	0.002 (0.354)	56.243	0.363
600643	−0.000 (−0.003)	1.229*** (15.472)	−0.019* (−1.644)	0.022* (1.842)	−0.020* (−1.691)	0.008 (0.662)	51.862	0.344
600816	0.000 (0.251)	0.898*** (10.853)	−0.016 (−1.312)	−0.003 (−0.254)	−0.020 (−1.653)	0.004 (0.321)	25.471	0.202

第8章 公允价值准则理论分析与检验

	均值	t值	负值比例(%)	Z统计量
	0.001	2.667	20	-1.897
	0.979	45.048	0	-3.162
	-0.013	-3.901	100	3.162
	-0.001	-0.310	70	1.265
	-0.004	-1.138	60	0.632
	0.006	1.703	20	-1.897

注:(1)为《金融机构金融资产转让会计处理暂行规定(征求意见稿)》的发布;(2)为《企业会计准则——金融工具确认和计量暂行规定(试行)》的发布;(3)为《企业会计准则——金融工具确认和计量》、《企业会计准则——金融资产转移》、《企业会计准则——金融工具列报和披露》4项会计准则征求意见稿的发布;(4)为《企业会计准则第22号——金融工具确认和计量》、《企业会计准则第23号——金融资产转移》、《企业会计准则第24号——套期保值》和《企业会计准则第37号——金融工具列报》4项会计准则的正式发布。

t值是通过参数平均估计值除以整个样本的标准差计算得的,Z统计量 = $\dfrac{G - Mp}{\sqrt{Mp(1-p)}}$,其中G为负参数估计值的个数,M为参数估计值的总个数,p为出现负参数估计值的概率(0.5); *、**、*** 分别表示检验在1%、5%和10%的水平上统计显著(双尾检验)。

表8-12 组合系数的估计

投资组合	∂	β	公允价值会计准则发布的影响				F值	Adj-R^2
			(1)	(2)	(3)	(4)		
全部金融业上市公司组合	0.001 (1.182)	0.875*** (31.398)	-0.011*** (-2.714)	-0.002 (-0.553)	-0.003 (-0.762)	0.007* (1.696)	202.293	0.675
所有上市银行组合	0.000 (0.758)	0.791*** (25.293)	-0.009** (-2.132)	-0.004 (-0.854)	-0.002 (-0.481)	0.008* (1.684)	131.092	0.573

注:(1)~(4)的含义同上; *、**、*** 分别表示检验在1%、5%和10%的水平上统计显著(双尾检验)。

4.4.3 金融业上市公司的特征对反应程度大小的影响

如前所述,公允价值计量模式会加剧银行收益及其资本的波动性,从而会增加银行的监管成本。为此,本研究将检验我国上市银行的资本充足率大小和证券投资占总资产的比率大小是否会影响到上市银行对公允价值会计准则的反应程度大小。由于在本节所研究的样本期间上市银行只有 5 家,因此,本研究并不能采用横截面回归分析,只能采用相关分析。

表 8-13 列示了 5 家上市银行的证券投资规模[①]、资本充足率、核心资本充足率和累计非正常回报率。从资本充足率与累计非正常回报率的关系来看,截至 2005 年 12 月 31 日,招商银行的监管资本较为充足,其资本充足率和核心资本充足率分别为 9.06% 和 5.58%,但是,其非正常回报率达到 0.022,仅次于浦发银行。浦发银行、华夏银行和民生银行的资本充足率也都达到了 8% 的监管要求。而深发展的资本充足率最低,仅有 3.70%,但是,其非正常回报率也只有 0.013,仅高于民生银行。另外,我们也计算了反映两者之间的关系的 Pearson 相关系数,具体结果见表 8-14,结果发现 Pearson 相关系数依然为正,尽管不显著。由此可见,上述检验结果并不能证实本研究的预期,其原因可能在于,指定为以公允价值计量且其变动计入当期损益的金融工具以及可供出售金融资产因公允价值变动而引起的利得和损失,是否应纳入资本充足率的分子之中,我国目前尚无明确的规定。

表 8-13

上市银行的相关指标

股票代码	证券投资规模		资本充足率		核心资本充足率		累计非正常回报率
	2004 年	2005 年	2004 年	2005 年	2004 年	2005 年	
000001	0.054	0.032	2.30	3.70	2.32	3.71	0.013
600000	0.018	0.085	8.03	8.04		4.13	0.023
600015	0.008	0.019	8.61	8.23	5.25	5.08	0.016
600016	0.023	0.024	8.59	8.26		4.80	0.012
600036	0.050	0.055	9.55	9.06		5.58	0.022

---

① 在计算证券投资规模时,用上市银行财务报表中的短期投资除以其总资产而得到。

从证券投资规模与累计非正常回报率的关系来看,截至2005年12月31日,浦发银行的证券投资规模最大,达到总资产的8.5%,其累计非正常回报率也最大,达到0.023;华夏银行的证券投资规模最大,只有总资产的1.9%,其累计非正常回报率为0.016,不是最低。另外,从表8-14可以看出,两者的Pearson相关系数为正,但并不显著,并且如果以2004年12月31日的证券投资规模来计算,其Pearson相关系数出现了负值。因此,上述检验结果也与我们的预期相反。其原因可能在于,公允价值变动可直接计入当期损益的只有交易性金融资产,而这类资产对于银行资产结构来说,所占比重较小,主要为短期获利而持有的短期债券、投资等,故总体影响金额不会太大。

表8-14

Pearson 相关系数

	证券投资规模		资本充足率		核心资本充足率	
	2004年	2005年	2004年	2005年	2004年	2005年
反应程度大小 (非正常回报率)	−0.293 (0.412)	0.338 (0.340)	0.470 (0.424)	0.502 (0.389)		0.271 (0.659)

注:括号里为 t 值。

4.5 研究小结

本节在分析公允价值会计对我国金融业乃至整个金融体系的影响与冲击的基础上,检验了我国金融业上市公司对我国公允价值会计准则(4项金融工具会计准则)是如何作出反应的。本节的分析表明,公允价值会计所涉及的重要概念以及许多实际重大问题还没有得以完全解决,并且它的实施确实会对我国银行业乃至整个金融体系产生重大影响和冲击。但是,本章的实证检验结果表明,我国市场投资者对公允价值会计准则的颁布作出了不太显著的负面反应,并且上市银行的证券投资规模和资本充足率对其反应程度大小并没有产生显著的影响,刚好与我们的预期相反。

5 研究启示与建议

毋庸置疑,如果正如本章前文研究所得出的结论那样,我国资本市场投资者对公允价值在我国会计准则中的运用是持一种乐观态度的,上市公司所披露的公允价值信息具有一定程度的可靠性,它的实施并没有损害到我国会计信息的整体质量,那么,本章的研究成果给我国公允价值会计的未来走向所带来的启示是十分深远的。

5.1 我国公允价值会计的实施步骤

如前所述,公允价值在我国的运用和发展并不一帆风顺,因为它会对当前的会计理论和实务界产生重大影响。但是,公允价值会计是国际潮流,大势所趋,因此,在对待公允价值的态度上,我们不应排斥它,尽管在公允价值实施过程中会面临这样那样的困难。我国会计准则制定机构在决定是否采用公允价值会计时,必须权衡它的优势和劣势,并考虑我国具体经济环境与条件,循序渐进地推进公允价值计量模式。

当前最为稳妥的方法是,对现行会计实务进行循序渐进的局部改革,不断地改进现行的历史成本会计模式,逐步迈向公允价值会计。具体来说,应开始要求对某些项目的公允价值信息进行额外披露,而仍保留历史成本作为财务报表确认的主要标准,直到相关的条件成熟。该方法的优点在于,它能使变革成本最小化,能把公允价值会计的学习成本及其转换成本分散,能避免企业管理当局滥用公允价值计量的不当激励,能最大限度地减少整体变迁风险和改革的社会阻力,能降低制度执行的摩擦成本,并为未来改革的步伐和方向提供弹性空间。开始只要求进行公允价值信息的额外披露的另一种优势在于,它为银行及其监管机构提供了一种辨别与纠正公允价值会计模型所存在的不可预见的激励扭曲的成本低廉的机会。

总之,公允价值作为一个复杂的系统工程,只要我们充分考虑到各种变量和不确定因素,科学地设计改革方案,稳步推进公允价值会计,就能够使实行公允价值会计的风险最小化,从而确保公允价值会计得到有效的实施。

5.2 加强会计准则制定者与金融界之间的对话与沟通

如前所述,公允价值会计的实施确实会对金融业乃至整个金融体系产生重大影响和冲击。因此,在公允价值会计的运用对银行乃至整个银行体系稳健性的影响没有得到正式评估之前,各国银行监管机构对公允价值会计是持谨慎态度的。

由于银行监管主要是从维护银行体系稳健运行的角度出发,着力增强商业银行抵御风险、管理风险的能力,所以银行监管机构在短期内仍会保持监管政策的相对独立性。但是,从长期来看,不论是会计准则制定者,还是银行监管机构,都要着眼于提高会计资本、监管资本和经济资本的同一性,达到银行监管政策与会计准则之间的协调与趋同。为此,巴塞尔委员会鼓励各国监管机构积极参与会计准则的制定过程,与会计准则制定者进行建设性对话,要求监管机构从维护金融稳定的角度出发,努力使会计准则变革向符合商业银行风险管理框架去努力,应在财务报告和监管报告、会计资本与监管资本之间建立必要的联系机制。巴塞尔委员会也希望加强与 IASB 的对话与沟通,并支持建立专门负责金融工具的由会计职业界、银行界、监管者、中央银行、审计界和其他利益相关者所组成的特别国际工作小组。委员会认为,该工作小组须对风险管理、财务模型与估价以及审计等各种技术领域具有广泛的观点。

因此,对于我国会计准则制定者而言,会计准则的制定与发展也要考虑公允价值会计对我国银行业与整个金融稳定的影响,认真听取来自银行界及其监管机构的各种声音,加强我国会计准则与银行监管政策之间的协调,使实行公允价值会计的风险最小化,从而确保公允价值会计在我国得到有效的实施。

总之,会计准则制定者与银行监管机构之间不断加强对话与沟通,有助于形成一种解决公允价值会计实施难题的更好的办法,使得公允价值会计与银行风险管理实务之间,公允价值会计与银行监管政策之间取得协调一致,有助于帮助财务报告编制者和使用者更好地理解那些估计可靠的、可鉴证的公允价值的方法。

5.3 公允价值是一项系统工程,各方面的配套改革要同步进行

当前,我们对公允价值的认识出现了一些扭曲,问题不在公允价值本身,而是由于资本市场监督的相关配套制度不完善所造成的。单单依靠在会计准则中回避公允价值计量,只会迫使某些利益集团改变其盈余操纵的手段,而不能从实质上提高我国会计信息的质量。另外,回避公允价值在我国会计准则中的运用,不能满足我国这个不断成熟的经济环境中外部投资者对会计信息相关性的需求,这也是与当今会计不断协调与趋同的国际潮流相违背的。因此,要想积极稳步地推进我国公允价值会计的发展,以使实施公允价值会计的风险最小化,同步进行各方面的配套改革显得格外重要。这些配套措施包括执行会计准则

所涉及的各种要素,如公司治理结构、内部控制制度、独立审计、经理人市场、法律诉讼机制以及资本市场监管机制等,这些要素直接关系到公允价值会计能否被恰当地执行以及我国会计信息质量的高低。

5.3.1 创造和完善公允价值应用的市场环境,建立统一而又充分竞争的交易市场

由于公允价值是市场经济的产物,其计量基础是市场机制,因而公允价值广泛应用的基本条件就是要有健全而成熟的生产资料市场、产权交易市场。从我国的当前现状来看,证券交易市场、产权交易市场、生产资料市场等都不是十分完全和完美,价格难以真正反映真实价值,因此,绝大多数资产的市场价格难以获得。因此,当前我们的任务应不断地深化我国经济的市场化程度,努力构建一个完整、统一、开放、充分竞争的市场,为公允价值的运用创造良好的大环境,从而降低公允价值的获取成本。

5.3.2 加强以财务报告为目的的资产评估的理论研究,提高资产评估人员的业务素质和专业技能[①]

如果不存在发达的专业评估技术以及娴熟而讲求诚信的评估队伍,公允价值的运用必然受到一定程度的限制,在这种条件不成熟的经济环境中过多地使用公允价值,可能适得其反。在公允价值估计不是基于可观察的市场价格的情况下,公允价值计量更多是依赖于各种估值技术,而现值技术以及其他估值技术的运用专业性很强,需要有专业技术高超、诚信的资产评估师队伍[②]。从我国当前的现状来看,我国在财务报告中采用公允价值计量才刚刚兴起,对于以财务报告为目的的评估理论和实务研究显然落后于其他方面。另外,我国资产评估人员的业务素质与专业技能还不容乐观,因而过多地采用现值技术以及其他估值技术来估计公允价值的风险会比较大。因此,我国当前一方面应当加强以财务报告为目的的资产评估的理论研究,及时制定和发布

---

① 针对公允价值在国际财务报告准则中运用得越来越广泛的趋势,国际评估准则委员会(IVSC)非常关注国际会计准则的发展变化。根据 IVSC 的计划,IVSC 准备对国际评估准则进行全面复核,目的之一就是审查国际评估准则是否满足国际财务报告准则中对相关资产评估的要求。国际评估界与 IASB 的良好合作,为我国评估界与会计界的合作提供了经验。

② 按照 FASB 规定的有关公允价值计量的三个层次,显然,第三层次的公允价值计量与资产评估工作的关系更为密切。

与资产评估相关的指导意见,以指导实际工作的开展,另一方面应当切实采取相关措施,以提高我国资产评估人员的业务素质和专业技能。

5.3.3 提高会计人员的业务素质和专业判断能力

公允价值的运用,留给会计人员更大的职业判断空间,对会计人员的职业能力提出了新的要求,会计人员不仅要掌握公允价值估值技术,更为重要的是要提高会计人员的专业判断能力。与其他计量属性相比,公允价值会更多地体现会计人员的专业水准和职业判断要素,会计人员的职业判断水平成为公允价值估值结果形成过程中的重要影响因素。另外,公允价值在我国的运用还取决于有关公允价值的基本会计理论的发展以及包括会计准则制定者在内的各个相关领域内的人士对公允价值的认识与理解程度。

5.3.4 维护注册会计师审计的独立性,提高注册会计师审计的质量,充分发挥注册会计师的独立鉴证职能

对公允价值估计的独立鉴证是推行公允价值计量的重要组成部分。在金融工具变得越来越多样化和复杂化,而公允价值在财务报告中得到更多采用的背景下,独立鉴证显得尤为重要。

5.4 公允价值的估值技术

公允价值在全面付诸实施之前,还有一系列重大问题亟待研究与解决,其中最为关键的是关于如何计量公允价值问题。美国 FASB 经过 12 年多的努力于 2000 年颁布了第 7 辑概念公告——《在会计计量中使用现金流量信息和现值》,专门介绍了公允价值的估值技术——现值技术,在公允价值会计的发展历程中,其意义非同寻常。随着公允价值在美国具体会计准则中的不断拓展,各项准则在公允价值计量方面存在的缺陷逐渐暴露出来,分散于众多准则中的公允价值计量方法造成了公允价值在具体会计实务中运用得十分混乱,并且不同准则之间也存在大量的不一致现象,从而增加了公允价值运用的复杂性。为了增强公允价值计量的一贯性和可比性,美国 FASB 从全局出发,于 2006 年 9 月发布了第 157 号财务会计准则公告——《公允价值计量》,为公允价值的计量提供一份统一的框架与指南。在公允价值的估值技术上,尽管公允价值在我国会计准则中得到了广泛的运用,但是,我国目前同样非常缺乏相应的有关公允价值估值技术的指导建议,这已成为我国推行公允价值会计的最大技术障碍,因此我国应密切关注美国

FASB 和 IASB 有关公允价值估值技术的最新发展,并不断地制定出适用于我国特殊经济环境的有关估值技术的指导建议。

参 考 文 献

冯淑萍. 2003. 关于我国当前环境下的会计国际化问题[J]. 会计研究,(2):2-7.

冯淑萍. 2003. 推进资产评估准则建议,促进资产评估行业发展[J]. 中国资产评估,(1):8-9.

罗胜强. 2006. 公允价值会计:理论分析与经验证据[J]. 财经理论与实践,(5):61-67.

罗胜强. 2006. 公允价值计量对我国银行业的影响分析[J]. 会计研究,(12):8-13.

曲晓辉. 2000. 中国特色的会计解读[J]. 会计研究,(4):36-40.

朱海林,王展翔,柳元首,董雨红,冯敏红. 2004. 公允价值计量对欧洲银行业的影响:金融稳定性视角[J]. 会计研究,(6):82-85.

AHMED A S, TAKEDA C. 1995. Stock market valuation of gains and losses on commercial banks' investment securities: an empirical analysis[J]. Journal of Accounting and Economics,(20):207-225.

BARTH M E. 1994. Fair value accounting: evidence from investment securities and the market valuation of banks[J]. The Accounting Review,(69):1-25.

BARTH M E, BEAVER W H, LANDSMAN W R. 1996. Value-relevance of bank's fair value disclosures under SFAS No. 107[J]. The Accounting Review,(71):513-537.

BARTH M E, LANDSMAN W R, WAHLEN J M. 1995. Fair value accounting: effects on banks' earnings volatility, regulatory capital, value of contractual cash flows[J]. Journal of Banking & Finance,(19):577-605.

BEATTY A. 1995. The effects of fair value accounting on investment portfolio[J]. Review-Federal Reserve Bank of St.

Louis, (77): 25-49.

BEATTY A, CHAMBERLAIN S, MAGLIOLO J. 1996. An empirical analysis of the economic implications of fair value accounting for investment securities[J]. Journal of Accounting and Economics, (22): 43-77.

BEAVER W H, CHRISTIE A A, GRIFFIN P A. 1980. The information content of SEC Accounting Series Release No. 190 [J]. Journal of Accounting and Economics, (2): 127-157.

BEAVER W H, GRIFFIN P A, LANDSMAN W R. 1982. The incremental information content of replacement cost earnings[J]. Journal of Accounting and Economics, (4): 15-39.

BERNARD V L, RULAND R G. 1987. The incremental information content of historical cost and current cost income numbers: time-series analyses for 1962-1980[J]. The Accounting Review, (4): 707-722.

BUBLITZ B, FRECKA T G, MCKEOWN J C. 1985. Market association tests and FASB Statement No. 33 disclosures: a re-examination[J]. Journal of Accounting Research, (23): 1-23.

BURKHARDT K, STRAUSZ R. 2004. The effect of fair vs. book value accounting on the behavior of banks[R]. Working paper.

CAREY M. 1995. Partial market value accounting, bank capital volatility, bank risk[J]. Journal of Banking & Finance, (19): 607-622.

COLLINS D W, KOTHARI S P. 1989. An analysis of intertemporal and cross-sectional determinants of earnings response coefficient [J]. Journal of Accounting and Economics, (11): 143-181.

CORNETT M M, REZAEE Z, TEHRANIAN H. 1996. An investigation of capital market reactions to pronouncements on fair value accounting[J]. Journal of Accounting and Economics, (22): 119-154.

DEMARZO P M, DUFFE D. 1995. Corporate incentives for hedging and hedge accounting[J]. The Review of Financial Studies, (8):

743-771.

ECCHER E A, RAMESH K, THIAGARAJAN S R. 1996. Fair value disclosures by bank holding companies [J]. Journal of Accounting and Economics, (22): 79-117.

ERNST, YOUNG. 1993. A national survey of Chief Financial and Chief Investment Officers in 216 financial services institutions [R].

ERNST, YOUNG. 1994. A follow-up survey on the impact of the implementation of FAS 115[R].

FREEMAN R N. 1983. Alternative measures of profit margin: an empirical study of the potential information content of current cost accounting [J]. Journal of Accounting Research, (21): 32-64.

GHEYARA K, BOATSMAN J. 1980. Market reaction to the 1976 replacement cost disclosures [J]. Journal of Accounting and Economics, (2): 107-125.

HERRMANN D, SAUDAGARAN S M, THOMAS W B. 2002. The quality of fair value measures for Property, Plant, Equipment [R]. Working paper.

HODDER L, HOPKINS P, WAHLEN J. 2003. Risk-relevance of fair value income measurement for commercial banks [R]. Working paper.

IVANCEVICH D M, COCCO A F, IVANCEVICH S H. 1996. The effect of SFAS No. 115 on financial statement analysis[J]. The Ohio CPA Journal, 55(4): 32-37.

KHURANA I K, KIM M S. 2003. Relative value relevance of historical cost vs. fair value: evidence from bank holding companies[J]. Journal of Accounting and Public Policy, (22): 19-42.

KOTHARI S P, ZIMMERMAN L L. 1995. Price and return models [J]. Journal of Accounting and Economics, (20): 155-192.

LEFTWICH R. 1981. Evidence of the impact of mandatory changes in accounting principles on corporate loan agreements [J]. Journal of Accounting and Economics, 3: 3-36.

LYS T. 1996. Abandoning the transactions-based accounting model: weighing the evidence [J]. Journal of Accounting and Economics, (22): 155-175.

NELSON K. 1996. Fair value accounting for commercial banks: an empirical analysis of SFAS 107 [J]. The Accounting Review, (71): 161-182.

NISSIN D. 2003. Reliability of banks' fair value disclosure for loans [J]. Review of Quantitative Finance and Accounting, 6: 355-384.

REZAEE Z, LEE J T. 1995. Market value accounting standards in the United States and their significance for the global banking Industry [J]. International Journal of Accounting, (30): 208-221.

RICHARD J. 2005. The concept of fair value in French and German accounting regulations from 1673 to 1914 and its consequences for the interpretation of the stages of development of capitalist accounting[J]. Critical Perspectives on Accounting, (16): 825-850.

RO B T. 1980. The adjustment of security returns to the disclosure of replacement cost accounting information [J]. Journal of Accounting and Economics, (2): 159-189.

SCHAEFER T P. 1984. The information content of current cost income relative to dividends and historical cost income [J]. Journal of Accounting Research, (22): 647-656.

SCHIPPER K, THOMPSON R. 1983. The impact of merger-related regulations on the shareholders of acquiring firms[J]. Journal of Accounting Research, (21): 184-221.

SMITH C, WATTS R. 1992. The investment opportunity set and corporate financing, dividend and compensation policies [J]. Journal of financial Economics, (32): 263-292.

VENKATACHALAM M. 1996. Value-relevance of banks'derivatives disclosures [J]. Journal of Accounting and Economics, (22): 327 – 355.

WALKER R G. 1992. The SEC's ban on upward asset revaluations and the disclosure of current values [J]. Abacus, (28): 3 – 35.

WARFIELD T D, WILD J J, WILD K L. 1995. Managerial ownership, accounting choices, informativeness of earnings [J]. Journal of Accounting and Economics, (20): 61 – 91.

WATTS R L, ZIMMERMAN J L. 1978. Towards a positive theory of the determination of accounting standards [J]. The Accounting Review, (53): 112 – 134.

WATTS R L, ZIMMERMAN J L. 1980. On the irrelevance of replacement cost disclosures for security prices [J]. Journal of Accounting and Economics, (2): 95 – 106.

YONETANI T, KATSUO Y. 1998. Fair value accounting and regulatory capital requirements-proceedings of a conference [R]. Working paper.

ZEFF S A. 1995. A perspective on the U. S. public/private-sector approach to the regulation of financial reporting [J]. Accounting horizons, (9): 52 – 70.

第 9 章 欧洲向 IFRS 趋同的效果检验
——稳健性视角

本章使用基于会计数据的多种方法计量欧洲国家的会计稳健性。2000—2005 年间,欧洲国家普遍具有会计稳健性,但会计稳健性和 IFRS 的推行使用没有显著联系,IFRS 相比于其他会计准则对会计稳健性并不具有更强的解释作用,进一步预测在我国以稳健性作为信息质量特征,研究向 IFRS 趋同的新会计准则发布实施的影响,结果可能并不理想。

1 研究动机与文献回顾

1.1 研究动机

2006 年 2 月 15 日我国财政部发布新《企业会计准则》,于 2007 年 1 月 1 日起在上市公司范围内施行。新准则"实现了与国际会计惯例的趋同"(楼继伟,2006),IASB 对 CAS 与 IFRS 趋同的事实也予以了确认和肯定。同样是在全球经济中具有重要影响的欧盟(European Union,EU),也曾在 2002 年 7 月 19 日通过了对欧洲国家产生重要影响的《欧盟法令 1606/2002——关于应用国际会计准则》,要求欧洲上市公司的合并财务报表自 2005 年 1 月 1 日开始全面遵循欧盟认可的国际财务报告准则(各国可根据情况适当延缓,但不得迟于 2007 年 1 月 1 日)。这也同样可称作是会计全球趋同进程中的重要里程碑。他山之石可以攻玉,尽管欧洲国家和我国在经济和制度等方面尚存在较大差异,但是鉴于趋同背景和研究方法上的相似性,检验欧洲国家 2005 年会计准则趋同效果,对我国会计准则国际协调或趋同效果的预测也具有一定的参考价值。

会计准则国际协调或趋同效果的检验,主要是从会计信息质量特征角度进行的。IFRS 一般被认为是高质量的,稳健性也被看作是一项高质量的信息属性(Ball等,2000)。尽管受制度、动机、执行等因素影响(Holthausen,2003),高质量的会计准则并不必然产生高质量的会计信息,但也不能否认会计准则质量与会计信息质量间的相关性,否则就无法解释会计的国际趋同为何主要表现为向国际财务报告准则的趋同。本章主要研究欧洲国家推行使用IFRS是否有助于提高会计信息的稳健性,进而从稳健性角度对我国新准则的实施效果做出预测。

1.2 相关文献简要回顾

1.2.1 稳健性定义和分类

稳健性是一种古老的会计传统,IASC(1989)的定义是:稳健(审慎)指在不确定性条件下需要作出估计时,判断过程要包含一定程度的谨慎,以便不高估资产或收益,也不低估负债或费用。Basu(1997)将稳健性定义为在财务报告中确认好消息比确认坏消息要求更高的证实程度,即会计收益反映坏消息快于反映好消息。以后的学者也把Basu定义的稳健性称为"条件稳健性"(Ball和Shivakumar,2005;Beaver和Ryan,2005)、"收益稳健性"(Ball等,2000)、"事后稳健性"(Pope和Walker,2003;Richardson和Tinaikar,2004)或"信息依赖的稳健性"(Chandra等,2004)。相对应地,会计程序中应用一般公认会计原则,使净资产账面值相对较低,产生预期未记录商誉的会计方法和估计,则被称作"无条件稳健性"、"资产负债表稳健性"、"事先稳健性"或"信息独立的稳健性"。Watts(2003)从契约、股东诉讼、税法和会计监管4个方面对会计稳健性的产生做了较为全面的阐述,认为从契约角度而言,条件稳健性与无条件稳健性是实质上不同的概念(Ball和Shivakumar,2005)。

1.2.2 会计准则与稳健性的关系研究

Ball等(2003)检验了东亚四个国家(地区)(中国香港地区、马来西亚、新加坡和中国台湾地区)1984—1996年间会计收益的稳健性,这些国家(地区)的准则源自普通法国家,通常被认为是高质量的,但它们的报告质量以及时确认经济收益(特别是损失)来度量的话,却并不比成文法国家的高。因此作者指出会计收益属性还受动机的影响,高质量的会计准则并不必然产生高质量的财务报告。Ross Jennings等(2004)检验了1994—2002年间使用IAS的公司报告收益是否有较高的质量,用确认损失的及时性(条件稳健性)和价值相关性两个维度进行衡量,发现在财务与税务会计联系高度紧密的国家应用IAS,收益会更稳健和价值相关。Barth 等(2005)比较了 24 个国家 411 家公司 1990—2004 年间从应用本国 GAAP 转为应用 IAS 的会计属性变化，发现公司应用了 IAS 后会计报表有较少的盈余管理，更及时的损失确认，更高的会计信息价值相关性，以及较低的资本成本，应用 IAS 带来了会计质量的提高。Barth 等(2006)通过比较 1990—2004 年应用 IAS 的 24 个国家 429 家和相匹配的美国公司的会计质量，发现应用 IAS 的公司在盈余管理、及时确认损失以及价值相关性方面，都比应用美国 GAAP 的公司要差。比较应用 IAS 的公司在应用 IAS 前后的会计质量，则发现公司应用 IAS 后会计质量趋近于应用美国 GAAP 的公司。朱茶芬(2006)分析了 1997—2003 年中国 A 股上市公司收益的稳健性，发现在 2001 年准则变革后有明显提升，从而认为准则对稳健性是有影响的，但也强调了其他配套制度改革的必要性。Chen 和 Wu (2007)检验了 1992—2004 年间中国 A 股上市公司的会计稳健性，发现中国会计准则的要求越稳健，上市公司确认经济损失越及时，但会计准则是稳健会计的一个必要而非充分条件，因为动机和监管也在影响会计的稳健性。曲晓辉和邱月华(2007)以 1995—2004 年中国 A 股上市公司为样本，具体考察了《股份有限公司会计制度》和《企业会计制度》的实施对会计收益稳健性的影响，结果只有后者的影响是显著的。但作者进一步发现会计收益的稳健性特征主要是亏损公司"洗大澡"造成的，因此作者认为单纯转变会计准则并不能改善会计信息质量，必须辅之以相配套的法律和执行机制。

2 研究设计

2.1 稳健性的衡量

会计准则与稳健性的关系研究，特别是 IAS(IFRS)对会计稳健性的影响，已有文献的结论并不完全一致。除了受样本选择的影响外，研究设计上多采用 Basu(1997)的收益/回报关系模型来计量准则对稳健性的影响可能并不恰当。首先，准则对会计稳健性的影响应体现为财务报告的整体稳健性，包括资产负债表的稳健性和收益表的稳健性。笔者认为，财务报告的总体稳健性主要是由无条件稳健性贡献的，而 Basu 模型是典型的计量条件稳健性的，这种稳健性更易受动机影响，准则的作用较难体现。其次，Basu(1997)收益/回报关系模型中的回报是依据股价计算的,而市场信息和股价波动包含了太多的噪声,要在其中判断会计准则的作用是困难的。Morck 等(2000)指出股票回报是和政府对产权和股东权利的保护相关的,而且当进行国际比较时,股价变动的信息含量在不同国家间可能是存在差异的。最后,Basu (1997)的收益/股票回报关系模型还存在其他较多缺陷(Givoly 等,2004;Dietrich 等,2006;Ryan,2006)。

因此为了最大可能减除噪声影响,关注会计准则对会计稳健性的影响,本章对稳健性的计量全部使用财务报告的会计数据,重新予以检验。笔者赞同 Givoly 等(2004)的观点:只依赖一种计量方法来考察整个报告的稳健性是不正确的,可能会导致错误的结论,因为每一种稳健性的计量可能只捕捉了报告稳健性的一个方面。本章采用以下 4 种方法计量会计稳健性。

2.1.1 净资产收益率

稳健性低估收益会使得报告损失增多,净收益为负。因此净收益的偏度多被用来作为稳健性的一个粗略度量指标(Givoly 和 Hayn,2000;Burgstahle 等,2006)。但 Penman 和 Zhang(2002)指出,投资的变化会影响收益,投资的增长会减少报告的收益,形成"准备"。减少投资释放这些"准备"又会导致收益增长。显然此时收益的变化与会计方法和估计无关,因此,为了排除对投资的操纵减少稳健性计量的偏差,本章使用净资产收益率(非常项目前净利润/股东权益账面值)来消除新增净投资对收益的影响;同时,为了剔除可能的"洗大澡"现象,将净收益超过期初总资产的±20%的公司样本剔除(Burgstahle 等,2006)。同样预计各期净资产收益率偏度为负和递增为负意味着稳健性的存在和提高。

2.1.2 净经营资产与销售收入比

一些研究对经营资产和金融资产进行了区分(如 Penman 和 Zhang,2002;Easton 和 Pae,2004),认为经营资产相比于多以市场价值反映的金融资产而言,更易受到会计规则、选择和程序影响,因此,对资产负债表的稳健性检验更应关注(净)经营资产价值的变化。Barton 和 Simko(2002)认为,盈余管理下应计项目的使用,使得收益增长和净资产的高估是互相联系的,使用净经营资产与销售收入的比率来进行衡量,在既定的销售水平下,比值越大意味着净经营资产中包含有越多的使得收益增长的应计累计。笔者认为,这一比率也可以反映会计稳健性,比值越小意味着净经营资产中含有越多的使得收益减少的应计累计,越具有稳健性(是资产负债表稳健性的反映,但也暗含收益表的稳健性)。关于净经营资产的计量,笔者对 Barton 和 Simko(2002)的方法做了一些改进以期更为准确:净经营资产＝股东权益＋短期借款＋长期借款－现金－短期投资。

2.1.3 应计数

Givoly 和 Hayn(2000)认为,如果公司处于稳定状态下,长期来看,净利润会趋向于经营现金流,应计趋向于 0,而稳健性会使得公司长期内报告收益下降,从而使累计应计为负,因此,他们把累计应计作为稳健性的指标,总应计＝净利润＋折旧－经营活动现金流量。然而,用净利润和经营活动现金流量来估计总应计是欠妥的,经营活动现金流量和经营利润间才存在一定的对应关系,因此本章用经营利润减去经营活动的现金流量来估计应计数。本章的应计数可以称作经营应计,我们通常估计的应计主要也是经营应计。预计各期间的应计数为负和递增为负意味着稳健性的存在和提高。

2.1.4 收益变化模型和应计/现金流模型

2.1.4.1 收益变化模型

稳健性意味着收益比损失更具有持续性。因为财务报告不确认未被证实的资产价值增长(经济收益),而是在未来期间现金流实现才将其包含在会计收益中,表现为公司正的收益和收益变化较为持续。而当发生损失时,公司及时确认表现为收益为负或负的变化,而这种负收益或负的变化是暂时的,以后会反转。Basu(1997),Ball 等(2003),Ball 和 Shivakumar(2005)用模型(9-1)予以计量:

$$\Delta NI_{it} = \beta_0 + \beta_1 NID_{i,t-1} + \beta_2 \Delta NI_{i,t-1} + \beta_3 NID_{i,t-1} \Delta NI_{i,t-1} + \varepsilon_{it} \quad (9-1)$$

该模型用 ΔNI_{it} 和 $\Delta NI_{i,t-1}$ 分别表示公司 i 每股收益在 t 年和 $t-1$ 年的变化(除以期初总资产控制异方差[①]),$NID_{i,t-1}$ 为哑变量,当 $\Delta NI_{i,t-1} < 0$ 时取 1,否则取 0。收益正的变化较为持续,则预期系数 $\beta_2 = 0$。及时确认经济损失则意味着会计收益的下降,具有"暂时性"而会反转,则 $\beta_2 + \beta_3 < 0$。因此经济收益比损失更被及时确认意味着 $\beta_3 <$

[①] 原文除以的是期初股价,这里因避免使用市场数据,改为期初总资产。

0。模型使用收益的变化而不是水平度量,是因为变化更能识别暂时性的收益组成,而且增量系数 β_3 不太受存活者偏差的影响。

2.1.4.2 应计/现金流模型

Ball 和 Shivakumar(2005)认为稳健性下经济损失被及时确认,作为未实现的(即非现金)应计费用抵减收入,表现为当期应计项目为负数。而经济收益更可能基于现金基础在实现时确认。因为损失更可能发生在现金流为负的期间,这意味着在发生损失时,现金流和应计数都为负,从而存在正相关关系。如果是经济收益,则应计和现金流是负相关关系。如模型(9-2)所示:

$$ACC_{it} = \gamma_0 + \gamma_1 DCFO_{it} + \gamma_2 CFO_{it} + \gamma_3 DCFO_{it} CFO_{it} + \varepsilon_{it} \quad (9-2)$$

ACC_{it} 是公司 i 在 t 年的应计数(除以期初总资产控制异方差), CFO_{it} 是 t 年的经营现金净流量。$DCFO_{it}$ 为哑变量,当 $CFO_{it} < 0$ 时取 1,否则取 0。预测负现金流(损失)和应计回归增量系数 $\gamma_3 > 0$。而经济收益下多为正的现金流,与应计的回归系数 $\gamma_2 < 0$。

这两个模型中的变量都来自财务报告,在以前的研究中一般作为 Basu(1997)收益/回报模型的替代或补充,且一般被证实其得到的结果与收益/回报模型相符(Basu,1997;Ball 等,2003;Ball 和 Shivakumar,2005)。然而以往的文献在提及条件稳健性或收益稳健性的计量时,都直指收益/回报关系模型,这两个模型对稳健性的计量定位就较为模糊。尽管它们也有其局限,但所受到的批评较少。这可能说明它们的缺陷本身较小,也可能是它们通常不被关注。本章使用这两个模型计量稳健性,其变量都来自财务报告,受会计准则的影响较大,因此更适合本章的研究动机。而且利用其得出的结果也可以和已有的类似研究作一比较。

2.2 样本选取和数据来源

本章的初选样本为 Compustat Global Vantage 数据库中的欧洲(不包括俄罗斯)[①]现存所有上市公司。数据来自非交叉上市[②]欧洲公司的合

[①] 俄罗斯地跨欧亚两洲,且在政治经济体制方面和其他欧洲国家存在显著差别,为增强可比性而予以剔除,文中的欧洲国家一概不包含俄罗斯。

[②] 公司通过选择交叉上市可能会部分脱离其本国会计准则和制度结构的影响(Holthausen,2003),后文为了分国家检验准则对稳健性的影响,所以剔除了那些注册国和上市国不同的欧洲公司。

并财务报表,样本期间为2000—2005年[①],这可以保证国际财务报告准则(IFRS)是高质量的[②]。样本选取过程采取逐步剔除的方法,如表9-1所示。最后确定的样本为1 640家公司,其构成见表9-2。表中除了挪威和瑞士外,其余皆为欧盟成员国。出于经济和政治因素等考虑,这两个国家在许多政策上都与欧盟保持一致,也积极实施国际财务报告准则(Larson和Street,2004)。因此可将其与其他欧盟成员国混合在一起作为样本,检验欧洲上市公司整体上采用IFRS与否对稳健性的影响。[③] 此外,所有样本公司的会计数据都标准化为公历会计年度,货币计量单位按历史汇率统一换算为欧元,行业所属按照数据库中GICS代码确定。

表9-1

样本的选取

Compustat数据库中现存欧洲上市公司	4 923家
剔除:交叉上市[1]和上市地不明的公司	356家
金融保险类[2]和行业所属不明的上市公司	706家
报告依据的会计准则样本期未完全披露的公司	756家
会计数据不全和异常的公司[3]	1 440家
如果一国保留下的公司数少于10家,该国全部公司剔除[4]	25家
最后的样本公司	1 640家

注:[1]交叉上市指除注册国和上市国不同,以及除了在注册国还在其他国家上市,不包括在注册国的多个证交所上市的公司。

[2]金融保险类公司一般认为受特殊监管,且财务报告所依据的准则和项目核算与其他行业公司存在一定差别,鉴于本章研究目的和可比性考虑予以剔除。

[3]本章稳健性检验所使用的指标和模型,凡需用到的会计数据在样本期只要有一项缺失,即将该样本公司予以剔除。异常数据指收入为零,股东权益非正和存货为零。

[4]国家样本数太少不具有代表性,剔除的国家和公司数分别为捷克(3家)、爱沙尼亚(1家)、克罗地亚(2家)、匈牙利(4家)、爱尔兰(5家)、冰岛(1家)、斯洛伐克(1家)、斯洛文尼亚(2家)和土耳其(6家)。

---

① 一些指标和模型需要使用期初的会计数据,相应的数据选取扩展到1998年或1999年。

② 国际会计准则处于不断变革和发展的进程中,早期存在很多缺陷,只是在国际会计准则委员会(IASC)和证券委员会国际组织(IOSCO)共同推进"核心准则计划"后,其质量才有了显著提高,而核心准则的制定(除一项外)基本在1999年3月完成(Holthausen, 2003)。

③ 后将这两个国家剔除后重新检验,对结果没有实质影响。

表 9-2

样本公司构成

国家构成		行业构成	
国　家	公司数	行　业	公司数
英　国	540	能源	46
德　国	258	材料	149
法　国	205	基建工程	310
瑞　典	127	贸易服务	100
瑞　士	96	交通运输	63
荷　兰	81	汽车、部件	39
意大利	70	耐用消费品、服装	141
芬　兰	67	消费服务	53
丹　麦	63	传媒	84
挪　威	47	零售	80
比利时	25	食品、饮料、烟草	114
奥地利	24	保健设备、服务	56
葡萄牙	15	医药生化	54
波　兰	12	房地产	16
希　腊	10	信息产业	277
		通信服务	58
合　计	1 640	合　计	1 640

为了增强结果的可比性,尽管下文根据需要会有所剔除,但基本保持检验样本量的恒定。混合回归的估计标准差可能受截面关系的影响,特别是当数据集中在少数年度内时(Ball 和 Shivakumar,2005),因此本章采用了逐年回归的方法以减少计量误差。

3　检验结果

3.1　单变量分析结果

3.1.1　总体结果

单变量分析结果如表 9-3 所示。对于净资产收益率,剔除了净收益超过期初总资产的±20%的公司样本,其他比率的样本选择剔除了上下1%的极端值。净资产收益率的偏度各年间都为负,2000年,2004年和2005年负偏程度较大;从净经营资产销售比的均值来看,基本呈下降趋势,但在2005年是逆转提高的;应计数各期间均为负,2000年和2005年的绝对值最小。因此就单变量的粗略分析而言,欧洲国家具有会计稳健性,但这种稳健性在样本期 2000—2005 年不是逐年提高的,特别是 2005 年实现了向 IFRS 趋同后,并没有导致稳健性的显著提高,甚至有所下降。

表 9-3

单变量总体分析结果

比率	年份	样本量	均值	中位数	标准差	偏度
净资产收益率	2000	1 246	0.033 0	0.122 4	2.684 7	-34.275 6
	2001	1 246	0.069 0	0.092 1	0.202 1	-3.135 3
	2002	1 246	0.026 6	0.085 0	0.370 8	-9.049 6
	2003	1 246	0.045 5	0.084 5	0.244 9	-2.874 6
	2004	1 246	0.067 5	0.101 7	0.445 0	-23.087 9
	2005	1 246	0.094 8	0.113 8	0.465 1	-18.031 9
净经营资产销售比	2000	1 608	0.740 7	0.481 4	0.942 5	4.144 1
	2001	1 608	0.741 0	0.485 7	0.936 5	4.427 9
	2002	1 608	0.711 5	0.478 3	0.879 54	4.340 6
	2003	1 608	0.686 5	0.462 0	0.919 07	4.998 2
	2004	1 608	0.654 2	0.444 5	0.800 59	4.088 8
	2005	1 608	0.724 5	0.480 0	0.969 85	5.147 9
应计数	2000	1 608	-6.731 17	-0.195	138.841 3	-2.533
	2001	1 608	-49.368	-3.740 5	194.853 2	-4.466 0
	2002	1 608	-66.104 1	-6.454	232.771 5	-5.481 3
	2003	1 608	-59.865 6	-6.492	196.976 0	-5.293 3
	2004	1 608	-41.634	-3.477 5	184.220 2	-6.033 2
	2005	1 608	-25.879 6	-1.231	163.488 3	-4.573 5

3.1.2 准则的影响

为了进一步区分准则对会计稳健性的影响,把计算上述比率的样本公司,按照其依据的会计准则是否为 IFRS(在 Compustat 中标示为"DI")分成两类,其他准则主要包括美国一般公认会计原则和欧洲国家本国准则,并用 Wilcoxon 秩和检验比较其差异的显著性,如表 9-4 所示。[①] 结果发现,IFRS 下的净资产收益率在 2001—2004

---

① 由于样本的偏度受样本量的影响,而采用 IFRS 的公司数在 2005 年前显著少于采用其他准则的公司数,用偏度来衡量不同准则下净资产收益率的差别可能是不恰当的,因此表 9-4 中只列示了不同准则下各指标的均值。

年间都小于其他准则下的(2001年和2003年差异显著)净资产收益率,在2000年和2005年则大于其他准则下的(2005年显著)净资产收益率;IFRS下的净经营资产销售比在2000—2004年间都比其他准则下的要小,但只有2000年差异显著,2005年则显著大于其他准则下的净经营资产销售比;IFRS下的应计数在2001—2004年间都小于其他准则下的净经营资产销售比,在2000年和2005年则显著较大。综上推论:2005年以前,依据IFRS较其他会计准则会计报告更稳健些,但这种差异的显著程度难以得出明确的结论;在2005年欧洲公司大量采用IFRS后,其会计稳健性低于其他准则下的会计稳健性,在不同指标度量下的差异都是显著的。

表9-4

分准则单变量分析结果

指标	年份	IFRS下样本数	均值	其他准则下样本数	均值	Wilcoxon秩和检验 Z统计量	双尾检验p值
净资产收益率	2000	137	0.122 2	1 109	0.021 9	0.551 5	0.581 3
	2001	156	0.044 5	1 090	0.072 6	-2.174 8	0.029 6
	2002	177	-0.002 6	1 069	0.031 4	-0.906 0	0.364 9
	2003	191	0.005 2	1 055	0.052 8	-2.078 3	0.037 7
	2004	224	0.060 9	1 022	0.068 9	0.212 6	0.831 6
	2005	921	0.097 2	325	0.088 1	-3.599 6	0.000 3
净经营资产销售比	2000	166	0.708 1	1 442	0.744 4	2.333 9	0.019 6
	2001	189	0.727 5	1 419	0.742 8	1.923 7	0.054 4
	2002	211	0.644 3	1 397	0.721 6	0.826 3	0.408 7
	2003	226	0.600 8	1 382	0.700 5	0.546 6	0.584 7
	2004	268	0.561 4	1 340	0.672 7	-1.045 5	0.295 8
	2005	1 148	0.729 4	460	0.712 1	-2.436 5	0.014 8
应计数	2000	163	-5.497 8	1 445	-6.870 3	2.178 0	0.029 4
	2001	181	-110.202 0	1 427	-41.651 8	-4.204 4	<0.0 001
	2002	202	-113.333 0	1 406	-59.318 8	-3.530 6	0.000 4
	2003	220	-113.841 0	1 388	-51.310 4	-3.283 2	0.001 0
	2004	259	-64.679 8	1 349	-37.209 3	-1.664 5	0.096 0
	2005	1 133	-25.464 8	475	-26.869 0	-3.183 0	0.001 5

3.2 模型结果
3.2.1 描述性统计

鉴于单变量检验可能的粗糙性,再辅以模型检验。收益变化与应计/现金流两个模型中的变量上下1%的极端值剔除后(各变量都除以期初总资产进行了标准化),最后得到固定样本1 369家。其描述性统计如表9-5所示。从中可以看出净收益的变化具有一定波动,经营现金流各年较为稳定且为正,应计则多为负,证实了稳健性主要是通过应计项目体现的。

表9-5

模型变量的描述性统计

变量	年份	样本量	均值	中位数	标准差	偏度	峰度	25%分位数	75%分位数
净收益变化	1999	1 369	0.010 3	0.007 9	0.072 5	1.241 4	11.776 4	−0.011 8	0.025 5
	2000	1 369	0.008 5	0.008 0	0.073 0	−0.691 9	9.647 8	−0.012 6	0.029 5
	2001	1 369	−0.015 1	−0.003 4	0.074 1	−0.756 9	6.181 3	−0.034 3	0.012 8
	2002	1 369	−0.001 7	0.000 7	0.086 1	1.429 0	13.707 4	−0.023 3	0.017 9
	2003	1 369	0.014 7	0.004 7	0.090 3	3.140 4	20.608 0	−0.015 4	0.025 8
	2004	1 369	0.021 8	0.011 4	0.070 2	1.564 3	8.181 5	−0.002 3	0.034 4
	2005	1 369	0.014 8	0.012 2	0.059 1	0.933 7	7.887 3	−0.007 2	0.032 9
经营现金流	2000	1 369	0.093 2	0.090 0	0.110 8	−0.632 5	6.432 0	0.038 9	0.148 4
	2001	1 369	0.092 0	0.091 1	0.089 9	−0.178 9	2.474 5	0.044 5	0.139 1
	2002	1 369	0.096 7	0.096 5	0.080 7	−0.323 8	2.919 8	0.053 0	0.138 8
	2003	1 369	0.097 3	0.093 8	0.077 9	−0.157 4	2.658 0	0.053 6	0.141 0
	2004	1 369	0.098 0	0.096 5	0.081 9	−0.060 7	2.096 0	0.053 5	0.142 3
	2005	1 369	0.096 0	0.093 1	0.083 6	−0.067 0	1.571 9	0.050 9	0.139 1
应计	2000	1 369	0.003 1	−0.001 4	0.090 8	0.329 1	2.989 5	−0.046 7	0.045 3
	2001	1 369	−0.024 7	−0.025 2	0.077 5	−0.208 3	2.249 7	−0.059 6	0.013 6
	2002	1 369	−0.038 9	−0.035 5	0.067 3	−0.522 1	2.014 1	−0.070 7	−0.003 0
	2003	1 369	−0.035 9	−0.032 5	0.060 7	−0.412 5	1.890 6	−0.066 9	−0.002 7
	2004	1 369	−0.022 0	−0.024 2	0.059 7	0.216 1	1.674 3	−0.053 3	0.008 8
	2005	1 369	−0.010 2	−0.012 1	0.062 5	0.132 0	1.429 0	−0.045 8	0.022 7

3.2.2 基本模型与扩展模型

为了进一步验证会计准则对稳健性的影响,在前文收益变化和应计/现金两个基本模型中加入虚拟变量 DAS_{it} 代表会计准则,报告所依据的准则是 IFRS,则 DAS_{it} 取 1,否则为 0。模型(9-1)和模型(9-2)的形式变更为模型(9-3)和模型(9-4):

$$\Delta NI_{it} = \beta_0 + \beta_1 NID_{i,t-1} + \beta_2 \Delta NI_{i,t-1} + \beta_3 NID_{i,t-1} \Delta NI_{i,t-1}$$
$$+ \beta_4 DAS_{it} + \beta_5 DAS_{it} \Delta NI_{i,t-1} + \beta_6 DAS_{it} NID_{i,t-1}$$
$$+ \beta_7 DAS_{it} NID_{i,t-1} \Delta NI_{i,t-1} + \varepsilon_{it} \quad (9-3)$$

$$ACC_{it} = \gamma_0 + \gamma_1 DCFO_{it} + \gamma_2 CFO_{it} + \gamma_3 DCFO_{it} CFO_{it}$$
$$+ \gamma_4 DAS_{it} + \gamma_5 DAS_{it} CFO_{it} + \gamma_6 DAS_{it} DCFO_{it}$$
$$+ \gamma_7 DAS_{it} DCFO_{it} CFO_{it} + \varepsilon_{it} \quad (9-4)$$

会计稳健性的表征是 β_3 为负和 γ_3 为正,如果会计稳健性和采用 IFRS 有关,则 β_7 为负和 γ_7 为正。为了节省篇幅,表9-6和表9-7只列示了2005年的回归结果和各年的回归均值,且未报告截距。t 值根据 Fama-Macbeth(1973)的方法求得。

无论是基本模型还是扩展模型,除了2001年模型(9-1)、模型(9-3)中系数 β_3 为正但不显著外,其他年度 β_3 的符号都和预期相符为负,且统计显著,反映了稳健性的普遍存在。加入准则虚拟变量后,模型 R^2 最多提高0.03。模型(9-3)中关注的系数 β_7,只有2001年和2003年符号如预期为负,但不显著,其他年度符号为正,2005年统计显著。模型(9-2)、模型(9-4)中的系数 γ_3 为正且各年度均显著,加入准则虚拟变量后模型 R^2 最多提高0.01,模型(9-4)中所关注的系数 γ_7 则和预期相反,各年符号均为负,2001年和2003年统计显著。可见模型回归结果也证实欧洲国家在样本期间具有会计稳健性,但 IFRS 对稳健性并不具有解释力,甚至起反向作用。

3.3 敏感性测试

我们将样本公司按照当年盈利还是亏损分类后再检验其会计稳健性。各种计量结果表明,公司盈利还是亏损会影响会计稳健性,亏损企业的稳健性更高一些,但准则对稳健性的作用并不明确。这证实了动机因素比准则对会计稳健性的影响更显著。

表 9-6

模型回归结果（一）

因变量：ΔNI_{it}

自变量	模型（9-1） 预测	系数 2005	均值	t值 2005	均值	模型（9-3） 预测	系数 2005	均值	t值 2005	均值
$\Delta NID_{i,t-1}(\beta_1)$	?	0.000 8	−0.013 6	0.222 5	−2.256 9	?	−0.028 4	−0.018 1	−3.966 3	−3.483 6
$\Delta NI_{i,t-1}(\beta_2)$	0	0.046 4	−0.046	1.995 3	−0.634 6	0	−0.044 8	−0.058 6	−1.18	−0.88
$NID_{i,t-1}\Delta NI_{i,t-1}(\beta_3)$	−	−0.703 6	−0.608 7	−10.534	−3.420 3	−	−0.981 3	−0.661 2	−8.272 3	−3.62
$DAS_{it}(\beta_4)$						?	0.012 7	0.003 8	4.907 4	0.803 1
$DAS_{it}\Delta NI_{i,t-1}(\beta_5)$						?	0.035 4	−0.056 5	0.677 2	−0.798 0
$DAS_{it}NID_{i,t-1}(\beta_6)$						?	0.027 4	−0.001 3	3.116 7	−0.142 6
$DAS_{it}NID_{i,t-1}\Delta NI_{i,t-1}(\beta_7)$						−	0.475 1	0.160 3	3.296 0	1.587 6
调整的 R^2		0.067 7	0.123 9				0.102 4	0.131 8		

表 9-7　模型回归结果（二）

因变量：ACC_{it}

自变量	预测	模型(9-2)				预测	模型(9-4)			
		系数 2005	均值	t值 2005	均值		系数 2005	均值	t值 2005	均值
$DCFO_{it}\ (\gamma_1)$	?	0.028 1	0.018 5	3.864 6	4.303 3	?	0.040 1	0.025 3	2.758 1	5.752 2
$CFO_{it}\ (\gamma_2)$	−	−0.311 2	−0.348 0	−13.122 4	−20.082 1	−	−0.331 1	−0.348 0	−7.782 8	−26.971 8
$DCFO_{it}CFO_{it}\ (\gamma_3)$	+	0.361 4	0.293 8	4.093 6	16.134 6	+	0.469 9	0.358 9	3.171 1	10.749 1
$DAS_{it}\ (\gamma_4)$						?	0.012 4	0.002 6	1.747 3	0.352 2
$DAS_{it}CFO_{it}\ (\gamma_5)$						?	0.046 3	−0.027 1	0.905 1	−0.544 9
$DAS_{it}DCFO_{it}\ (\gamma_6)$						?	−0.015 3	−0.041 4	−0.908 4	−2.530 3
$DAS_{it}DCFO_{it}CFO_{it}\ (\gamma_7)$						+	−0.196 0	−0.340 1	−1.060 9	−2.227 0
调整的 R^2		0.187 3	0.184 2				0.200 5	0.191 6		

在对欧洲国家总体稳健性检验之外,我们又将样本公司进行了分国家检验,特别关注了英国、法国和德国这3个代表性国家的情况。单变量分析的结果表明德国和法国要比英国更稳健,德国与法国间差异,较之它们与英国的差异要小得多。模型分析结果则显示英国较法国和德国更稳健,说明单变量和模型计量的稳健性有所不同,这也和前人的研究结论相符。进一步分析IFRS与本国准则对会计稳健性的影响,单变量还是模型分析都表明英国准则要比IFRS对稳健性更具有正向影响,法国、德国会计准则与IFRS对稳健性的影响没有显著差异。但由于英国公司在2005年以前几乎全部采用本国准则,因此要区分准则的影响只有2005年1年的数据,这在一定程度上影响了结论的可靠性。这样的结果也从侧面说明IFRS对稳健性的影响微弱,稳健性可能和国家传统和政府监管更相关。

4 结论与启示

4.1 结论

本章使用了多种基于会计数据的稳健性计量方法,分析了欧洲国家2000—2005年间会计稳健性的变化,预期其会计稳健性的存在和提高受到强制推行IFRS的影响。结果发现稳健性和会计准则的关系微弱,应用IFRS相比其他会计准则并不能增强财务报告的稳健性。本研究的局限可能在于仅对欧洲国家全面实施IFRS当年的数据和以前年度相比,且检验没有对相关因素进行必要的控制,影响了结论的可靠性和推广,这也是未来研究需改进的方向。

4.2 启示

从本章和前人的研究结果可以预见,单独从准则的影响来看,2007年后我国上市公司财务报告的总体稳健性较以前年度不会有显著提高,甚至可能是降低的。这是因为稳健性暗含的意思为"不乐观"和"不激进",表现为账面收益较低。而接近英美一般公认原则的IFRS倡导"真实与公允",新准则向IFRS趋同的重要体现是公允价值计量的大量采用,多个项目对收益和资产的增加都是起正向作用的。2007年多数上市公司中报业绩的全线飘红,似乎也是昭示着年报账面收益前景乐观。因此,新准则相比于旧准则并没有过多强化稳健性的要求,依据新准则编制的财务报告不会更为稳健。在我国资本市场监管尚待完善的情况下,稳健性更易受动机因素而被管理当局操控,准则的作用更为微弱(曲晓辉和邱月华,2007)。"新会计准则使得公司管理盈余有更多的机会……中国证监会专门发出通知,要求公司在执行新会计准则时要遵循谨慎性原则,并增加了披露的信息量"(夏冬林等,2007)。准则本身的稳健和执行时的稳健是不同的,强调执行的稳健也反证了准则本身的不太稳健。如果要检验新准则的发布实施是否能提高会计信息质量,可能价值相关性相比于稳健性研究更能取得理想的结果,因为会计准则从稳健性向公允价值靠拢,更可能提高会计信息的决策有用性(姜国华和张然,2007)。

参考文献

高利芳.2008.欧洲向IFRS趋同的效果及对中国的启示——基于稳健性视角的分析[J].山西财经大学学报,(5):118-124.

姜国华,张然.2007.稳健性与公允价值:基于股票价格反应的规范性分析[J].会计研究,(6):20-25.

楼继伟.2006.中国企业会计准则建设的可贵实践和崭新突破[J].会计研究,(2):5-6.

曲晓辉,邱月华.2007.强制性制度变迁与盈余稳健性——来自深沪证券市场的经验证据[J].会计研究,(7):20-28.

夏冬林等.2007.新会计准则对财务报表的影响[M].北京:民主与建设出版社.

朱茶芬.2006.会计管制和盈余质量关系的实证研究[J].财贸经济,(5):39-45.

BALL R, KOTHARI S P, ROBIN A. 2000. The effect of international institutional factors on properties of accounting earnings[J]. Journal of Accounting & Economics,(29):1-51.

BALL R, ROBIN A, WU S J. 2003. Incentives versus standards: properties of accounting income in four East Asian countries[J]. Journal of Accounting & Economics,(36):235-270.

BALL R, SHIVAKUMAR L. 2005. Earnings quality in UK private firms: comparative loss recognition timeliness[J]. Journal of

Accounting & Economics, (39): 83-128.

BARTH M E, LANDSMAN W R, LANG M. 2005. International Accounting Standards and accounting quality [R]. Working Paper, Stanford University and University of North Carolina.

BARTH M E, LANDSMAN W R, LANG M. 2006. Accounting quality: International Accounting Standards and US GAAP[R]. Working paper, Stanford University and University of North Carolina.

BARTON J, SIMKO P J. 2002. The balance sheet as an earnings management constraint [J]. The Accounting Review, (77): 1-27.

BASU S. 1997. The conservatism principle and the asymmetric timeliness of earnings[J]. Journal of Accounting & Economics, (24): 3-37.

BEAVER W H, RYAN S G. 2000. Biases and lags in book value and their effects on the ability of the book-to-market ratio to predict book return on equity[J]. Journal of Accounting Research, 38 (1): 127-148.

BURGSTAHLER D, HAIL L, LEUZ C. 2006. The importance of reporting incentives: earnings management in European private and public firms [J]. The Accounting Review, 81 (5): 983-1016.

CHANDRA U, WASLEY C E, WAYMIRE G B. 2004. Income conservatism in the U. S. technology sector [R]. Working paper, University of Rochester.

CHEN S, WU D. 2007. Accounting conservatism in Chinese listed firms: the influence of standards, incentives, monitoring [R]. Working paper, The Hong Kong Polytechnic University.

DIETRICH J R, MULLER K A, RIED E J. 2006. Asymmetric timeliness tests of accounting conservatism[R]. Working paper, The Ohio State University.

EASTON P, PAE J. 2004. Accounting conservatism and the relation between returns and accounting data[J]. Review of Accounting Studies, (9): 495-521.

FAMA E F, MACBETH J D. 1973. Risk, return and equilibrium: empirical tests [J]. Journal of Political Economy, 81 (3): 607-636.

GIVOLY D, HAYN C. 2000. The changing time-series properties of earnings, cash flows and accruals: has financial reporting become more conservative? [J]. Journal of Accounting & Economics, (29): 287-320.

GIVOLY D, HAYN C, NATARAJAN A. 2004. Measuring reporting conservatism[R]. Working paper, Pennsylvania State University.

HOLTHAUSEN R W. 2003. Testing the relative power of accounting standards versus incentives and other institutional features to influence the outcome of financial reporting in an international setting[J]. Journal of Accounting & Economics, (36): 271-283.

JENNINGS R, MAYEW W, TSE S. 2004. Do International Accounting Standards increase the timeliness and value-relevance of financial statement disclosures? [R]. Working paper, University of Texas and Texas A & M University.

LARSON R K, STREET D L. 2004. Convergence with IFRS in an expanding Europe: progress and obstacles identified by large accounting firms' survey [J]. Journal of International Accounting, Auditing & Taxation, (13): 89-119.

MORCK R, YEUNG B, YU W. 2000. The information content of stock markets: why do emerging markets have synchronous stock price movements? [J]. Journal of Financial Economics, (58): 215-260.

PENMAN S H, ZHANG X. 2002. Accounting conservatism, the quality of earnings, stock returns[J]. The Accounting Review, 77(2): 237-264.

POPE P F, WALKER M. 2003. Ex-ante and ex-post accounting conservatism, asset recognition and asymmetric earnings timeliness [R]. Working Paper, Lancaster University and University of Manchester.

RICHARDSON G, TINAIKAR S. 2004. Accounting based valuation models: what have we learned? [J]. Accounting and Finance, (44): 223-255.

RYAN S G. 2006. Identifying conditional conservatism [J]. European Accounting Review, (15): 511-525.

WATTS R L. 2003. Conservatism in accounting part I: explanations and implications[J]. Accounting Horizons, 17(4): 207-221.

第10章　IFRS应用情况调查回顾及启示

随着欧盟和越来越多的国家采用国际财务报告准则(IFRS),或者将本国准则与IFRS趋同,IFRS在全球范围内得到广泛接受。了解国外就IFRS采用过程和实施效果开展的多次调查并加以分析总结,对于我们认识会计准则国际趋同的现状与趋势,就我国新准则的实施情况进行学术研讨和提供政策借鉴都具有重要意义。

本章回顾和分析了2004—2007年发布的有关国际财务报告准则实施情况的10份调查。这些调查的组织者主要为普华永道、安永、毕马威等大型会计师事务所,对象覆盖以欧盟为主的许多采用IFRS的国家和地区。我们对这些调查内容进行了系统的归类总结,包括调查所共同涉及的行业和会计问题,公司在实施IFRS时遵循程序、知识准备、转换成本、扩展应用等方面的情况,以及投资者、财务报告编制者和审计师就采用IFRS后总体效果和会计信息质量(可比性、明晰性、可理解性和决策有用性)的各自观点。最后从IFRS准则的复杂性,各国或地区特定制度背景等角度分析了可能影响IFRS应用的因素,并据此对IFRS准则完善、应用改进和未来研究提出一些启示。特别就我国新准则的实施情况,探讨了如何从实务调查、学术研究和制度建设方面深入研究。

1　有关IFRS应用的调查

1.1　调查特点

本研究对10份有关IFRS应用的调查报告进行了分析研讨。这些调查有如下共同特点:(1)调查机构主要为大型会计师事务所或会计职业团体。(2)调查对象以欧洲国家为主,这与向IFRS趋同过程中欧盟所发挥的表率作用和重要影响有关,并且涵盖了财务报告编制者、使用者和监管者等各个层面,具有一定代表性和广泛性。(3)调查目的

第10章 IFRS 应用情况调查回顾及启示

表 10-1　有关 IFRS 应用的若干调查

序号	报告公布时间	调查机构	调查目的	调查对象	调查方法	调查报告
1	2004-12	普华永道（PricewaterhouseCoopers, PwC）①	依据 IFRS 编制财务报告的准备工作	20 个国家的 323 家公司② 的 IFRS 过渡项目负责人	见面访谈	《国际财务报告准则：准备好起飞了吗》(International Financial Reporting Standards: Ready for take-off ?)
2	2005-04	玛泽斯③（Mazars）	欧洲公司转向应用 IFRS 的情况	欧洲 12 个国家 556 家大型上市公司的 CFO、首席会计师和 IFRS 应用经理	邮件和电话采访	《IFRS：2005 年欧洲调查》(IFRS: 2005 European survey)
3	2006-02	普华永道（PwC）	基金经理们对 IFRS 下财务报告信息的看法	欧洲 7 个国家的 187 位投资基金经理	实地采访	《IFRS：欧洲投资者观点》(IFRS: The European investors' view)
4	2006-06	普华永道（PwC）	IFRS 下的财务报告公布对基金经理的影响	75 位英国的基金经理	见面访谈	《IFRS：6 个月后投资者的观点》(IFRS: The investors' view six months on.)
5	2006-07	普华永道（PwC）	公司对采用 IFRS 的影响的应对过程以及对未来准则趋同的看法	英国《金融时报》指数 FTSE ④ 350 公司的 93 位财务负责人（如 CFO 和财务董事）	电话采访网络与邮件联系	《IFRS：拥抱变化》(IFRS: Embracing change)

231

(续表)

序号	报告公布时间	调查机构	调查目的	调查对象	调查方法	调查报告
6	2006-09	安永（Ernst & Young, E&Y）	首次采用 IFRS 的公司间财务报表的一致性和可比程度；IFRS 下的业绩计量如何向市场呈报	英国《金融时报》2005 年全球 500 强中（the 2005 Financial Times Global 500）65 家公司 2005 年的财务报表	技术分析	《IFRS 实施观察》《Observations on the implementation of IFRS》
7	2006-12	毕马威（KPMG）	采用 IFRS 是否全球一致	针对 IFRS 允许备选处理方法的 26 个问题采用 IFRS 或者与 IFRS"等效"准则的 16 个国家或地区的 199 家公司报表所披露的会计政策选择	技术分析	《IFRS 应用：实务中的选择》（The application of IFRS: Choices in practice）
8	2007-02	普华永道（PwC）	投资者在分析公司业绩时如何运用资产负债表，以及满足他们最佳需要的计量基础是什么	波士顿、伦敦和纽约的 50 位投资专家，以及一小部分旧金山、法兰克福和多伦多的投资者	见面访谈	《计量资产和负债：投资专家的观点》（Measuring assets and liabilities: Investment professionals' views）
9	2007-06	普华永道（PwC）	公司对 IFRS 采用及其影响和准则的未趋同等问题的看法	英国《金融时报》指数 FTSE 350 公司的 78 位财务负责人（如 CFO 和财务董事）	电话采访 网络联系	《尘埃落定了吗？》（Has the dust settled yet?）

序号	年份	机构	分析内容	参与方	方法	对象
10	2007-10	英格兰及威尔士特许会计师协会(The Institute of Chartered Accountants in England and Wales, ICAEW)	分析IFRS强制采用首年和公允价值指令在欧盟的实施情况⑤	会计职业团体、德豪国际(BDO International)⑥、欧盟成员国的其他会计公司	问卷调查 圆桌会议 电话采访和面谈 在线调查 技术分析	《IFRS和公允价值指令在欧盟的实施》(EU implementation of IFRS and the Fair Value Directive) 财务报告的编制者、使用者和监管者⑦ 欧盟23个成员国的51位投资者,162位报告编制者和141位审计人员 欧盟25个成员国200家上市公司和18家非上市公司的2005年合并财务报表

注:①以下用英文缩写PwC来表示普华永道,其他调查机构同此。
②其中欧洲有18个国家266家公司,其余57家为澳大利亚和新西兰公司。
③Mazars(译作玛泽斯,玛扎尔或马赛)是一家国际化和综合化的独立机构,提供审计、会计、税务和咨询方面的专业化服务,经营遍及全球40多个国家。
④FTSE,也称英国富时指数,伦敦金融时报指数,是用以反映伦敦证券交易所行情变动的一种股票价格指数。FTSE 100是在伦敦证券交易所上市的最大的100家公司的股票指数,除了100家最大公司以外,接下去的250家最大公司是FTSE 250,FTSE 350是FTSE 100和FTSE 250的结合。该指数成分股以英国公司为主。
⑤本章只关注IFRS实施情况部分的调查。而且鉴于此次调查对象和方法上具有多样性,这里限于篇幅只列示本章所涉及的。
⑥德豪国际是由多国会计师事务所组成的国际会计公司,总部设在比利时布鲁塞尔。
⑦在德国杜塞尔多夫、英国伦敦、西班牙马德里、法国巴黎、意大利罗马和波兰华沙的当地会计团体支持下进行的。

涉及采用IFRS的准备、实施和报告情况,时间上包括了转变的各个阶段。某些调查之间具有一定连续性(如普华永道的调查)并且突出了转变的过程。(4)调查方法多样化,直接证据的访谈和间接证据的报告分析各有所重,彼此印证可以获得更为可靠的结论。具体情况如表10-1所示。

1.2 调查涉及的行业

一些调查进行了分行业讨论。行业分析的原因主要有两方面:一是观察不同行业采用IFRS的准备工作是否有差异。如PwC 2004年12月的调查发现,娱乐传媒、信息技术、金融服务类行业(银行、保险、投资管理和房地产)在IFRS过渡计划设立、专项资源投入、影响评价和市场沟通方面都进展更快。二是关注一些技术问题在不同行业的具体处理(如收入确认、研发支出资本化、资产减值、无形资产呈报、分部报告等),以及与特定行业密切相关的一些准则的实施情况,如《国际财务报告准则第4号——保险合同》(IFRS 4 —Insurance Contracts)之于保险业,《国际财务报告准则第6号——矿产资源的勘探和评价》(IFRS 6—Exploration for and Evaluation of Mineral Resources)之于采矿业,《国际会计准则第32号——金融工具:列报与披露》(IAS32—Financial Instruments: Presentation and Disclosure)和《国际会计准则第39号——金融工具:确认与计量》(IAS39—Financial Instruments: Recognition and Measurement)之于银行业,《国际会计准则第40号——投资性房地产》(IAS 40—Investment Property)之于房地产业等。调查中关注的主要行业如表10-2所示。

表10-2

调查涉及的主要行业

序 号	涉及的行业	调查机构和时间
1	汽车制造	PwC(2004-12),E&Y(2006-09)
2	娱乐传媒	PwC(2004-12),E&Y(2006-09)
3	制 药	PwC(2004-12),E&Y(2006-09)
4	房 地 产	PwC(2004-12),E&Y(2006-09)
5	零 售	PwC 2004-12),E&Y(2006-09)
6	信息技术	PwC(2004-12),E&Y(2006-09)
7	采矿油气	E&Y(2006-09),ICAEW(2007-10)
8	银 行	PwC(2004-12),ICAEW(2007-10)
9	保 险	PwC(2004-12),ICAEW(2007-10)

1.3 调查涉及的会计问题

除了分行业讨论外,一些重要的会计问题在若干次调查中都有专门分析,按照出现频率递减的顺序排列如表 10-3 所示。这些项目之所以关注较多,主要基于以下考虑:(1) 相关的国际准则与公司以前采用的准则有很大不同,转换过程中增加了额外的学习成本和工作量(PwC 2006 年 7 月和 2007 年 6 月的调查,以及 ICAEW 2007 年 10 月的调查);(2) 是 IFRS 中最复杂的准则,包含较多的估计和判断(E&Y 2006 年 9 月的调查);(3) 认为是国际会计准则理事会(IASB)日程安排上的重要项目和关键会计政策领域,是已经作了较大改进或未来需要修订的(PwC 2007 年 6 月和 ICAEW 2007 年 10 月的调查)。其他调查中偶有涉及的问题有外币业务、服务特许权安排、准备项目、中期报告和业绩列报等。

表 10-3

调查涉及的会计问题

序号	会计问题	调查机构和时间
1	所得税	① PwC(2004-12);② PwC(2006-07);③ E&Y(2006-09);④ PwC(2007-02);⑤ PwC(2007-06);⑥ ICAEW(2007-10)。
2	金融工具	① PwC(2004-12);② PwC(2006-07);③ E&Y(2006-09);④ PwC(2007-06);⑤ ICAEW(2007-10)。
3	雇员福利	① PwC(2004-12);② PwC(2006-07);③ E&Y(2006-09);④ PwC(2007-06);⑤ ICAEW(2007-10)。
4	企业合并与合并报表	① PwC(2004-12);② PwC(2006-07);③ E&Y(2006-09);④ PwC(2007-06);⑤ ICAEW(2007-10)。
5	以股份为基础的支付	① PwC(2006-07);② E&Y(2006-09);③ PwC(2007-06);④ ICAEW(2007-10)。
6	商誉	① PwC(2006-07);② PwC(2007-02);③ ICAEW(2007-10)。
7	租赁	① PwC(2006-07);② PwC(2007-06);③ ICAEW(2007-10)。
8	收入确认	① PwC(2004-12);② PwC(2007-06);③ ICAEW(2007-10)。
9	无形资产	① PwC(2006-07);② PwC(2007-02);③ ICAEW(2007-10)。
10	固定资产	① PwC(2007-02);② PwC(2007-06);③ ICAEW(2007-10)。

2 IFRS 应用过程调查

可以将公司应用 IFRS 的过程根据调查内容分为 5 大类:(1) 遵

循程序。(2) 知识准备。(3) 总体评价。(4) 转换成本。(5) 扩展应用。主要的调查项目及回答如表 10-4 所列。受访对象主要是作为报告编制者的公司,兼及投资者。为了简化表格,我们将原调查报告中的一些程度问题转化为是否问题,因此在问题描述上有所变化,对肯定或否定回答的比例进行了相应的合并计算。需要注意的是,肯定和否定的百分比相加未必等于 100%,因为回答不知道、不影响、不确定或既不肯定也不否定的未包含在内。

表 10-4

IFRS 应用过程调查(%)

类别	项目	调查机构和时间	编制者 肯定	编制者 否定	投资者 肯定	投资者 否定
遵循程序	公司已设立和管理向 IFRS 转换的计划	PwC(2004-12)	70	30		
	公司为向 IFRS 过渡已投入一些专门资源	PwC(2004-12)	66	34		
	公司已开始进行员工培训和内部沟通	PwC(2004-12)	13	87		
	公司已着手理解和评价 IFRS 对财务报告和业绩指标的影响	PwC(2004-12)	88	12		
	公司已向市场或利益相关者解释了 IFRS 转换对报表的影响	PwC(2004-12)	4	96		
		Mazars(2005-04)	58	42		
		ICAEW(2007-10)			75	25
	公司已升级现有 IT 系统以满足 IFRS 报告要求	PwC(2004-12)	21	79		
		PwC(2006-07)	22	78		
知识准备	公司正确预计了向 IFRS 转换的影响	Mazars(2005-04)	55	45		
	董事会就 IFRS 对经营和实务的影响有很好或足够的知识	PwC(2006-07)	90	10		
	董事会就 IFRS 的技术影响有很好或足够的知识	PwC(2006-07)	83	17		
	CEO 就 IFRS 对经营和实务的影响有很好或足够的知识	PwC(2006-07)	84	16		
	CEO 就 IFRS 的技术影响有很好或足够的知识	PwC(2006-07)	82	18		
	审计委员会就 IFRS 对经营和实务的影响有很好或足够的知识	PwC(2006-07)	96	4		
	审计委员会就 IFRS 的技术影响有很好或足够的知识	PwC(2006-07)	95	5		

(续表)

类别	项目	调查机构和时间	编制者肯定	编制者否定	投资者肯定	投资者否定
知识准备	董事会或董事(或经理)理解IFRS对公司利润的影响	ICAEW(2007-10)	59	17		
	采用IFRS使得公司解释报告结果更容易	PwC(2006-07)	1	85		
		PwC(2007-06)	5	80		
		ICAEW(2007-10)	18	45		
总体评价	首次应用IFRS准备充分	Mazars(2005-04)	87	13		
	CEO就IFRS经营和技术方面的影响是适应的	PwC(2007-06)	65	8		
	董事会就IFRS经营和技术方面的影响是适应的	PwC(2007-06)	72	9		
	审计委员会就IFRS经营和技术方面的影响是适应的	PwC(2007-06)	85	6		
	公司的管理团队在应对向IFRS转换方面非常或相当有效	PwC(2006-02)			81	14
		PwC(2006-06)			79	5
转换成本	向IFRS转换成本高	Mazars(2005-04)	45	55		
	公司非常或相当可能在未来继续投入时间和金钱将IFRS"嵌入"组织	PwC(2007-06)	85	15		
		PwC(2006-07)	53	43		
		PwC(2007-06)	51	43		
扩展应用	已将IFRS用于内部报告和管理	PwC(2006-07)	42	58		
		PwC(2007-06)	81	19		
		ICAEW(2007-10)	69	31		
	已在子公司层次使用IFRS	PwC(2006-07)	23	77		
		PwC(2007-06)	60	40		

2.1 程序、准备与评价

从遵循程序来看,涉及计划建立、资源投入、员工培训、影响评价、对外沟通和系统更新等方面。PwC 2004年12月的调查总体上表明,公司所做的准备工作是较为全面和充分的。在PwC 2006年2月和6月的调查中,投资者对IFRS准备情况的总体评价的肯定意见居多也印证了这一点。

然而,公司在员工培训方面的准备有所不足,PwC 2004年12月调查中,已经开始培训的公司比例仅占到13%。PwC 2006年7月和2007年6月的调查,以及ICAEW 2007年10月的调查发现,绝大多数的公司觉得采用 IFRS 使得报告结果难以解释。除了准则本身的原因以外,学习的不足可能影响了公司内部人员对 IFRS 的理解。尽管 PwC 2006 年 7 月的调查表明公司董事会、公司首席执行官和审计委员会就 IFRS 影响的知识准备情况很好,但是该次调查对象限于英国公司,结论能否推广到其他各国值得怀疑。而 Mazars 2005 年 4 月和 ICAEW 2007 年 10 月的调查覆盖国家更多些,就 IFRS 影响理解的肯定回答比例相比之下就低很多。PwC 2007 年 6 月的调查中,受访者提到由于技术上的缺乏理解使得数字错报,主要问题有收入确认、资产计量、租赁和套期会计等。这意味着公司就 IFRS 下的会计问题可能需要更多的学习和帮助。

此外,公司向市场传递 IFRS 影响的信息,随着调查时间的推移取得了很大进展。而在满足 IFRS 报告要求的数据系统更新方面,PwC 2004 年 12 月和 2006 年 7 月的调查显示没有明显进展,这可能与实施新系统的成本较大、耗时较长有关。

2.2 转换成本

有关采用 IFRS 的转换成本,Mazars 2005 年 4 月的调查结果为 45%的欧洲公司认为较高,其余 55%相信"物有所值",转变带来的利益会补偿这些成本。PwC 2006 年 7 月的调查中问到,公司在转向 IFRS 中最显著的弊端是什么。42%的受访者认为是成本巨大,35%的回答说耗费时间,28%认为太困难或太复杂,20%的回答说是工作量显著增加,其余的回答有披露增加、培训教育、资源使用等。这些答案几乎都与成本相关。PwC 2007 年 6 月的调查中,就采用 IFRS 弊端的回答基本没有改变,排在前几位的答案依次是额外的工作量、IFRS 的复杂性、附加的成本、增加的披露和时间限制。由此可见,应用 IFRS 的转换成本是受到公司特别关注的。

小公司似乎对成本更为敏感。PwC 2006 年 7 月的调查认为,转向 IFRS 的首要弊端是高成本,对此,FTSE 250 公司有 50%同意,而 FTSE 100 公司的比例是 30%。就时间耗费而言,FTSE 250 公司同意的比例是 43%,FTSE 100 公司是 24%。PwC 2007 年 6 月的调查中, 85%的受访者说,使用 IFRS 产生数据和公司报表的成本,较之以前英国准则下的成本增加了。对所有受访者而言,平均成本增加 15%。其中 FTSE 250 公司平均成本增加 18%,而 FTSE 100 公司则是 10%。

尽管从绝对数来看,大公司承担的成本固然较之小公司更高些,但是从增长比例的相对数来看,小公司的负担更重。ICAEW 2007 年 10 月的调查也发现,公司的规模不同承担的成本不同,小公司承担的比例较大可能是规模经济的缘故。

就未来尚需投入的成本而言,PwC 2006 年 7 月和 2007 年 6 月的调查发现,一半以上的公司预期未来 3 年还会继续增加成本,以使 IFRS 完全与企业日常经营相融合,但 43% 的受访公司没有这样的打算。我们认为,这些公司并非没有意识到向 IFRS 转换的长期性,与其说他们确信自身已做得尽善尽美,倒不如说他们更可能从经济角度考虑而不愿再花费更大成本。

2.3 扩展应用

从调查时间和结果来看,集团公司总部内部和子公司都表现为更多地自愿采用了 IFRS。如果公司内部管理和报告不采用 IFRS,势必要存在两套并行系统,以满足对内和对外不同要求。在 IFRS 可以满足内部管理需求的前提下,对内报告若弃用 IFRS,无疑是资源和成本的浪费。既然欧盟强制上市公司的合并报表必须依据 IFRS 编制,子公司报告采用 IFRS,主要是为了便于编制合并报表,以简化会计工作。不过根据 PwC 2007 年 6 月的调查,英国子公司较之英国以外子公司采用 IFRS 的比例明显偏低(分别是 18% 和 42%)。英国公司在子公司层面采用 IFRS 较迟疑的两个主要影响因素是可分配的储备金(distributable reserves)和纳税。

综上所述,公司应用 IFRS 的情况可概括如下:

1) 准备工作较充分,应对变化较成功,向 IFRS 过渡平稳。

2) 因时间限制,公司的准备具有"应急性",系统工作和 IFRS 知识学习有待加强,需要将 IFRS "嵌入"(embed in)企业的日常经营中。

3) 普遍认为向 IFRS 转换的成本较高,小公司负担尤重,对此更为敏感。

4) 出于成本考虑,公司内部和子公司层面都扩展采用了 IFRS,不过在子公司层面是否采用 IFRS 的影响因素更多些。

3 IFRS 应用效果调查

就 IFRS 应用的效果,综合各次调查结果,可以发现调查主要围绕会计信息质量展开。可以将其归纳为 5 个类别:(1) 有益性。(2) 可比性。(3) 明晰性。(4) 可理解性。(5) 决策有用性。第(1)项和后面的(2)~(5)项是一种总分关系。具体如表 10-5 所示。

表 10-5

IFRS 应用效果调查(%)

类别	项目	调查机构和时间	投资者		编制者		审计师	
			肯定	否定	肯定	否定	肯定	否定
有益性	采用 IFRS 提高了财务报告质量	PwC(2006-02)	79	18				
		PwC(2007-06)			33	62		
		ICAEW(2007-10)	63	24	60	14	80	8
	IFRS 改进了合并报表披露质量	ICAEW(2007-10)	59	26	66	20	75	12
	IFRS 能更好地反映公司经营的经济实质	ICAEW(2007-10)	45	30				
	转向 IFRS 提高了欧盟资本市场的效率	ICAEW(2007-10)	34	16	35	19	50	11
	采用 IFRS 对公司整体有益	PwC(2007-06)			22	36		
	采用 IFRS 对资本市场和投资者整体有益	PwC(2007-06)			33	29		
可比性	相信 IFRS 会增加财务报告的可比性	Mazars(2005-04)			63	24		
	IFRS 使得报表行业内非常或较易比较	ICAEW(2007-10)	63	22	68	16	78	7
	IFRS 使得报表行业间非常或较易比较	ICAEW(2007-10)	53	22	58	23	69	15
	IFRS 使得报表国家间非常或较易比较	ICAEW(2007-10)	62	14	72	15	84	5
明晰性	IFRS 下公司年报信息(包括重述)非常或相当清晰和容易理解	PwC(2006-02)	76	19				
		PwC(2006-06)	76	12				
	IFRS 使公司的历史财务信息非常或相当清晰	PwC(2006-02)	59	38				
		PwC(2006-06)	59	34				
	IFRS 使公司的财务风险非常或相当清晰	PwC(2006-02)	76	19				
		PwC(2006-06)	52	28				
	IFRS 使公司的经营风险非常或相当清晰	PwC(2006-02)	66	30				
		PwC(2006-06)	54	25				
	IFRS 使财务报告更透明	PwC(2006-06)	64	18				

(续表)

类别	项目	调查机构和时间	投资者		编制者		审计师	
			肯定	否定	肯定	否定	肯定	否定
可理解性	IFRS使财务报告更易被投资者所理解	Mazars(2005-04)			48	52		
		PwC(2007-06)			38	58		
		ICAEW(2007-10)	32	49	42	40	51	30
	基金经理和分析师能够完全理解IFRS对公司的影响	PwC(2006-07)			50	43		
		ICAEW(2007-10)			51	36		
	基金经理就IFRS对所投资公司的影响非常或相当了解	PwC(2006-02)	73	27				
	基金经理非常或相当确信自己能够完全理解IFRS对所投资公司的影响	PwC(2006-02)	76	24				
		PwC(2006-06)	68	31				
	投资者非常或相当自信对IFRS影响的理解	ICAEW(2007-10)	69	31				
决策有用性	采用IFRS影响投资者决策	ICAEW(2007-10)	41	53				
	IFRS影响了基金经理对公司价值的判断	PwC(2006-02)	73	25				
	IFRS下的信息对基金经理是非常或相当有用的	PwC(2006-02)	79	21				
		PwC(2006-06)	61	38				
	采用IFRS影响了基金经理对公司的投资决策	PwC(2006-02)	52	48				
		PwC(2006-06)	57	40				
	董事会认为IFRS下提供的新信息是有用的	PwC(2006-07)			4	40		
	采用IFRS影响了公司的经营方式或决策	PwC(2007-06)			14	24		
		PwC(2006-07)			26	72		
		PwC(2007-06)			17	83		
		ICAEW(2007-10)			25	75		
	转向IFRS对于投资者和分析师看待公司业绩有非常或相当显著的影响	PwC(2006-07)			11	86		
	IFRS下信息对基金经理和分析师做出的决策是有用的	PwC(2006-07)			19	65		
	IFRS的应用使得财务报告更容易被监管者所使用	ICAEW(2007-10)			55	20	56	15

3.1 有益性

PwC 2006年2月的调查中,79%的受访英国基金经理们认为,采用IFRS对财务报告的发展有非常或十分显著的影响。ICAEW 2007

年10月的调查显示,投资者、财务报告编制者和审计师普遍认为IFRS的应用,改进了欧盟上市公司的合并财务报表质量(包括披露质量),提高了欧盟资本市场的效率。45%的投资者还认为IFRS较之本国准则更能反映交易的经济实质。Mazars 2005年4月的调查中,报告编制者也认为IFRS使会计实务更能反映经济实质。

而PwC 2007年6月对英国公司财务负责人的调查显示,62%的受访者认为采用IFRS没有提高财务信息质量,只有33%的受访者表示肯定。认为采用IFRS对公司整体有益的只占受访者的22%,36%的受访者不同意,其余42%的受访者认为既不有益也不有害。对于IFRS是否有益于资本市场和投资者整体,观点也是发散的,33%的同意,29%的反对,35%的态度中立。鉴于PwC 2007年6月的调查只限于英国,其结果不足以反驳其他调查发现的IFRS信息总体有益的结论。

3.2 可比性

PwC 2007年6月的调查显示,公司认为采用IFRS的最大好处之一就是可比性增加。ICAEW 2007年10月的调查则从行业内、行业间和国家间的可比角度,证实了投资者、报告编制者和审计师普遍认为IFRS使公司报告信息的可比性增加。不过,可比性的提高并不意味信息在各个层次完全可比,E&Y 2006年9月和KPMG 2006年12月的调查发现,IFRS下的财务报表仍然保持了明显的国家特色。

3.3 明晰性

PwC 2006年2月和6月的调查以基金经理为对象,大部分基金经理(占受访者比例的76%)认为IFRS下公司的报告信息是十分清晰的。后一调查中64%的受访者还认为IFRS使财务报告更透明。不过具体分解来看,对财务风险和经营风险信息明晰性的满意度似乎有所下降。而且受访者还表示,对IFRS未来发展疑虑最多的就是IFRS能否使财务报告更清晰。

3.4 可理解性

对一般投资者而言,ICAEW 2007年10月的调查显示,69%的受访欧洲投资者很自信对IFRS影响的理解,但是认为IFRS使财务报告更容易理解的只占32%,将近一半(49%)的投资者认为IFRS使财务报告更难理解。40%的报告公司和30%的审计师也认为IFRS下的财务报告对投资者而言较难理解。Mazars 2005 年 4 月、E&Y 2006 年 9 月和 PwC 2007 年 6 月的调查中,作为报告编制者的公司,也倾向于认为 IFRS 使财务报告更难以让投资者理解。

对基金经理而言,PwC 2006 年 2 月和 6 月的调查表明,绝大多数受访的基金经理们(70%左右)对 IFRS 信息有着较好的理解,且对此比较自信。然而 PwC 2006 年 7 月和 ICAEW 2007 年 10 月的调查站在报告编制者角度,认为基金经理能够理解 IFRS 下财务报告及影响的比例就低了很多(50%左右)。鉴于这些调查对象的国家分布较为相似,这种差异可能反映了报告编制者和使用者在 IFRS 知识掌握程度方面有所不同。

3.5 决策有用性

根据 PwC 2006 年 2 月和 6 月,以及 ICAEW 2007 年 10 月的调查,多数报告使用者(包括一般投资者、基金经理和市场监管者)都认为 IFRS 报告信息是有用的或者影响了他们的投资决策。然而根据 PwC 2006 年 7 月、2007 年 6 月和 ICAEW 2007 年 10 月的调查,报告编制者中认为 IFRS 报告信息是有用的或影响投资决策的比例在 20%以下,认为采用 IFRS 对公司整体的经营活动没有影响的比例在 72%以上。

综上所述,公司遵循 IFRS 的效果可以概括为以下几个方面:

1) 采用 IFRS 总体上是有益的。

2) 采用 IFRS 的最大好处是可比性增加,然而可比性的提高仍存在发展障碍。

3) IFRS 下的财务报告信息是明晰的,不过对明晰性的保持和增加是有疑虑的。

4) IFRS 下的财务报告对于编制者和使用者而言在可理解性上是有差异的,总体而言,IFRS 较之其他准则编制的财务报告是更难理解的。

5) 财务报告使用者一般认为 IFRS 信息是决策有用的,但报告编制者对此认同度很低。

4 IFRS 应用影响因素分析

IFRS 应用过程中所暴露出的、人们意见较为集中的问题,也随之影响到遵循的效果。我们将这些因素归纳为 5 个方面:(1) IFRS 准则本身的影响。(2) 各国或地区特定制度环境的影响。(3) 财务报告编制者和使用者不同立场的影响。(4) 公司规模的影响。(5) 审计服务的影响。

4.1　IFRS 准则的影响

实施 IFRS 首先受到 IFRS 准则本身的影响。IFRS 作为全球准则趋同的目标，以及 IASB 为此所做的不懈努力是得到普遍认可的。无论是投资者还是财务报告编制者，都对当前准则制定程序可以产生高质量的、可实施的全球准则是有信心的。然而财务信息提供者和使用者对 IFRS 本身和未来发展也有一些意见和忧虑，可以概括为"一个中心和三个方面"。"一个中心"是 IFRS 的复杂性，"三个方面"表现在：(1) 披露要求的增加。(2) 公允价值计量。(3) 原则导向与职业判断。

4.1.1　IFRS 的复杂性

几乎所有调查的结论一致认为 IFRS 是复杂的：(1) Mazars 2005 年 4 月的调查中，大多数公司认为 IFRS 准则的复杂性，导致为了正确应用而需要增加转换过程的工作量。(2) E&Y 2006 年 9 月的调查认为，不断增加的 IFRS 确认和计量要求的复杂性，以及不断增加的披露要求数量，会使得财务报告的编制，沦为只是为监管者利益服务的机械遵循练习，而不是报告公司经营情况和财务状况的有效机制，这种复杂性威胁和损害 IFRS 下财务报表的决策有用性。(3) PwC 2007 年 6 月的调查问到，公司的未来报告如何实现更大的透明度和可比性，受访者提出了一系列建议，最一致的意见就是 IFRS 应简化和实用。问到 IFRS 应该如何改进以有助于投资者理解财务报表时，51% 的受访者呼吁规则的简化和准则减少复杂性，9% 的要求减少披露数量。(4) ICAEW 2007 年 10 月的调查中参加圆桌会议的所有投资者、财务报告编制者和审计师都认为 IFRS 复杂，并且担心更多地使用公允价值和与美国准则的趋同，导致倾向于以规则为基础而使复杂性进一步增加。

4.1.2　披露要求增加

E&Y 2006 年 9 月的调查指出，典型的 IFRS 财务报告包含了几页关于会计政策的解释。然而这些解释通常只是会计准则相关要求的汇总，并不能使财务报表使用者理解政策应用的含义，也很少提供任何明显的与公司会计政策选择特别相关的因素。"IFRS 要求的许多披露几乎没有信息价值……应该采取措施减少需要披露的数量，改进透明度和可理解性。"ICAEW 2007 年 10 月的调查也认为,IFRS 在确认和计量方面的成功多于在披露上,显著增加的披露要求使其价值受到质疑。公认的看法是公司的会计政策披露"样板化"(boilerplate),会计政策的选择解释与公司经营不相关,没有说明所依据的判断和估计,缺乏信息含量。

4.1.3 公允价值计量

对于 IFRS 中要求的公允价值计量,公司有两种反应:一是当计量模式可以选择时,一般会避免使用公允价值;二是反对 IFRS 在未来更多地增加公允价值计量要求。

ICAEW 2007 年 10 月的调查发现,在 200 个欧盟上市公司合并财务报表样本中:(1) 当一些金融资产和负债计量模式具有选择性时,只有 36 家公司使用了公允价值而不是摊销成本,并且这些公司绝大多数的金融资产和负债还是用历史成本计量。(2) 199 家公司持有自用的厂场设备,8 家使用了重估价模型(公允价值)来计量房地产,但是没有公司将公允价值用于计量机器和设备。(3) 81 家公司持有投资性房地产,其中 23 家使用了公允价值计量。(4) 没有公司使用重估价模式计量无形资产。(5) 9 家公司持有生物性资产,其中 5 家使用了公允价值。KPMG 2006 年 12 月对 16 个国家或地区关于公司会计政策选择的调查也发现了类似的结果。

根据 E&Y 2006 年 9 月、PwC 2007 年 2 月和 ICAEW 2007 年 10 月的调查分析,公司之所以避免使用公允价值计量,可能有以下原因:(1) 担心公允价值计量造成报告利润的波动性。(2) 怀疑公允价值计量下的数据并不能改进财务报告质量,较之其他计量模式并不更为有用。(3) 只有少量技术专家对于公允价值为基础的会计准则的解释和正确应用,有足够好的理解。然而这些专家大部分被会计师事务所和监管者所雇用,而非财务报告的编制者和使用者,因此公司管理层和会计人员未必有能力对公允价值作出可靠估计。(4) 估计公允价值的潜在成本,使得公司管理层和会计人员不愿在这方面多花时间和承担责任。

报告编制者既然避免采用公允价值计量,自然反对 IFRS 在未来增加公允价值计量的要求。PwC 2006 年 7 月和 2007 年 6 月对英国公司财务负责人的调查显示,公司对公允价值的反对呼声似乎在增加。

2007年74%的受访者反对在基本报表中增加公允价值计量,远高于2006年的比例52%。2006年有28%的受访者支持更多采用公允价值,而2007年支持率下降到13%。

投资者对公允价值计量尽管说不上反对,但也并不追捧。PwC 2007年2月对投资专家的调查发现,被访者对高度流动性的金融资产用现行价值(current value,公允价值的一种表现)计量是满意的,但并不希望对非流动性资产和多数负债采用任何形式的现行价值计量。一般而言,受访者对基本报表中更多地使用现行价值并没有偏好,但欢迎额外的披露,以评价现行价值应用的可靠性和合理性,并便于公司间比较。

4.1.4 原则导向与职业判断

众所周知,IFRS是原则导向的。以原则为基础的准则,为财务报告的编制提供了广泛的灵活性来处理新的和不同的情况,更能反映交易的经济实质。但是以原则为基础的准则,为了避免因作出太多细节的规定和说明而沦为以规则为基础的准则,指南和解释就显得不足,使得报表编制较多依赖管理层判断作出政策选择。例如,E&Y 2006年9月和ICAEW 2007年10月的调查发现,IFRS是以原则为基础的准则,其对判断要求的增加带来较大的挑战,广泛的判断削弱了应用的一致性和信息的可比性,人们对此较为担忧。Mazars 2005年4月的调查也表明,公司希望得到更多的准则解释和更完整的行业指南。伴随着对原则导向准则的忧虑,人们对规则导向准则的容忍度也提高了。对比PwC 2007年6月和2006年7月对英国公司财务负责人的调查,相信准则应该是以原则而不是规则为基础的比例,从82%降到了65%,为了趋同而愿意接受更多规则的受访者比例,则从15%提高到33%。

4.2 国别影响

关于IFRS应用效果的"有益性"和"决策有用性"的分析中,PwC 2006年7月和2007年6月的调查,都是以英国FTSE 350公司的财务负责人为对象。鉴于英国准则与IFRS的相似性,英国公司的财务负责人多数认为,IFRS较之英国准则而言对报告结果的影响相对较小,从而转向IFRS的益处和决策有用性对英国公司而言自然偏低。

此外,虽然采用IFRS的最大好处是可比性的增加,不过国家间财务报告的可比性受制于某些因素的影响而有所削弱,例如:(1)不同国家的监管机构的附加要求不同(E&Y 2006年9月和 ICAEW 2007年10月调查)。(2)由按照本国准则转向 IFRS,许多公司为了节省成本,编制形式上尽可能减少变化(E&Y 2006年9月调查)。(3)本国会计传统或以前遵循的准则依然影响财务报告(KPMG 2006年12月和 ICAEW 2007年10月调查)。(4)各国经济发展水平和治理环境差异影响准则的应用(ICAEW 2007年10月调查)。

特别是在准则的遵循上,由于各国或各地区在向 IFRS 趋同时,并非全盘接受,而是有所选择或保留,导致 X 国(地区)采用的 IFRS 与 IASB 的 IFRS 之间存在一定的差异。例如,ICAEW 2007年10月调查的 200 家欧盟上市公司的合并财务报告中,146 家披露仅遵循欧盟的 IFRS(IFRS-EU),31 家披露同时遵循 IFRS-EU 和 IFRS,23 家披露仅遵循 IFRS。尽管"X 国(地区)"版的 IFRS 与 IASB 的 IFRS 之间的差异可能并不大,但这可能导致投资者的混淆,成为准则进一步趋同的新障碍,随之损害财务信息的可比性。

4.3 立场影响

财务报告的编制者和使用者(包括投资者和监管者,主要是投资者)对 IFRS 信息的质量感知上是有差异的,使用者比信息提供者对 IFRS 的评价更高些。可能的原因有:(1)从信息来源看,报告编制者作为公司内部人,作出经营决策所依据的信息更为充分,并不唯一依赖财务报告,而投资者作为外部人,更加倚重财务报告,IFRS 信息的价值就变得重要。(2)从信息成本看,向 IFRS 转换的成本主要由编制者来承担,实施 IFRS 的巨额成本如果超过公司预期就容易引起不满,以致对 IFRS 信息产生消极评价。而投资者几乎没有负担转换成本却享受到信息披露更充分的益处,因此对 IFRS 的评价就较为积极。(3)从转换风险看,公司可能倾向于采用有利于本国准则向 IFRS 平稳过渡的会计政策,自我消化准则转换可能导致的收益起伏和财务比率的重大变化。这种自我选择在降低风险的同时,也降低了 IFRS 下报表信息对公司的有用性。(4)从时间约束看,多数公司采用 IFRS 是由政治或行政推动而非出于经营需要,在时间安排上没有控制权,IFRS 对经营决策的影响在短期内可能没有完全体现,由此也降低了 IFRS 信息对公司的决策有用性。

4.4 规模影响

一般而言,大公司的准备情况较小公司良好,表现为时间早、进度快、程度高。原因可能有以下三条:(1) 大公司业务复杂和需要处理的问题多,所以准备工作开展得较早且较为深入。(2) 大公司享有的资源和技术更为丰富和先进,有条件可以遵循得更好,而且其经济实力和规模效应都允许其承受较高成本而加大投入,特别是一些大公司在强制推行 IFRS 前已经自愿采用,具备了相当的经验。(3) 大公司特别是跨国经营的企业,从采用 IFRS 中得到的益处更多,因而在实施 IFRS 方面更为积极。简而言之,大公司更好的应用可以归结为"有必要、有能力、有意愿"。PwC 2004 年 12 月、2006 年 2 月、2006 年 7 月和 2007 年 6 月的调查,以及 ICAEW 2007 年 10 月的调查都证实了这一结果。准备情况的差异自然影响到了遵循效果,大公司对 IFRS 信息质量的评价较之小公司更为肯定些。

4.5 审计影响

首次应用 IFRS 给公司和审计师的关系带来很大压力,人们普遍认为会计师事务所在保证公司向 IFRS 顺利过渡方面发挥了重要作用,会计师事务所需要向客户提供咨询,以保证国家间和行业内遵循 IFRS 的一致性。可能由于期望较大,要求就会较高,不能完全实现期望的批评意见也相应较多。除了 PwC 2006 年 6 月对英国基金经理的调查中,就审计师行业应对变化评价较高外(认为审计师行业对向 IFRS 转变反应非常好或相当好的占 66%),其他调查的评价则多是负面的:(1) PwC 2006年 7 月对英国 FTSE 350 公司财务负责人的调查中,受访者认为审计师行业对向 IFRS 转换反应非常好或相当好的占 38%,不好也不坏的占 28%,非常差或相当差的占 34%。(2) PwC 2007 年 6 月对英国 FTSE 350 公司财务负责人的调查认为,"四大"在准则的应用上缺乏一致性。(3) ICAEW 2007 年 10 月的调查中,报告编制者不满意审计师在早期 IFRS 应用问题上的解释速度。

5 IFRS 应用调查的启示

根据上述调查发现和原因分析,我们可以得到以下三个方面的启示。

5.1　IFRS 的完善

针对 IFRS 准则复杂性的批评，IFRS 是否存在简化的可能？从上文分析的导致复杂性的三点主要原因来看，是有可能的。

首先，保证信息的透明度不是单纯增加披露数量就可以实现的，披露的价值更体现在信息的属性上。因此，IFRS 可以减少过多的、不必要的披露要求，只强调企业应披露与经营相关的、与会计政策选择依据相关的信息。

其次，从公允价值计量来看，既然报告编制者逃避和反对、投资者也不热衷于公允价值的扩大使用，那么 IASB 能做的就是不再在 IFRS 中盲目增加新的公允价值计量要求，对现有公允价值计量要求重新考虑和修订。对于普遍回避使用公允价值的项目则应该分析原因，或者放弃要求公允价值计量，或者进一步限定公允价值使用的前提条件。IASB 主席戴维德·泰迪（David Tweedie）也表态："IASB 并不是想把所有的项目都用公允价值计量，那不在我们的议程上。"（KPMG LLP，2007）

最后，就 IFRS 准则制定的原则导向以及对职业判断要求较高的意见，我们认为 IFRS 以原则为基础的大方向是不会改变的。准则要成为全球语言，具有"普适性"必然只能是原则的，过于具体的规则是不能适用于各国各地区特定情况的。在这样的情形下，职业判断的重要性不言而喻。不能因为担心职业判断的难用、误用和滥用，就希望增加具体的规则而避免承担职业判断的责任。没有职业判断，会计职业就失去了专业性，整个行业也会丧失活力。问题的关键是要寻求一种最优化的途径，在原则和规则之间实现平衡，适度地增加解释和指南，适度地鼓励会计师运用职业判断。这也是 IASB 当前和今后在发展 IFRS 时都会面临的难题。

5.2　IFRS 应用的改进

准则本身固然影响应用，但绝不意味着好的准则就一定会被很好地应用，并取得好的效果。IFRS 应用的改进从涉及的层面看，是国家、公司和监管三位一体的，从改进的动力看，是自发和强制两种。强制改进可操作性更强一些，不过任何措施似乎都难以完全解决 IFRS 遵循中的多样性问题。

5.2.1 国家层面

各国特定的制度背景、经济环境和会计传统对会计实务影响是潜在的。转向采用 IFRS 只是移植了优良的作物品种,却较难改变作物生长的土壤和气候,因此过渡阶段的短期不适和问题较多在所难免。长远来看,国家制度可以完善,经济可以发展,传统也是可以改变的。各国经济交往的日益密切和相互融合,即使不能完全消除国家间的差异,但总体上是可以缩小这种差距的。

目前,人们对准则应用的"一致性"认识也变得更为理性和现实,并逐渐形成共识。例如,PwC 的 CEO Samuel A. DiPiazza 认为:"一致性的意思是在各种情况下可以接受的解释,而不是说各种情况下完全相同的解释和应用。"[①]欧盟委员 Charlie McCreevy(2006)也表达了相同的观点:"一致应用并不意味着完全相同的应用。"跨国审计师委员会(Transnational Auditors Committee)在 2007 年《IFRS 全球应用观点》(Perspectives on the Global Application of IFRS)报告中也提出:"一致性并不意味着统一……每个公司有不同的情况和环境。一致性的意思是各种情况下可接受的解释,而不是各种情况下相同的解释和应用。"

综上所述,国别因素在 IFRS 应用一致性和信息可比性方面的影响,相信短期内会较为明显,长期内趋于减弱。

5.2.2 公司层面

公司在实施 IFRS 时的准备情况和效果的好坏,取决于客观条件和主观动机两个方面,而且两者是相互作用的,其最根本的原因可以追溯到企业的"经济人"性质和谋利动机。如前文所提到的与公司资源约束有关的成本考虑,避免耗费时间和承担责任的披露"样板化"问题,以及回避采用公允价值计量。

对于客观条件,如由于强制采用的时间表导致准备工作不充分,随着时间推移在长期内就不再是理由了。就与公司规模有关的资源限制来说,要求企业不从经济角度考虑是不现实的,目前努力的一个方向是发展小企业财务报告准则,这也是越来越得到小企业支持的选择。

---

① 参见普华永道(PricewaterhouseCoopers)2006 年发布的报告《SEC 职员对 IFRS 及其他热点问题的建议》(SEC staff comments on IFRS and other hot topics),www.pwc.com。

PwC 2006年7月和2007年6月的调查证实,认为所有的英国企业采用同样准则的受访者比例从30%降到了18%,58%的受访者支持小企业应该遵循允许一些例外但与IFRS相似的会计准则。不过正如Véron(2007)所言:"这就形成了一个困境:这些规定应该比完整的IFRS简单,但是不应该与其有太大的差异以保持最低程度的可比。欧盟目前对这个问题有些困惑,既想让准则易于小企业采用,也需要准则能应付较大企业日益复杂的业务。"

对于主观动机,除了上文所述的从准则角度完善,减少报告编制者的顾虑之外,可行的解决途径就是加强学习和监管。向IFRS转换过程中培训的不足可以在今后通过继续学习的途径,对会计人员的知识储备和素质提高产生积极影响。但动机作为内在的思想认识是极难改变的,除了寄希望于编制者觉悟的提高外,只能通过外部监管的强制力量施加影响。

5.2.3 监管层面

对IFRS应用的监管,我们认为又具体可以分为国际监管、国家监管和审计监管三个层次。这三级监管的现状是"国际监管弱势、国家监管多样化、审计监管有限"。

5.2.3.1 国际监管

IASB目前只是一个准则制定机构,还没有保证准则严格遵循的机制。它没有法定权力强制要求实务中的遵循,也不能惩罚由于没有完全遵循准则而有损准则质量和形象的单个公司或国家。借用法学术语,IFRS没有取得法律地位,IASB也不是司法机构,就不能行使强制管辖权和司法判决权。

既然IASB自己没有能力监管IFRS的应用,期望其他国际监管机构有效监管IFRS应用的希望似乎就显得渺茫,监管效果更是不在可控制范围之内,何况这些国际监管机构通常被看作"没牙的看门狗"(Ball,2005)。原因在于采用IFRS的国家不会将财务报告的监管权力拱手让与国际组织,即使他们同意这样做,也会在协定中附加各种条件以规避可能的重大影响。当本国的政治和经济利益受到威胁时,更可能废除这样的协定。按照摩根索(2006)有关国家权力和国际政治的观点,IFRS国际监管的这种松散性和低效率,从本质上来说是国家主权对国际监管的一种限制。如果IFRS国际监管机构施加的压力超过

IFRS采用国的承受预期,或者他们认为损害到了与本国主权有关的利益,自然会抵制这样的监管。出于对国家主权的尊重,IFRS的国际监管也必然只能是在自愿基础上发挥效用,这样的监管注定是脆弱和敏感的。

由于上述原因,IFRS国际监管会显得薄弱,但目前有加强的趋势。典型的如一贯支持IFRS的证监会国际组织(IOSCO)在推动IFRS全球一致应用方面进行了诸多努力,通过建立IFRS问题的决策数据库,促进IFRS监管解释的一致性和监管决策的高水平(Jane Diplock AO,2007)。区域性监管组织欧洲证券监管委员会(The Committee of European Securities Regulators,CESR)也在考虑把以往各国证券监管者有关IFRS应用的决策建立一个数据库,提高应用的一致性,并推行采用共同的应用准则。欧盟也组织了"IFRS在欧盟一致应用的圆桌会议",将与IFRS应用相关的主要机构集中在一起,进行协作和交流(Véron,2007)。这些措施在多大程度上可以解决应用的多样化问题尚未可知。

5.2.3.2 国家监管

国际监管的无政府状态使得国家成为IFRS监管的实质主体。如前文所述,各国在满足自身利益的前提下,对IASB发布的IFRS在批准应用时有所保留和取舍,在监管时又附加了一些报告编制要求。这种情形在各国利益不能完全一致,各国国情具有特殊性的现实环境中不会有根本的改变。鉴于国家监管和国际监管具有一定的替代性,加强国际的统一监管有助于消除各国IFRS应用和监管的多样性问题。就国内监管本身而言,制度上弥补缺漏,执行中严格要求,加大惩处力度,增加公司的违规成本,也是减少公司不良动机,促使严格遵循准则的常用策略。

5.2.3.3 审计监管

会计师事务所的审计监管表现为,就客户公司应用IFRS提供必要的咨询意见和帮助,以及在财务报告质量上的鉴证意见。但是人们不应抱有过高的期望依赖这种审计监管来保证IFRS应用的一致性。首先,会计师事务所未必愿意承担这样的责任。例如,PwC的合伙人Wayne Carnall表示:"SEC认为'四大'有义务保证一致性,但我不同意这是我们的责任。会计师事务所审计应该保证财务报告遵循IFRS,

而不是不同的公司有相同的做法。"①其次,小型会计师事务所多为本土经营,国别差异显著,即使是大型会计师事务所,其全球经营也是分散的,很难确保 IFRS 监管的一致性。最后,会计师事务所和客户间的经济依赖关系也可能损害事务所在审计监管方面的独立性,不能完全保证审计监管的严格性。为了减少国家间应用和监管的多样化风险,"四大会计师事务所已经建立了一个'全球 IFRS 教义办公桌'(a global IFRS doctrine desk)来协调内部对 IFRS 解释和应用的观点,消除不一致性。这是一个强有力的减少国家间多样化风险的机制。但即使如此,也不可能解决所有的问题。"(Véron,2007)

5.3 未来研究方向

就 IFRS 在全球的应用,特别是欧盟自 2005 年强制遵循的情况,本章所列举的调查对于我们了解最初的实施过程和结果,提供了重要的证据和启示。依据这些实地调查的发现开展有关的实证研究,无疑能够提高研究问题的针对性,以及研究设计的科学严密性,研究结果也可以进而检验调查发现的真伪。

就调查本身而言,可以再对调查组织者和调查对象予以改变和扩大。比如,调查组织者为国家监管机构,调查对象为会计师事务所,或者调查对象还应包括公司债权人等其他财务报告使用者,而不仅仅是投资者。此外,调查设计上应该更为科学实用,例如,对问题采用打分评判以便于数据分析。

就新准则的应用情况开展调查,以及对年度财务报告进行技术分析,对于我们及早发现问题,完善相关措施,保证应用效果是十分必要的。从已有的少量调查报告看,前文所述的 IFRS 应用过程中的问题在我国新准则实施中也是存在的。例如,孙燕杰等(2007)对 5 个城市②的 103 家企业的问卷调查,发现企业普遍认为新准则中的某些具体准则很难理解。准则原则导向使得职业判断空间增大,导致会计人员职业风险增加,进而产生忧虑和规避意识。《首席财务官》杂志(田茂永执笔,2007)对 78 家上市公司的问卷调查也发现,59%的受访者认为

---

① 参见普华永道(PricewaterhouseCoopers)2006 年发布的报告《SEC 职员对 IFRS 及其他热点问题的建议》(SEC staff comments on IFRS and other hot topics),www.pwc.com。
② 辽宁沈阳、山东烟台、湖北武汉、广东深圳和甘肃张掖。

新准则增加了财务工作的复杂度,多达四成的受访者反映新准则不易理解和执行。企业对于公允价值计量也持谨慎态度,因为投资性资产随行就市的价格变动使得上市公司自身难以把握。本章对国外若干调查报告的分析由此更具借鉴意义。我们认为可从以下几方面开展对新准则实施情况的研究。

5.3.1 实务调查

就我国新准则实施情况的调查,目前尚没有看到较为全面或权威的报告。政府部门(如证监会、财政部和注册会计师协会)应该鼓励和支持会计职业团体或学术机构开展有关新准则实施情况的调查,给予必要的经费资助或者组织配合。调查应注意对象的广泛性和方法的科学性,以获得全面、真实的信息。此外,调查还应具有连续性、系统性和长期性,利于不同时期的比较,突出新准则应用的发展变化。

5.3.2 学术研究

一方面,实施新准则是否扩展应用到企业的内部管理以及对外报告的要求,如何影响计算机数据生成系统,开展相关的研究可以丰富这些管理会计和会计信息系统等学科领域的内容。另一方面,从实证研究来看,研究选题上可以关注与旧准则相比变化较大项目的业务处理,及其对财务报表的影响,也可以分行业或分专题检验新准则的应用后果等;在研究设计上,通过本章的调查发现可以为变量控制提供指引(如影响新准则实施效果的可能因素),也可以启发我们从新的角度来考虑模型设计(如新准则下财务报告信息的决策有用性如何从报告编制者角度来度量)等。

5.3.3 制度建设

5.3.3.1 新会计准则的完善

新准则与 IFRS 趋同,IFRS 存在的问题新准则自然也不可避免。我们应该逐渐化被动为主动,与其等着 IASB 修订 IFRS,我们再修订新准则,不如积极从现实出发,就存在的问题先考虑解决的方案,经过广泛求证其可行性后,落实到准则的制定和完善中。当然,这个过程也要满足报告信息国际可比的要求,不应偏离准则国际趋同的轨道,与 IASB 进行必要的协商与沟通,实现充分互动。

据此,我们认为新准则未来的发展应把握的基本方向有:

1) 立足我国资本市场深度不足和报告编制者素质总体不高的现

实,对准则中的公允价值计量要求应继续保持较为保守和谨慎的态度,不宜盲目扩大和增加新的要求。就公允价值计量的适用条件和计量方法应从严规范,对于企业回避或滥用的公允价值计量准则,需分析原因,有针对性地改进准则,减少准则的不实用和不合理问题。

2) 就财务报告的披露要求,应通过对上市公司财务报告的全面调查和深入分析,考虑公司的行业和经营性质,减少容易流于形式的"样板化"披露要求,强调与企业会计政策选择、会计估计判断和经营实务相关的披露。披露的数量要求则可适度减少,以免关键信息被湮没。

3) 就准则的原则导向带来的职业判断增加问题,一方面要通过披露判断依据来防止滥用职业判断;另一方面要减少会计人员对于职业风险的可能担忧和过度回避。如时机成熟时建立类似于美国对预测性信息的"安全港"(safe harbor)制度,保护和鼓励合理的职业判断,促使会计人员勇于担负职业责任。此外,原则导向并不是完全排斥对于细节的规定和说明,对于普遍反映较难以理解的准则,应该就准则本身增加必要的解释,或者修订现有的准则讲解。

5.3.3.2 小企业会计准则的趋同

我国的《小企业会计制度》发布在前,新会计准则向 IFRS 趋同在后,而且 IASB 正在 IFRS 框架基础上就中小企业财务报告准则的制定广泛征求意见。在此背景下,我国的《小企业会计制度》地位有些尴尬。我们应努力将"事后趋同"转变为"事前谋同",就 IASB 发布的中小企业财务报告准则的征求意见稿先行研究,考虑我国小企业的现实,通过向 IASB 提建议的方式,增强在中小企业财务报告准则制定方面的话语权和影响力,以减少以后的小企业会计准则趋同成本。如果 IASB 的中小企业财务报告准则迟迟不能出台,为了提高企业间信息的可比性,我们应该以新出台的《小企业会计准则》取而代之,以实现其与新准则的兼容性。

5.3.3.3 监管制度的配套

除了准则的制定和完善,保证准则正确实施的另一重要措施就是配套必要的监管制度。

我国对新准则实施的监管,应该适应我国国情,维护企业利益相关者的合法权益,服务于国家经济发展和社会进步需要。不过,监管制度在强调适应国情的同时,也要讲求与国际接轨,充分借鉴国外的先进监管经验(如前文提到的 IOSCO 和欧盟建立的 IFRS 一致应用的数据库)。在准则趋同、监管趋同的基础上,财务报告信息的国际可比才更有保证,或者也有利于找到信息差异的真正原因。

监管制度的建设需要各方的支持和配合。政府监管部门一方面可通过发布规定、检查执行、奖罚分明的方式,监管会计师事务所对上市公司新准则下财务报告的审计工作;另一方面也需向会计师事务所了解公司新准则的遵循情况,有针对性地完善准则应用的监管制度。此外,如果要建立新准则应用的决策数据库以便于监管,也需与数据库运营商进行合作。

参 考 文 献

汉斯·摩根索著,肯尼思·汤普森,戴维·克林顿修订.2006.国家间政治:权力斗争与和平.7 版[M].徐昕,等译.北京:北京大学出版社.

高利芳.2008.IFRS 执行调查及其启示[J].当代会计评论,(1):84-104.

孙燕杰等.2007.新会计准则认识及应用准备情况调查与分析[J].财会通讯(学术版),(7):61-64.

田茂永.2007.动中的"资本为王"——上市公司新会计准则实施影响调查报告[J].首席财务官,(8):32-39.

BALL R. 2005. International Financial Reporting Standards (IFRS): pros and cons for investors[R]. Working paper.

ERNST, YOUNG. 2006. Observations on the implementation of IFRS[OL]. www.ey.com.

JANE DIPLOCK AO. 2007. Regulator's perspective on IFRS financial statements[OL]. www.seccom.govt.nz.

KPMG. 2006. The application of IFRS: choices in practice[OL]. www.kpmgifrg.com.

KPMG LLP (UK). 2007. International Financial Reporting Standard: the quest for a global language[OL]. www.kpmg.uk.

MAZARS. 2005. IFRS: 2005 European survey[OL]. www.mazars.de.

MCCREEVY C. 2006. Global convergence of accounting standards: the EU perspective[OL]. www.iasb.org.

PRICEWATERHOUSE COOPERS. 2004. International Financial Reporting Standards: Ready for take-off? [OL]www.pwc.com.

PRICEWATERHOUSE COOPERS. 2006. IFRS: embracing change [OL]. www.pwc.com.

PRICEWATERHOUSE COOPERS. 2006. IFRS: the European investors' view[OL]. www.pwc.com.

PRICEWATERHOUSE COOPERS. 2006. IFRS: the investors' view six months on[OL]. www.pwc.com.

PRICEWATERHOUSE COOPERS. 2006. SEC staff comments on IFRS and other hot topics[OL]. www.pwc.com.

PRICEWATERHOUSE COOPERS. 2007. Measuring assets and liabilities: investment professionals' views [OL]. www.pwc.com.

PRICEWATERHOUSE COOPERS. 2007. Has the dust settled yet? [OL]. www.pwc.com.

The Institute of Chartered Accountants in England and Wales (ICAEW). 2007. EU implementation of IFRS and the Fair Value Directive: a report for the European Commission[OL]. www.iasplus.com.

Transnational Auditors Committee. 2007. Perspectives on the global application of IFRS[OL]. www.ifac.org.

VÉRON N. 2007. The global accounting experiment[OL]. www.bruegel.org.

# 第11章 IFRS与资产评估准则的国际发展

资产评估因应资产出售和置换、产权交易、企业改制、公司上市、对外投资和企业并购等需要而产生和发展。资产评估业务主要涉及单项资产评估、类别资产评估和企业整体价值评估。资产评估因资产交易的复杂程度不同,在技术上的繁复程度也不尽相同。

资产评估可以发生在企业发展的任何阶段,可以基于各种背景和动机,可以导致参与有关交易的主体之间的不同博弈结果,因而在宏观和微观层面上都具有重要影响。随着IASB发布的IFRS在全球趋同方面取得的积极进展,特别是其在不动产和其他固定资产准则方面进行了一系列重大修订,对国际评估准则产生了重大影响。为此,国际评估准则委员会(International Valuation Standards Committee, IVSC)表示愿意在公允价值的实务问题以及实现会计目标所需要作出的假设方面提供帮助,并承诺将发布评估准则以支持国际财务报告准则,为资产计价提供服务,从而将国际财务报告准则作为一个主要的服务对象。由此,国际评估理念、技术和准则的发展,必将对全球会计和业绩评价产生重要和深远的影响。

1 资产评估及其范围

资产评估(asset valuation),原指对资产价值作出的估计。资产评估业务,为市场上资产买卖双方当事人议定资产价格提供参考。因此,资产评估的结果形成了资产交易定价的基础。目前,资产评估业务范围广泛,包括资产出售和置换、出租、抵押、保险、企业改制、公司上市、中外合资与合作、产权交易、对外投资和企业并购、破产清算、证券市场、金融监管、房地产市场、珠宝市场、财产征税、司法鉴证等诸多方面。

资产评估作为中介职业逐步发展。资产评估的方法和技术水平随着市场的发展和交易的复杂化而不断提高并规范化,由此形成了资产评估这一中介职业。资产评估职业在资产交换、产权交易的过程中不断发展,逐渐建立了评估业务准则、评估职业道德准则和行业准入标准,并且这些标准在国际范围内逐渐趋同。

近年来,国际上对资产的认识逐渐深化。美国财务会计准则委员会 1980 年 12 月发布第 3 号财务会计概念公告(SFAC No. 3)《企业财务报表的要素》之后,会计理论和实务界不再拘泥于传统的资产概念,而是把资产视为"某一特定主体由于过去的交易或事项所获得或控制的可预期的未来经济利益"。在资源观下,负债便可以被理解为负资产,而产权则可以从净资产的角度来审视。

随着资产定义的发展,资产评估的对象也在不断扩展。早期,人们对资产的概念局限于具体的现金、银行存款、债权和机械设备以及房屋场地设施等具有明确金额或实务形态的资产。这些传统意义上的资产的评估工作相对简单,评估结果也易于取得共识。但是,随着交易方式和范围的拓展,特别是产权交易和企业并购的频繁发生,客观上迫切需要对类别资产、产权甚至整个企业的价值进行评估;同时,无形资产在企业并购中的重要性又使资产评估的理论和实务进一步发展,由此形成了一系列针对无形资产的评估方法和技术。金融工具的广泛应用,促进了资产评估业务中公允价值的广泛应用。企业并购业务和证券市场的发展,使资产评估业务扩展至企业的定价,即从企业净资产市场价值的角度来考察整个企业的价值。

2 资产评估的发展概况

2.1 资产评估在国内的发展

在我国,资产评估是随着我国经济体制改革的逐步深入而产生并逐步发展的一种中介服务,是在国有企业经营机制转换的过程中逐渐摸索而形成的有关资产价值认定的一系列技术方法。随着我国经济体制改革的深入,企业产权市场逐渐形成并且在经济生活中发挥着越来越重要的作用,资产评估的地位和作用也随之提高。在最近 10 余年来企业集团化的过程中,企业并购活动日益频繁,一些并购事项甚至走出国门,资产评估由此成为企业产权交易定价特别是国有资产、产权,甚至企业整体转让定价的一种基础性工作。

2.2 资产评估在国外的发展

在国外,资产评估已经从单项资产的价值评估逐步发展到对资产和负债、类别资产、企业整体价值评估的阶段。资本市场对上市公司的定价功能,在很大程度上依靠相关方面客观、审慎的价值评估。因此,资产评估的适用范围早已超越了其字面含义,逐步发展到国际评估应用指南涉及的范围极为广泛的价值评估阶段。由此,在资产评估领域,更为广泛应用的术语是价值评估(valuation)。

即使在发达国家,由于交易对象存在某些特殊性以及交易机制不可避免地存在一定局限,加之市场供求力量的作用,某些资产或企业产权交易的市场价格发现机制失灵状况时有发生,因而也需要专业人士根据相关的职业准则、专业知识和经验为参与交易的主体提供价值评估意见作为交易双方决策的参考。因此,在西方发达国家,资产评估同样作为价格发现机制的补充为市场定价提供参考,而且随着市场机制的完善而日益完善。

随着20世纪90年代世界第五次并购浪潮的发展,企业并购达到了空前的规模。近年来,外国直接投资(FDI)形式主要地采取跨国并购方式。1999年,全球跨国并购金额已经超过当年全球外商直接投资总额的80%。随着新一轮跨国并购浪潮的到来,企业并购涉及的价值评估的重要性进一步凸显,并构成西方国家资产评估的主要方面。

3 资产评估准则的发展

3.1 中国资产评估准则的发展

资产评估主观性强、涉及面广、对经济和市场的影响深刻。为了适应资产评估事业发展的需要,提高资产评估工作的水平和效率,保证评估结果的客观、准确、合理,规范资产评估操作,各国乃至国际资产评估职业组织纷纷建立了行业准入制度和职业标准。其中,目前最有影响的职业标准就是国际资产评估委员会发布的《国际资产评估准则》。

我国的资产评估规范是伴随产权交易逐渐发展起来的,经历了从政令到借鉴国际惯例的职业发展的过程。1991年11月16日,国务院发布《国有资产评估管理办法》(国务院第91号令);1995年3月15日,国有资产管理部门发布《关于发布资产评估立项、确认工作的若干规范意见的通知》(国资办发[1995]27号);1995年4月12日,中国资产评估协会发布了《关于印发资产评估执业人员自律守则的通知》(国资评协发[1995]3号);1996年5月7日,中国资产评估协会发布了《资产评估操作规范意见(试行)》。为了提高《资产评估操作规范意见(试行)》的权威性,国家国有资产管理局当天转发了这份规定,要求各省、自治区、直辖市和计划单列市国有资产管理局(办公室)及时转发资产评估机构,并在审核确认评估报告以及检查监督评估工作中贯彻执行。2004年2月25日,财政部发布了《资产评估准则——基本准则》和《资产评估职业道德准则——基本准则》两个基本准则,对评估操作行为和评估报告行为提出了最基本的要求,目的在于建立评估师规范执业的基础,维护社会公共利益,保护资产评估相关利益方的合法权益。两个基本准则的发布,规范了评估师执业技术和执业行为,标志着中国资产评估准则体系的初步建立。两个基本准则借鉴和保留了中国原有的理论与行业实践的内容,同时参考了国际评估准则和其他国家成功制定资产评估标准的有益经验。为适应中国市场经济稳定发展的需要,在2～5年内与国际评估实践相接轨,财政部还将陆续制定包括相关基本准则、具体准则、评估指南和指导意见在内的一套完整的资产评估准则体系。

3.2 国际资产评估准则的发展

国际评估准则的制定工作在近几年取得了巨大成果。国际评估准则委员会(IVSC)前任主席约翰·埃居认为,随着评估行业普遍在资产计量工作中扮演越来越重要的角色,国际评估准则仍需要进一步发展。评估是为资产计价提供服务的技术。可靠的计价需要三个基石:准确性、一贯性和透明性。这三个方面在评估业主自有资产、投资资产和涉及资本市场以及贷款保全的资产时是必不可少的。与会计准则的情形十分相似,评估准则作为"良好实务"的准绳也应当相对稳定,而评估方法则较灵活,应随着业务需要、客户需求以及来自其他领域的分析性技术而改变。准则是来自个人良知、国家行业协会或法律的尺度,涵盖行为、道德和专业胜任能力等内容,如评估基本事项、评估目的、完成任务的能力证明、评估师的责任、职业谨慎程度和所需的调查范围、接受任务时所需的披露程度、在报告正文中的声明、限制条件和所做假设的合理性以及对评估过程和推理过程的详细介绍。

国际评估准则委员会是20世纪80年代以来在世界各国资产评估

专业团体推动下逐步发展起来的重要国际性评估专业组织,其主要宗旨是:为公共利益制定和发布用于财务报告的资产评估准则和指南,以满足财务报告、国际资本市场和国际经济领域的需要;满足发展中国家和新兴工业化国家对制定本国资产评估准则的需要,促使国际评估准则和指南在世界范围内得到认可和遵守;在世界各国之间统一资产评估准则,披露地方或地区性评估准则与《国际评估准则(International Valuation Standards,IVS)》之间的区别,致力于促进地方或地区性准则规定与 IVS 之间的协调和统一;促使 IVS 在国际会计准则及其他相关报告准则中得到认可,促使其他专业领域理解专业评估和评估师的作用,并教育评估师了解相关专业领域的要求。国际评估准则委员会也与诸如国际会计准则理事会(IASB)、国际会计师联合会(IFAC)、证券委员会国际组织(IOSCO)等一些准则制定和支持机构保持紧密联系。目前,IVSC 在国际评估界发挥着主导作用,其制定和努力推广的 IVS 是最具影响力的国际性评估专业准则。

  国际评估准则委员会自 1985 年起发布《国际评估准则》。《国际评估准则》根据评估业务发展的需要适时修订和发展。2005 年 2 月 10 日,国际评估准则委员会发布了《国际评估准则 2005》,这是《国际审计准则》的第七个版本。《国际评估准则 2005》(IVS 2005)的具体内容包括:《一般评估概念和原则》(General Valuation Concepts and Principles);《执行守则》(Code of Conduct);3 份准则;2 份国际评估应用指南;14 份国际评估指导意见和 1 份信息文告。其中,《国际评估准则》包括:1 号准则《评估的市场价值基础》;2 号准则《非市场价值评估基础》;3 号准则《评估报告》。《国际评估应用指南》包括:1 号国际评估应用指南《财务报告的评估》;2 号国际评估应用指南《贷款目的的评估》。《国际评估指导意见》包括:1 号国际评估指导意见《不动产评估》;2 号国际评估指导意见《租赁权益的评估》;3 号国际评估指导意见《厂场/设备评估(审查中)》;4 号国际评估指导意见《无形资产评估》;5 号国际评估指导意见《私人财产评估》;6 号国际评估指导意见《营业评估》;7 号国际评估指导意见《危险和有毒物质评估的考量》;8 号国际评估指导意见《财务报告的成本方法》;9 号国际评估指导意见《折现现金流量分析》;10 号国际评估指导意见《农业财产评估》;11 号国际评估指导意见《评估复合》;12 号国际评估指导意见《专门化贸易财产评估》；13号国际评估指导意见《财产税大宗评估》；14号国际评估指导意见《采掘业财产评估》。信息文告只有1份，即《新兴市场的评估》。

国际评估准则委员会定期发布《业务通讯——全球评估问题》(Newsletter：Global Valuation Issues)。2001年6月号《业务通讯——全球评估问题》用5页的篇幅，专门报道IASB及其动态。2002年1月号《业务通讯——全球评估问题》又用5页的篇幅介绍国际财务报告准则的评估《国际评估应用指南》及其最新动态和讨论公允价值会计对评估实务的影响。2002年3月发布《国际评估准则委员会通报》(IVSC Alert)讨论欧洲会计准则从国家准则向国际准则转换中的评估问题。2002年8月号《业务通讯——全球评估问题》用6页的篇幅提供了国际财务报告准则的评估《国际评估应用指南》问题的最新动态，并讨论了公共部门会计的评估问题。2003年2月号《业务通讯——全球评估问题》用7页的篇幅提供了国际财务报告准则的评估《国际评估应用指南》问题的最新动态，并讨论了公共部门会计的评估问题。2003年9月号《业务通讯——全球评估问题》用7页的篇幅提供了国际财务报告准则的评估《国际评估应用指南》问题的最新动态，并讨论了投资业绩准则。

4 资产评估准则的国际协调/趋同

因应资本市场的跨国发展，国际评估准则委员会于2000年启动《国际评估准则》新一轮的制定工作。为了在发达国家和发展中国家加强全球的评估实力，使《国际评估准则》具有广泛的可获性，国际评估准则委员会决定在2003年及以后，以经济的价格提供纸质版本和免费提供电子版本的《国际评估准则》(IVSC,2002)。《国际评估准则》第六版于2003年首次免费向公众提供，使《国际评估准则》在全球市场发挥效率功能中扮演重要角色，促进《国际评估准则》的全球认可，并且推进全球职业评估师实务的统一。

国际评估准则委员会的国际评估准则在国际上正在获得越来越广泛的认可，无保留采用《国际评估准则》或与《国际评估准则》趋同正在加快步伐。南非评估师协会已经将《国际评估准则2003》作为国家准则。斯洛文尼亚评估师协会再次翻译《国际评估准则》(2003)作为其国家准则。斯洛伐克和格鲁吉亚也作出了类似要求。澳大利亚和新西兰也将《国际评估准则 2003》中的关键准则及其《国际评估应用指南》作为国家准则纳入其《职业实务手册 2003》。2003 年 5 月 3 日,加拿大评估协会(Appraisal Institute of Canada)、评估协会(Appraisal Institute)、美国评估师协会(American Society of Appraisers)、美国农场经理与农业评估师协会(American Society of Farm Managers and Rural Appraisers)作为北美 4 个主要评估机构签署了一项谅解备忘录(Memorandum of Understanding)鼓励建立一个影响评估与评估咨询职业发展的积极环境。这一备忘录下的第一批协议项目是:(1)承认和支持国际评估准则委员会发布的评估准则。(2)承认和支持评估基金会(Appraisal Foundation)在国家准则和 IVSC 国际评估准则方面的努力。(3)承认和支持世界评估组织协会(World Association of Valuation Organizations)的目标。新兴市场化国家,包括我国以及俄罗斯、韩国、马来西亚、罗马尼亚等许多国家则相继以《国际评估准则》为基础发展本国的评估准则。

对《国际评估准则》的需求和日益广泛的接受,在很大程度上受益于其他国际准则的发展,特别是国际财务报告准则的发展,同时,《国际评估准则》也对国际财务报告准则的顺利转换提供支持。因此,国际评估准则委员会密切关注国际财务报告准则关于资产评估的要求及其变化,这些可以影响遵循国家准则的现行评估实务。值得注意的是,国际会计准则中关于财产、厂场设备和投资财产的估价要求与评估准则是一致的。

欧盟通过立法程序,规定欧盟上市公司 2005 年及其后的合并财务报表按照国际财务报告准则编制。为了配合欧盟及其他一些国家采用国际财务报告准则的需要,国际评估准则委员会修订了相应的固定资产评估准则。正如国际评估准则委员会前任主席约翰·埃居解释所说:"当我们获知国际会计准则委员会按照其规划在 2005 年之前对涉及不动产和其他固定资产的会计准则作出一系列重大改动时,我们的反应时间只有不到 12 个月。因此,我们在仅有的几个月里忙于与世界各地的评估机构、监管者、会计师和评估服务使用者进行协商,对国际评估准则作出必要修订。"

2004 年,国际会计准则理事会对涉及不动产和其他固定资产的国际财务报告准则进行了一系列重大修订,作为其改进项目的一部分。受修订的国际财务报告准则影响最大的两份评估准则是第1号国际评估应用指南《财务报告评估》和第8号国际评估应用指南注释《财务报告的成本法》。国际会计准则理事会对国际财务报告准则16,17和40修订后,虽然去除了原有的不合理内容,但在不同目的下固定资产公允价值计量所涉及的基本假设方面仍有待明确。为此,国际会计准则理事会和美国财务会计准则委员会目前正在制定相应的公允价值计量准则项目。对此,埃居先生说:"国际评估准则委员会欢迎这些措施,并愿意在以下方面向这些会计准则委员会提供帮助:确定特定情况下影响公允价值的实务问题,明确实现会计目标所需要作出的假设。"国际评估准则委员会的这些工作很可能导致将来对国际财务报告准则和国际评估准则作出进一步修订。

埃居先生指出:国际评估准则委员会准则项目的一个目标,是发布评估准则以支持国际财务报告准则。这个目标的实现正在得到来自各个方面的认同。虽然财务报告目的是国际评估准则委员会的一个重要的兴趣领域,但并非国际评估准则委员会的唯一目标。国际公共部门会计准则(IPSASs)得到世界范围内日益广泛的关注并且已经被一些国家所采用。国际评估准则委员会被邀请作为一个由国际会计师联合会新组建的有关咨询组——公共部门委员会的代表,从而可以更广泛地影响公共部门会计准则的制定。基于银行贷款目的的不动产评估的重要性正在得到日益广泛的承认,特别是来自一个关于新的巴塞尔资本协议的建议。国际评估准则委员会将继续协助全球投资业绩准则(Global Investment Performance Standards, GIPS)的不动产贷款损失准备的建立。全世界权益和债券基金经理正在接受全球投资业绩准则,财产投资者毫无疑问会跟进。财产投资业绩计算和报告在国际层面的准则将再一次凸显对国际评估准则的需要。

综上所述,国际评估准则正在经历着一个重要的国际发展阶段,并且将国际财务报告准则、国际公共部门会计准则和全球投资业绩准则作为主要的服务对象。由此,国际评估理念、技术和准则的发展,必将对全球会计和业绩评价产生重要和深远的影响。

参考文献

国家国有资产管理局.1996-5-7.关于转发《资产评估操作规范意见（试行）》[Z]的通知.

曲晓辉.1989.论资产评估[J].吉林财贸学院学报,(3):35-40,48.

曲晓辉.2006.资产评估准则的国际发展[J].财会学习,(6):8-12.

中国资产评估协会.1996-5-7.资产评估操作规范意见(试行)[Z].

IVSC. June 2001. Newsletter: Global valuation Issues[Z].

IVSC. January 2002. Newsletter: Global valuation Issues[Z].

IVSC. March 2002. Newsletter: Global valuation Issues[Z].

IVSC. August 2002. Newsletter: Global valuation Issues[Z].

IVSC, February 2003. Newsletter: Global Valuation Issues[Z].

IVSC. September 2003. Newsletter: Global valuation Issues[Z].

IVSC. 10 February 2005. IVSC New Alert: IVSC Publishes 2005 Edition of International Valuation Standards[Z].

第 12 章 IFRS 的关联方范围

我国《企业会计准则 2006》的颁布和实施,标志着适应我国市场经济发展要求、与国际惯例趋同的企业会计准则体系的正式建立。这套会计准则体系虽然实现了与国际财务报告准则的实质性趋同,但与后者之间尚存首要实质性差异就是关联方范围差异。国际会计准则理事会(IASB)注意到我国关于关联方范围处理方案的合理性,并启动《国际会计准则第 24 号——关联方披露》的修订工作。本章从国际财务报告准则制定和实施的经济背景、会计准则的成本—效益原则、国际会计准则理事会的目标、会计准则体系的一致性和内在逻辑出发,结合国际会计准则委员会基金会章程、国际会计准则理事会的《编报财务报表的框架》和《国际会计准则第 24 号——关联方披露》等准则有关条款的分析,论证仅受国家控制的主体之间不应作为关联方披露其交易,以期对会计准则的国际发展和全球趋同的政策走向提供参考。

1 研究背景与动因

为了满足会计准则全球趋同进程的需要,特别是为了适应欧盟采用国际财务报告准则(IFRS)的时间表,国际会计准则理事会(IASB)于 2003 年 12 月中旬正式发布了改进项目下的 13 项准则,2004 年 3 月又公布了修订的 2 项金融工具准则,由此完成了作为改进项目的 15 项国际会计准则(IAS)的修订工作。改进项目是根据证券监管机构、职业会计师和其他利益相关方提出的与准则有关的质疑和批评意见实施的。改进项目的目标是减少或消除准则中的备选方法、重复和矛盾,解决一些趋同问题,以及其他方面的一些改进。这些改进的国际会计准则适用于自 2005 年 1 月 1 日或以后日期开始的年度期间①。

《国际会计准则第 24 号——关联方披露》作为改进项目之一,在范围、关联方披露的目的、定义和披露等方面发生了变动。其中,关于范围的修订特别引人瞩目,即扩展了关联方的内涵和外延。在内涵方面,关联方被扩展到仅受国家控制的主体。在外延方面,关联方添加了关于下述主体的表述:(1)共同控制主体的各方。(2)主体是其中一个合营者的合营企业。(3)为主体或者作为该主体的关联方的任何主体的雇员福利而设的离职后福利计划②。特别是该准则"引言"第 6 段指出:"仅受国家控制的主体在国际财务报告准则的范围之内,也就是说,不再豁免利益导向的主体披露它与其他国家控制主体之间的交易。"由此,国际财务报告准则便将关联方交易扩展到仅受国家控制的主体之间的交易。这是财务会计披露规范的一项原则性变动,直接影响到财务信息编报主体的成本、财务信息的质量、使用和评价。

本章针对仅受国家控制主体之间的交易是否属于关联方之间的交易,进而从实质上说,仅受国家控制的主体之间是否具有关联方性质的问题,从国际财务报告准则制定和实施的经济背景、会计准则的成本—效益原则、国际会计准则理事会的目标、会计准则体系的一致性和内在逻辑出发,结合国际会计准则委员会基金会章程、国际会计准则理事会的《编报财务报表的框架》和《国际会计准则第 24 号——关联方披露》等准则有关条款进行了全面的分析,证明仅受国家控制的主体(无股权投资关系)不应视为关联方,因而其交易不必作为关联方交易披露。值得一提的是,国际会计准则理事会注意到我国关于关联方范围处理方案的合理性,并启动《国际会计准则第 24 号——关联方披露》的修订③工作,希望本章能够对会计准则的国际发展和全球趋同的政策走向提供参考。

2 仅受国家控制的主体之间的关系

众所周知,在国际会计准则理事会(IASB)取代国际会计准则委员

---

① 参见 IASB 2004:《国际财务报告准则 2004》"本版中的改动",财政部会计准则委员会中译本,中国财政经济出版社 2005 年 7 月版:1-7 页。
② 参见 IASB 2003:《国际会计准则第 24 号——关联方披露》第 8 段。
③ IASB. 2006. IASB Work Plan-projected timetable as at 30 September 2006. www.iasb.org.

会(IASC)之后,国际财务报告准则就作为会计准则国际趋同的广泛标准被着力推广。而这样的趋同,主要地定位于为跨国上市和发行证券的相关决策提供财务报告。很显然,国际财务报告准则是经济全球化特别是国际资本市场发展的客观要求。因此,可以认为,国际财务报告准则是以市场经济为制定和实施的背景条件,并且主要适用于发达市场层面的财务报告规范要求。

在市场经济环境下,资源的配置主要通过市场来实现,价值规律发挥着主要和主导的作用。应当承认,转型经济国家的市场化还有很多工作要做,一些转型经济国家的市场化过程可能还有很长的路要走。但是,即便如此,"国家控制"也未必意味着国家通过控制性所有权的实现来实施对各个主体的财务和经营政策的具体控制并借以获取利益。国家作为社会经济的管理者和国有产权的终极所有者,即使在转型经济中也不可能直接控制各个主体的财务和经营政策,而往往是借助国有资产投资公司或行业集团性公司等类似实体机构来实现其国有股权的控制,保证国有权益的保值和增值。由此可见,不存在直接和间接股权投资关系的主体之间,即使终极控制者同是国家,但其交易的主要决定因素是经济利益和市场力量而非终极所有权关系。由此,仅受国家控制的主体之间不应视为关联方。

3 仅受国家控制的主体之间关系的披露

3.1 从会计准则成本—效益的限制考察

从会计准则的成本—效益限制来看仅受国家控制的主体之间的关系的披露。毫无疑问,一项会计准则的颁布和施行,即使是某项条款的设立或修订,也一定会受制于特定约束条件。美国财务会计准则委员会发布的第2号财务会计概念公告《会计信息的质量特征》[①],将"效益大于成本"作为准则建设的普遍性约束条件。这样的概念基础和原则指引,在过去30来年准则建设实践中已经为国际会计准则制定机构和世界各国准则制定机构广为接受。毫无疑问,搜寻不存在股权投资关系的、仅受国家控制主体的事实将导致应用《国际会计准则第24

---

① FASB. 1980. Statements of Financial Accounting Concepts No. 2, Qualitative Characteristics of Accounting Information.

号——关联方披露》引言第6段中,关于仅受国家控制的主体之间关系的披露要求的成本极可能超出财务报告使用者因此可能获得的利益。这样,此款要求就缺乏可行性。

3.2 从 IASB 的目标考察

从 IASB 的目标来看仅受国家控制的主体之间的关系的披露。国际会计准则理事会的目标和改进的《国际会计准则第 24 号——关联方披露》的目标在实质上都不支持披露仅受国家控制的主体之间交易的要求。我们从 IASB 和 IASC 基金会的目标进行分析。《国际财务报告准则前言》全面阐述了国际会计准则理事会的目标。根据《国际会计准则委员会基金会章程》,国际会计准则理事会应当对所有国际会计准则理事会技术事务负完全责任,首要的是国际会计准则、国际财务报告准则和征求意见稿的起草和发布,以及国际财务报告解释委员会解释公告的最终批准。[①]《国际会计准则委员会基金会章程》所规定的国际会计准则委员会基金会的目标与《国际财务报告准则前言》阐述的国际会计准则理事会的目标是一致的。这样的目标不仅要求制定一套高质量、易理解和强制性的准则,而且要促使其使用和严格应用,进而促进国家准则与国际准则的高质量趋同。作者由此认为,推进国家会计准则与国际财务报告准则的高质量趋同以提高财务信息的可比性,是国际会计准则理事会的终极目标。为了实现这样的目标,对于可能引起广泛争议或难以正确实施的准则条款应该慎之又慎,而改进的《国际会计准则第 24 号——关联方披露》在仅受国家控制的主体之间交易的披露要求方面所进行的关联方范围内涵的扩展,很可能延缓或/和影响 IASB 目标的实现。

3.3 从推进准则趋同进程考察

从推进准则趋同进程来看仅受国家控制的主体之间的关系的披露。从国际财务报告准则趋同进程的要求来看,仅受国家控制的主体之间作为关联方披露彼此之间的交易也存在问题。由于交易对方未必是上市公司,因而获取其受国家控制的事实存在较大不确定性,并且成本极可能超出效益,因而会限制甚至阻碍主体遵循《国际会计准则第 24 号——关联方披露》引言第 6 段的要求,从而延缓准则趋同的进程。

---

① 参见 IASB Foundation 2002:《国际会计准则委员会基金会章程》第 32 段。

进一步地,《国际财务报告准则第 1 号——首次采用国际财务报告准则》的结论基础明确指出①:"如果主体未按国际财务报告准则要求进行全部披露,该主体不能被视为已采用国际财务报告准则。"我们知道,采用国际财务报告准则的主体主要在市场层面运作,而主体的国家控制的背景及其变化并非尽在报告主体掌控之内。由此,未能全部披露将损害采用国际财务报告准则的评价,不能确保披露的准确性,将损害主体的声誉和利益并增加成本和风险,博弈的结果很可能是延缓国际财务报告准则趋同的进程。

3.4 从 IFRS 体系一致性角度考察

从 IFRS 体系一致性角度来看仅受国家控制的主体之间的关系的披露。

首先,我们从 IASB《编报财务报表的框架》与改进的《国际会计准则第 24 号——关联方披露》的一致性来讨论仅受国家控制的主体之间关系的披露。IASB《编报财务报表的框架》②在"财务报表的质量特征"部分明确指出了财务报表提供的信息对使用者有用应具备 4 项质量特征,即易于使用者理解、与使用者的决策需要相关、可靠(真实反映其所拟反映和理当反映的交易和其他事项;根据交易和其他事项的实质和经济现实,而不是仅仅根据其法律形式对其进行反映;中立性;审慎;在重要性和成本允许范围内做到完整)和可比。对比改进的《国际会计准则第 24 号——关联方披露》引言第 6 段关于仅受国家控制的主体之间关系的披露要求,作者认为两者之间在原则和逻辑基础方面存在矛盾。很显然,非股权联结仅受国家控制的主体之间交易的信息,既不能反映彼此所有权结构表征的法律责任,也未必能够反映交易的实质和经济现实,因而可能无助于使用者理解报告主体的财务状况和经营业绩,未必与财务信息使用者的决策相关。

其次,我们从改进的《国际会计准则第 24 号——关联方披露》的内容来讨论仅受国家控制的主体之间关系的披露。我们先讨论该准则的目标。该准则第 1 段规定其目标为:"确保主体的财务报表包含关注这

---

① 参见 IASB 2003:《国际财务报告准则第 1 号——首次采用国际财务报告准则》"结论基础",第 5 段。
② 参见 IASB 2001:《编报财务报表的框架》,第 24 - 42 段。

种可能性所必需的披露:即主体的财务状况和损益可能受关联方的存在、关联方交易及其未结算余额影响的可能性"。①这样的表述与该准则关于关联方的定义具有直接联系,而与仅受国家控制缺乏关联性。然而,该准则正文关于关联方的定义并未清楚地包含仅受国家控制的主体之间的关系。与该准则的目标直接相关的条款是正文第3段:"本准则要求在母公司、合营者或投资者根据《国际会计准则第27号——合并财务报表和单独财务报表》列报的单独财务报表中披露关联方交易和未结算余额。"这段表述,显然表明股权投资关系是确定关联方关系的本质特征。实际上,该准则正文通篇并没有支持"引言"第6段的表述。

再次,从国际财务报告准则体系来讨论仅受国家控制的主体之间关系的披露。《国际会计准则第24号——关联方披露》正文第9段关于"关联方"术语的含义"直接或者间接地通过一个或更多中介,对方控制了主体、或是受主体的控制、或是与主体一起在同一控制之下(这包括母公司、子公司和同级子公司)"。如果这里的"控制"包括了仅受国家控制的情形,那么整个国际财务报告准则体系中关于"控制"的概念就要改写。根据《国际财务报告准则第3号——企业合并》正文第19段,"控制是指统驭一个主体或业务的财务和经营政策,并借以从其活动中获取利益的权力"②。关于这样的权力的诠释,该准则第19段进一步界定为:获取参与合并主体一半以上表决权或即使未获取半数以上表决权但也形成控制的四种情形。当主体处于市场经济环境中,所谓"仅受国家控制"主要是从所有权结构来描述特定主体,因而这类仅受国家控制主体的准确表述应该是国家持有终极控制性股权。但是,如前所述,国家作为所有权的终极所有者一般不可能对主体直接行使财务和经营方面的控制权,因而非股权联结仅受国家控制主体之间的交易未必影响报告主体的财务和经营政策。所以,我们认为,就上述2项准则本身的表述和国际通行会计惯例来说,通过股权投资形成的控制、重大影响和共同控制已经完全能够正确表述关联方在股权联结方面所导致对报告主体财务和经营政策的影响。这种情形不论是否仅

---

① 参见 IASB 2003:《国际会计准则第24号——关联方披露》,第3段。
② 参见 IASB 2003:《国际财务报告准则第3号——企业合并》,第19段。

受国家控制都不会改变。

4 结论和评论

综上所述,改进的《国际会计准则第 24 号——关联方披露》关于仅受国家控制的主体之间交易的披露要求,由于存在以下问题而缺乏可行性:(1)主体的交易主要的决定因素是经济利益和市场力量而非国家拥有的终极所有权关系,因而此款有违制定和实施国际财务报告准则的市场经济环境现实。(2)搜寻受国家控制主体的事实将导致应用准则本款要求的成本极可能超出财务报表使用者因此可能获得的利益,从而违背了"效益大于成本"这一准则建设的普遍性约束条件。(3)因为非股权联结仅受国家控制主体之间主要存在终极所有权的法律联系而未必存在直接和间接经济关系,以致违背了实质重于形式这一财务会计基本原则。(4)由于仅受国家控制主体数量众多且存在产权变动情况并未必上市,以致在市场经济条件下报告主体很难把握其国家控制背景,难以准确披露相关信息,因而可能延缓准则趋同进程。(5)该款导致 IASB《编报财务报表的框架》、改进的《国际会计准则第 24 号——关联方披露》和《国际财务报告准则第 3 号——企业合并》之间的相互矛盾,因此将损害国际财务报告准则体系的一致性和权威性,致使改进的《国际会计准则第 24 号——关联方披露》引言第 6 段缺乏概念基础的一致性和原则指引的合理性。

由以上分析可见,仅受国家控制的主体之间的关系不宜作为关联方关系,因而有必要修订改进的《国际会计准则第 24 号——关联方披露》,以豁免仅受国家控制的主体之间交易的披露。

参 考 文 献

曲晓辉.2007.论国际财务报告准则的关联方范围——仅受国家控制的主体之间应否作为关联方披露其交易?[J].财务与会计,(5):11-13.

FASB. 1980. Statements of Financial Accounting Concepts No. 2, Qualitative Characteristics of Accounting Information [OL].

IASB 2001.2005.编报财务报表的框架,国际财务报告准则 2004.财政部会计准则委员会中译本[M].北京:中国财政经济出版社.

IASB 2003. 2005.国际财务报告准则第1号——首次采用国际财务报告准则(结论基础),国际财务报告准则2004.财政部会计准则委员会中译本[M].北京:中国财政经济出版社.

IASB 2003.2005.国际财务报告准则第3号——企业合并,国际财务报告准则2004.财政部会计准则委员会中译本[M].北京:中国财政经济出版社.

IASB 2003. 2005.国际会计准则第24号——关联方披露,国际财务报告准则2004.财政部会计准则委员会中译本[M].北京:中国财政经济出版社.

IASB 2004.2005.国际财务报告准则2004(本版中的改动).财政部会计准则委员会中译本[M].北京:中国财政经济出版社.

IASB. 2006. IASB Work Plan-projected timetable as at 30 September 2006[OL]. www.iasb.org.

IASB FOUNDATION 2002.2005.国际会计准则委员会基金会章程,国际财务报告准则2004.财政部会计准则委员会中译本[J].北京:中国财政经济出版社.

第13章 结论和评论

基于前面各章,本章概括本研究取得的主要经验证据及形成的基本观点,并对后续研究背景进行分析,对后续研究方向进行展望。

1 结论

本研究对会计准则国际协调/趋同效果研究领域的多种研究方法及其实际作用进行了综合测试,分别从总体和具体项目两个层面检验我国会计准则国际协调/趋同的效果并尝试检验方法的创新,同时基于经验证据对我国会计准则体系的国际协调/趋同程度进行评价。

本研究报告对会计准则国际协调与全球趋同进行了一般性的讨论,在此基础上对会计准则国际协调/趋同国内外文献进行了系统回顾,进而针对会计准则国际协调/趋同及其效果,对会计基本理论、盈余稳健性、具体准则项目的国际协调/趋同程度和 CAS 与国际财务报告准则(CAS 与 IFRS)总体协调/趋同程度进行了理论分析和实证检验。限于时间和篇幅,本研究在对具体准则协调/趋同度的实证检验方面侧重于对财务报告易于产生重大影响的资产计价准则、研发投资举债、关联方关系准则和公允价值准则;在准则协调/趋同范围上,主要涉及中国准则与 IFRS、欧洲向 IFRS 趋同的效果检验。本研究还回顾和评价了 IFRS 应用情况的调查。针对国际评估准则委员会(IVSC)工作的最新进展,本研究还讨论了资产评估准则因应 IFRS 的发展而在国际发展方面作出的重大改进。本研究还对会计国际协调与趋同的量化研究进行了梳理。

本研究取得的主要经验证据及形成的基本观点如下:

关于会计准则全球趋同对会计基本理论的影响,我们认为,当前我国财务会计结构模式已经与国际主流模式趋同,即由历史成本会计模式转变为多重计量属性并存的模式;财务会计的目标定位应该主要基于会计信息的使用趋向；财务会计的确认将更为深度地与估值相结合；财务会计的计量则因在属性上更多背离历史成本原则而融入更多职业判断；会计的监管亟待进一步理顺和加强。

关于会计制度的强制性变迁是否显著提高我国上市公司会计盈余的稳健性，我们的研究结果显示，1995—1997期间上市公司会计盈余不具有稳健性，旨在提高上市公司稳健性水平的《股份有限公司会计制度》的实施并未实质性增强1998—2000年期间会计盈余的稳健性水平，而更为积极贯彻国际通行的稳健会计政策的《企业会计制度》的实施则显著提升了2001—2004年期间我国上市公司会计盈余的稳健性。然而，单独对盈利公司所作的进一步检验却表明，2001—2004年期间会计盈余显示的稳健性特征主要是由于亏损公司"洗大澡"造成的。研究结果表明，单纯转变会计准则并不能改善会计信息的质量，除非附以相配套的强有力的法律和执行机制。

关于具体准则趋同度的衡量，经我们修订的Jaccard系数可以使准则趋同度的衡量适于全面衡量两个整套准则之间的趋同程度。我们认为，在我国有必要区别CAS与IFRS具体准则具体项目的"缺失"和"分歧"两种情况并借助该两种趋同度指标进一步揭示准则差异的不同成因，为此，我们也进行了尝试并取得了相应的较为可靠的证据。我们发现，准则"缺失"和"分歧"两种情况与修订的Jaccard系数三者之间存在逻辑关系。我们的检验表明，CAS与IFRS的趋同在少数领域存在细微差异，从差异的成因来看，一方准则缺乏相关规定所致差异是主因，两套准则规定不同所致差异则居次要地位；鉴于我国现阶段转型经济特征，CAS与IFRS的差异应属适度。我们首次采取准则精准对比点来检验CAS与IFRS的趋同情况，从而使准则趋同度的衡量更为精确可靠。我们也承认，虽然详细的准则精准对比点可以更好地反映准则趋同度，但研究人员在具体条款的对比上仍然不可避免地存在主观判断。

关于会计形式即会计准则趋同度的衡量，现有度量方法存在严重不足。考虑到会计准则本身的特性，我们提出了会计形式趋同度量的新方法——模糊聚类分析法。我们也尝试对CAS与IFRS对应准则进行了系统的检验，并取得了CAS与IFRS在检验定位时点上的总体趋同度。我们认为，模糊聚类分析法的采用，可以从总体上衡量准则趋同度,但在对比点、度量方法的选择、度量的内容等方面仍然存在主观判断。

针对仅受国家控制的主体之间是否具有关联方性质及其之间的交易是否属于关联方之间的交易问题,从 IFRS 制定和实施的经济背景、会计准则的成本—效益原则、IASB 的目标、会计准则体系的一致性和内在逻辑出发,结合 IASCF 章程、IASB《编报财务报表的框架》和 IAS24《关联方披露》等准则有关条款进行了全面的分析,证明仅受国家控制的主体(无股权投资关系)不应视为关联方,因而其交易不必作为关联方交易披露。我们也对欧洲向 IFRS 趋同的效果和公允价值准则进行了相应的检验并取得了证据。针对资产评估准则因应 IFRS 的发展而在国际发展方面作出的重大改进,我们也建议应该对国际评估准则委员会(IVSC)的工作进展予以密切关注,并建议 IASB 加强与 IVSC 的联系与合作,以便 IFRS 的发展适度借鉴评估理论和最佳评估实务。

2 评论

世界经济的发展,越来越趋近全球一体化。各国以及区域性的经济体的利益在全球化的过程中得以放大,但也在特定时点或时期或多或少遭受碰撞和损失。经济全球化和资本市场国际化还在持续深入发展之中,经历了全球金融危机之后的各国政府,在一贯倡导市场化的姿态下无一不在对经济进行积极干预,以往相关学科和领域的理论正在面临严峻挑战。中国经济和市场的开放程度也正在逐渐提高,特别是中国企业和国家主权资本正在迅速走向国际,中国企业会计准则与国际财务报告准则持续趋同路线图已经正式确立,而国际准则从概念框架到财务报表列报体系以至若干重要具体准则如金融工具准则都在经历着颠覆性的重塑。

在这样的背景条件下,中国会计准则国际协调/趋同的研究,表现出明显的阶段性。希望本研究项目所取得的经验证据、方法探索和理论分析能够起到承前启后的作用,为后续研究提供一些思路和启发。由于受时间、数据和水平的限制,我们所尝试的方法和取得的证据难免具有这样和那样的局限,这些局限有待于在后续研究中弥补。我们的后续研究,将针对与 IFRS 趋同的会计准则执行情况从不同方面和层次进行检验,并且已经取得一些成果。在今后的研究中,我们力求取得进一步的理论阐释和经验证据,客观评价会计准则国际协调和趋同的成效,为我国会计准则持续国际趋同的战略决策提供证据支持,为我国企业跨国上市和发行证券以及我国资本市场对外来资本主体资质的评价提供政策借鉴和经验依据。